從文官治國到軍事⋯⋯
——徹底顛覆「弱宋」⋯⋯
以壯烈戰史重現宋朝的真實軍力

黃如意 著

逆轉宋史

宋朝並非「文弱」，而是文治武功兼備的偉大時代
宋朝文武並重！反駁「崇文抑武」誤解
透過生動戰爭描寫，細述宋軍在冷兵器時代的戰術
以史實駁斥「弱宋」論，詳述宋朝與遼、西夏、金的壯烈對抗！

目錄

序章

第一篇　五代深淵鍛造鐵血王朝
　　第一章　五代十國：不堪回首的超級亂世………014
　　第二章　收起血淚，掀開新的篇章………045
　　第三章　宋朝所處的時代及其戰爭的特點………060

第二篇　超級大國的戰爭與和平
　　第一章　面對契丹帝國的軍事理論家宋太宗……066
　　第二章　冷兵器戰爭的最高藝術殿堂………088
　　第三章　龍鳳爭霸，澶淵之盟………132
　　第四章　帝國末路，文明的悲劇………155
　　結束語………171

第三篇　駕長車踏破賀蘭山缺
　　第一章　艱難崛起的西夏帝國………176
　　第二章　天風浩蕩賀蘭雪………192

目 錄

第三章　正式帝國對抗 ………………………… 219

第四章　令人窒息的淺攻彈性防禦 ……………… 248

結束語 ……………………………………………… 266

序章

　　宋朝，中國乃至整個人類文明史上最為偉大的王朝之一。在他所處的三百二十年時間裡，我們的祖先創造了前無古人的偉大文明，帶領著地球上最大的民族：漢民族，完成了從中古世紀向現代社會形態的轉型。他的偉大不僅在於本國的文治武功，更重要的是他開啟了一個嶄新的時代，啟發了全人類走向了新的重要文明階段，他的偉大，千百年來受到全世界所有人的熱情謳歌。

　　然而遺憾的是，時至今日，宋朝卻被扣上了一頂「積弱積貧」的帽子。雖然「積貧」一說過於荒謬，幾乎不值一駁，但「積弱」卻讓不少人信以為真。一提起宋朝，人們首先想到的就是靖康之恥、厓門海戰。一說到澶淵之盟，也等同於晚清那些喪權辱國的不平等條約而大肆鞭撻，雖然這些人並不知道澶淵之盟的具體內容。更有人將宋朝建立文官政府的偉大功績醜化成了皇帝極端專制的行為，並以此做為宋朝「文弱」的證據。他們只為塑造一個「弱宋」的形象，無視宋朝三百二十年的超長國祚，無視宋軍在對峙遼、夏、金、元等強大鄰國時取得的輝煌戰績，將宋軍將士浴血奮戰的功績一筆抹煞。我從小生長於這樣的輿論環境，原本也深信不疑。但是現在，我必須拿起鍵盤，對這種荒謬絕倫的論調憤怒的說：不！！！

序章

　　如果我們摒除了先入為主的印象，從頭來審視這三百二十年間及其前因後果，應該可以得出一個更加客觀的評價。

　　宋人由於歷經五代十國之血腥，深知武將掌握軍權，是人類戰爭的一個重要源頭，於是逐步制定了文官掌握軍權的制度。這項偉大的發明也成為文明國度的一致選擇，任何一個文明國家都會實施軍隊國家化，由文官掌控軍權，但凡反對這項制度的人無不是妄圖以戰爭來成就個人功業的狂人。遺憾的是，現代很多善良的百姓也被這些人蠱惑，跟著鼓吹武夫掌軍的好處。不可否認，宋朝在文治上的成就要更高於武功，於是有些人就利用極端辯證、非此即彼的思考模式，以一句「崇文抑武」來誤導善良的百姓，認為這個文治發達的宋朝武功很弱，進一步推論出是因為宋朝的風格軟弱所致。

　　真的是這樣嗎？

　　毫無疑問，宋朝是儒家文明的巔峰時期，儒家做為一種文化，不是一種武功，他反對殺伐。但他的文明卻不文弱，恰恰相反，長期受到儒家「溫良恭儉讓」教化的人民在平時最溫和，並不熱衷於侵略別國，但是當他們面對野蠻的入侵，那種從內心深處迸發出來的力量，卻是人類自古以來最偉大的力量。試想，人類歷史上多的是滅國時國君向敵人乞降的例子，可曾有過滅國之後，皇帝率領整個統治集團十餘萬人同時蹈海自盡，寧死不屈的例子嗎？有，那就是南宋的厓山，對比起最「尚武」的蒙古大汗向明將藍玉搖尾乞降的場景，而這，就是文明人的剛強。

地球上的中國，並沒有落在一個完美的地理位置，我們的祖先面對遼闊的蒙古草原，一次又一次接受著游牧蠻族的衝擊，雖有漢唐之強盛，反覆剿滅匈奴、鮮卑、突厥等眾多強大的游牧部族，但也難免有五胡亂華、五代十國的慘劇。而至中唐，情況又發生了變化，一個強大的契丹帝國崛起了。這不是一個游牧部落，這是一個完善的帝國：他的首領不是大單于或者可汗，而是皇帝；他的政府不是部落首領聯席會議，而是和漢人一模一樣的府臺三省六部；他的人民不是按部落劃分，而是按照州府郡縣的設定管理；他們不僅僅只會放牧和搶劫，他們也懂得各行業的生產和國際貿易；他創造的燦爛文明影響了整個東北亞和東歐，甚至一度被斯拉夫語系民族誤認為是正統的中華帝國。這樣一個堪稱偉大的帝國執行到數十年極盛之時，我們的宋王朝才誕生。

而不僅僅是契丹，還有西夏、金、蒙古，和契丹一樣的強大帝國接踵而至。他們絕對不能和前代的匈奴、突厥等同視之。即使如此，宋王朝在面對他們的時候，表現也絕不軟弱，而正是由於對手的強大，這三百二十年的壯烈戰史才顯得更加震撼。三百二十年中，宋軍與遼、夏、金、元的正規軍展開了一次次戰場競技，各方都體現出極高的指揮才能和戰術規劃能力，早已不是漢唐時代靠主將的主觀判斷和士兵的士氣作戰的原始時代。這其中尤以契丹第一名將耶律休哥與宋軍名將李繼隆之間的激情碰撞最為精彩，這一系列戰役堪稱是冷兵器時代

序 章

戰爭藝術的巔峰之作。遺憾的是現代人一句「弱宋」就把這些披滿先人肝膽的英雄讚歌通通一筆抹殺,我們真的能這樣做嗎?

宋遼之間的大戰尤為激烈,雖然宋太宗兩次試圖收回燕雲十六州的雄圖均被契丹將士的浴血奮戰所阻,但宋軍雖敗卻絲毫不顯「文弱」,而遼軍的數次大規模南侵也都被宋軍擊敗,很多人對這幾場宋軍取得的大勝仗卻選擇性失憶了。著名的澶淵之役,年輕的宋真宗面對契丹帝國承天皇太后、遼聖宗母子,勇保瀛、莫二州,戰鬥進行至僵持階段時,宋真宗親臨前線,宋軍士氣大振,小將石保吉陣斃契丹名將南院大王蕭撻凜,迫使蕭太后簽下著名的《澶淵之盟》,正式承認宋朝占有關南三州。現在很多人把《澶淵之盟》歪曲為晚清不平等條約,誤導了不少人。當然,最後宋徽宗當朝做出了一個錯誤的戰略決定:攻打契丹。在收買了契丹主力部隊「常勝軍」並策反了很多契丹境內的蠻族(包括女真族)後,短時間就滅掉了這個世界上的第二大帝國。值得一說的是,滅遼的主力分明是宋軍,但後人出於貶損宋朝,吹捧女真的目的,將女真說成滅遼的主力!試想一個根本沒有後勤保障的蠻族部落,只有六千輕騎兵,連穿的盔甲都是由宋朝贊助的軍隊,怎麼可能滅掉強大的契丹帝國?誠然,女真從契丹帝國的後院發難,並出其不意,直取望京,深顯兵法之妙,確是宋軍滅遼的好幫手,但絕對不能被視為滅遼的主體。

至於西夏,才是北宋真正的敵人。自從宋遼簽訂《澶淵之

盟》，約為兄弟之國後，再無戰端，而西夏帝國占據東西方國際貿易的必經之路，大收關稅，成為了宋朝的眼中釘。現在很多人喜歡說「宋朝被小小的西夏欺負」。其實西夏絕非一個小小的國家，而是一個非常強大的帝國，而且收宋朝的關稅也是刀口上舔血的夥計，更不敢「欺負」宋朝。西夏也是一個仿宋式的、組織結構和文化都很完善的大帝國，尤其是占據著東西方國際貿易的要道，工商業發達，冶煉技術出眾，馬匹品質高，所以軍事也很強大。宋夏之間有過多次拉鋸戰，夏軍當然也取得過一些勝利，某些人就把這些勝利誇大說成是宋朝的「文弱」，卻無視西夏多次戰敗，對宋朝稱臣，繼而稱子的事實。尤其是宋神宗元豐伐夏，氣勢不可謂不恢宏，共調動五個方面軍，作戰部隊近四十萬，十餘名蕃將，數萬蕃軍，後勤部隊上百萬，堪稱冷兵器時代規模最大的軍事作業。在對待西夏問題上，宋朝一直是採取能撫則撫，不能撫就堅決打擊的戰略。多次將西夏打敗，令其稱臣繼而稱子。元豐伐夏之後，名將章楶發明了堡壘推進的「淺攻」戰術，一度將西夏帝國逼入絕境。西夏軍雖然中途偶爾形勢好轉，取得一些戰役的勝利，但整體戰略態勢是宋軍主攻，西夏利用地利死守，最後將強大的西夏帝國打得「不復成軍」，遠遠不是現代某些人所描述的「小小的西夏都可以欺負大宋」。

女真族的金國充分利用宋朝沒有長城工事的戰略缺陷，以及宋朝指揮上的失誤，快速突破到開封城，掠走了宋朝宗室，

序章

製造了著名的「靖康之恥」。我並無意為這樣的敗仗遮羞，這確實是宋朝的一個大恥辱，但也不能因為這一次失敗就抹煞了全部。莫說是宋朝，漢唐帝國也都曾有過類似的羞恥紀錄，羅馬、波斯也都被蠻族攻入首都，燒殺搶掠過。面對這樣的史實，我們更應該揭批蠻族的罪惡，而不是嘲笑文明的「軟弱」。而且不可一世的金兵後來也遭到宋軍的強勢反擊，宋軍岳飛、韓世忠、劉錡、虞允文、孟珙等名將多次令女真受辱。最後孟珙將軍蔡州合圍，殲滅了女真部族，將金帝的屍體帶回臨安祭祖，一雪百年國恥，難道這不正是「王師北定中原日，家祭無忘告乃翁」。

我想一句「撼山易，撼岳家軍難！」這正是正史對南宋軍隊的最恰當評價！

蒙古最終滅亡了宋朝，是的，沒有人否認這個事實，但這也不能做為「軟弱」的證據，任何一個偉大的帝國都會滅亡的，評價剛強與否怎能以最後被滅為標準呢？歷史上很多個國家及朝代都曾滅亡，關鍵看他在滅亡時候的表現！剛強不是強暴，衰弱不是軟弱。強暴的人以為恃強凌弱就叫強，自己衰弱的時候又搖尾乞降，這不叫真正的剛強。而當他們面對衰弱的對手，爆發出的那種壯懷凜冽，那種真正的剛強，他們同樣無法理解，只知道對方的力量比自己弱而已。事實上世界上大多數帝國在滅亡時都表現得非常軟弱，唯獨大宋，獨力支撐，尤其是釣魚城之戰，小小孤城抵禦蒙古巨獸數十年不下，還打死

一個蒙古大汗，最後蒙古被迫同意破例受降而不屠城。厓山戰敗，皇帝趙昺、丞相陸秀夫率領整個統治集團十餘萬人滔海殉國，可以說這份壯烈與剛強，人類世界絕無第二！這樣一個偉大的王朝，你還能說他軟弱嗎？

　　我們翻遍宋朝的正史，實在看不出為什麼會被冠以「文弱」的帽子，現代人為什麼就喜歡先入為主的認定宋朝很「文弱」呢？難道是野史小說的抹黑？我想也不是，在宋朝一代，民間習武風氣最盛，政府在各地設定團練使，鼓勵民間習武，並在民間舉辦各種武藝競技。「錦標社」、「角抵社」、「英略社」等都是宋代民間著名武學組織，而其民間尚武競技之風，歷朝歷代皆不能及。這也為後代的小說家們提供了廣泛的創作靈感和題材，所以後代小說野史家最愛以宋朝為時代背景，來描繪他們心目中的武俠世界。但凡關於宋朝的野史小說，《水滸傳》、《楊家將演義》、《七俠五義》、《天龍八部》、《射鵰英雄傳》、《神鵰俠侶》無不是浩氣充塞，碧血橫飛。梁山好漢、楊家將、七俠五義、喬幫主、洪幫主、郭大俠、神鵰大俠，甚至黃蓉、獨孤求敗，他們正是宋人的野史形象代表，從他們身上，何來「文弱」二字可尋？在金庸的武學體系中，以宋朝的武學水準最高，這絕非偶然，可見野史也並沒有將宋朝描寫成「文弱」的傾向。

　　所以，無論正史還是野史，我都沒發覺能夠說明宋朝「文弱」的傾向，但現代人卻異口同聲的大喊：「弱宋！弱宋！」是的，當時我就驚呆了！

序 章

　　那好吧，各位宋人的後代，現在就讓我們來一起從頭到尾審視一番我們的祖先在宋代的壯烈戰史，來看看大宋到底是一個「崇文抑武」、「強幹弱支」、「守內虛外」的軟弱小國，還是一個鋼筋鐵骨、熱血鎔金的偉大王朝吧！

第一篇
五代深淵鍛造鐵血王朝

第一章
五代十國：不堪回首的超級亂世

■ 血海深淵中的文明大轉型 ■

唐哀帝天祐四年（後梁太祖開平元年、西元907年），一個令所有中國人無比喪氣的年度，梁太祖朱溫廢黜了唐朝最後一位皇帝，並在汴京開封府即位稱皇，國號大梁，史稱「後梁」。偉大的大唐帝國終於走完了他289年的漫長生命，而留給天下蒼生的卻是一個超級亂世：五代十國。

五代十國，是指後梁太祖開平元年至後周顯德七年（宋太祖建隆元年，西元960年）之間的這段歷史時期，前後共53年。其間有四個政權建都開封，一個建都洛陽，可以勉強視為正統中央政權，依次為：梁、唐、晉、漢、周。當然，這五個國號都是以前用過的，所以他們在正史的稱呼都需要加一個「後」字。在他們稱帝的同時，還相繼出現了前蜀、後蜀、吳、南唐、吳越、閩、楚、南漢、南平（也稱荊南）和北漢等十個割據政權，所以史稱「五代十國」。

唐朝的梁王、宣武節度使朱溫篡位滅唐，建立後梁，其子朱

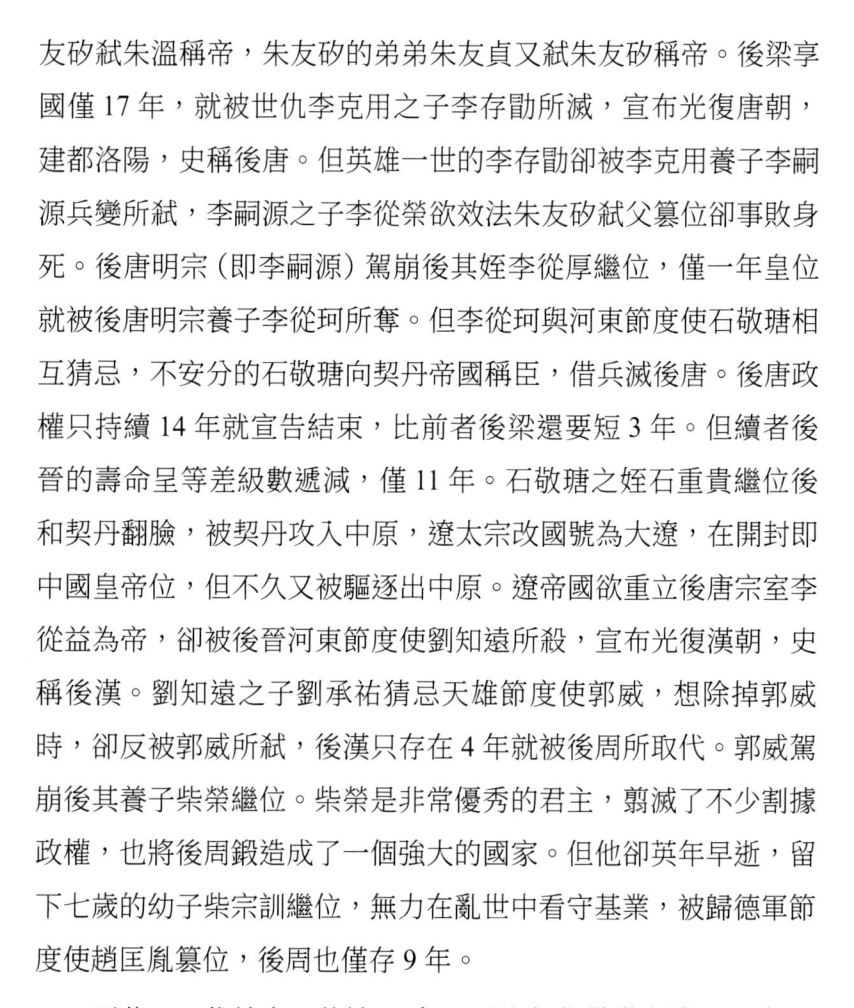

友矽弒朱溫稱帝，朱友矽的弟弟朱友貞又弒朱友矽稱帝。後梁享國僅17年，就被世仇李克用之子李存勖所滅，宣布光復唐朝，建都洛陽，史稱後唐。但英雄一世的李存勖卻被李克用養子李嗣源兵變所弒，李嗣源之子李從榮欲效法朱友矽弒父篡位卻事敗身死。後唐明宗（即李嗣源）駕崩後其姪李從厚繼位，僅一年皇位就被後唐明宗養子李從珂所奪。但李從珂與河東節度使石敬瑭相互猜忌，不安分的石敬瑭向契丹帝國稱臣，借兵滅後唐。後唐政權只持續14年就宣告結束，比前者後梁還要短3年。但續者後晉的壽命呈等差級數遞減，僅11年。石敬瑭之姪石重貴繼位後和契丹翻臉，被契丹攻入中原，遼太宗改國號為大遼，在開封即中國皇帝位，但不久又被驅逐出中原。遼帝國欲重立後唐宗室李從益為帝，卻被後晉河東節度使劉知遠所殺，宣布光復漢朝，史稱後漢。劉知遠之子劉承祐猜忌天雄節度使郭威，想除掉郭威時，卻反被郭威所弒，後漢只存在4年就被後周所取代。郭威駕崩後其養子柴榮繼位。柴榮是非常優秀的君主，剷滅了不少割據政權，也將後周鍛造成了一個強大的國家。但他卻英年早逝，留下七歲的幼子柴宗訓繼位，無力在亂世中看守基業，被歸德軍節度使趙匡胤篡位，後周也僅存9年。

至此，五代結束，共計53年，平均每代僅僅存續10.6年，光是中央政權就有15人過了一把皇帝癮，平均每人享國祚3.55年。其中有7人透過篡位方式登上帝位，占46.67%，篡位者中又有5位是殺掉自己的父兄篡位，占71.40%，另有一些欲篡位

卻失敗的尚未納入統計，因戰亂而死的人數更無法統計。

在這個時代，儒家的一切倫理道德，甚至人類所應該擁有的起碼道德觀念都已經被軍閥們踐踏到了腳下，人的生命更是如螻蟻般輕賤，權貴們相互殺戮，血流成河，而頻繁的戰爭也把百姓拖入了痛苦的深淵。最可怕的是，至中唐以來，神州大地就一直處於軍閥混戰之中，所謂的五代十國沒有一個是能自立的政權。建國 —— 篡位 —— 重新建國 —— 繼續篡位，沒有人能夠重建一個漢唐式的大一統帝國，中國始終就處於這樣的軍閥割據狀態，並且看不到盡頭，似乎中華民族就要在這樣無休止的征戰中走向滅亡了。

當然，就在這個血腥的亂世中，一個偉大的鐵血王朝浴血而出，他斬斷了藩鎮獨立的社會基礎，帶領著人類最大的民族率先走出了貴族社會，邁向平民社會，開啟了人類社會現代化的大幕。但是在此之前，中華民族還將經歷一個痛苦萬狀的黑暗時代。多難興邦，一個民族總是在災難中前行。就在這血腥的 53 年，一個更加先進的社會形態已經在孕育之中，只等那個偉人來最終確立了！

■ 壓軸主角，潛龍勿用 ■

秦皇漢武、唐宗宋祖。中國人耳熟能詳。毫無疑問，他們是中華民族歷史上最偉大的有為之君，宋太祖趙匡胤便是這四

大帝王中的壓軸主角。

後唐明宗天成二年（西元 927 年），距離大唐帝國的正式結束已經整整 20 年，人民實際上已經在浴血亂世中浸泡了百餘年。這一年後唐禁軍飛捷指揮使趙弘殷先生的太太杜夫人在洛陽夾馬營產下一名男嬰，取名趙匡胤。

雖然生在五代十國這樣的亂世之中，但趙弘殷的家底還是比較殷實，所以他的大公子（實為二公子，但長子早夭）無論是營養還是教育都還是很有保障，從小飽讀詩書又練得一身好武藝。但他並不滿足於在趙弘殷的小康家庭中，憑藉父母的關係撈個一官半職，而是從小立下大志，要解救蒼生於水火之中。儒家思想要求積極入世，尤其在亂世更要勇於承擔責任，而不是消極避世。在上千年儒家文明的薰陶下，漢民族一直都是一個積極進取，富有開創精神的民族。而趙匡胤正是其中的優秀代表，他沒有因為兵荒馬亂而擔憂世面上的治安狀況，而是走出相對安全的將軍家庭，走向了社會。因為他知道，他必須充分的經歷了這個亂世，才能真切的明白其中的酸甜苦辣，才能終結這個可怕的時代，將儒家理想中的社會秩序帶回人間。

趙匡胤 17 歲結婚，娶妻賀氏。20 歲那年，也就是後晉出帝天運四年，西元 947 年，也是契丹帝國太宗大同元年，中國發生了一件很嚴重的事情：兒皇帝石敬瑭的姪子後晉出帝（石重貴）和他的爺爺皇帝遼太宗翻了臉，結果被遼太宗打進開封，後晉滅亡，契丹帝國（大遼）入主中原。不過由於中原人民群起

第一篇　五代深淵鍛造鐵血王朝

抵抗，遼太宗又狼狽北逃，甚至被氣死在路上。晉河東節度使劉知遠趁機稱帝，建立後漢，即為後漢高祖。不過我們可以想像，這在當時肯定激起了很多漢族青年的憤怒，這其中就包括趙匡胤。眼見中原大地幾乎被外族占據（建立後唐、後晉、後漢的皇帝是沙陀人，但並未實施部族統治，所以漢族人民也沒有在意他們的外族身分，然而面對契丹這麼大的民族不在意是不可能的），軍閥們還在相互爭奪。趙匡胤憤然決定離家出走，外出投軍，發誓要蕩平這滔天巨浪，還人間一派太平！

當然，青年在憤怒的時刻作出的決定，往往和現實有一段差距。趙匡胤離開自己的軍人家庭到外地投軍，一路上很是狼狽，沒幾下就把錢花完了，還「未逢明主」，結果當了叫化子，偷吃過廟裡的葷笱，還在街市上賴過賭債被人追打。後來到復州投奔父親的老朋友王彥超，結果吃了閉門羹，不過好歹接濟了 10 貫錢，避免了被餓死，但工作依然沒著落，救蒼生平天下的大夢更是無邊無際，或許這時候他也後悔當初離家出走的決定。客觀地說，這本來是一段相當坎坷的經歷，結果在《飛龍全傳》裡面被寫成了一段極具浪漫主義情懷的游俠故事，其中還留下了華山對弈、千里送京娘、雙龍會這些經典故事，可見宋太祖在後世眼中還是一個人氣很高的正面人物。

當然，是金子就會閃光，趙匡胤這塊真金終於被後漢樞密使郭威發現，引入軍中擔任初級軍官。按《飛龍全傳》的說法，趙匡胤是先和郭威的姪子柴榮在患難中結識後一起投在郭威麾

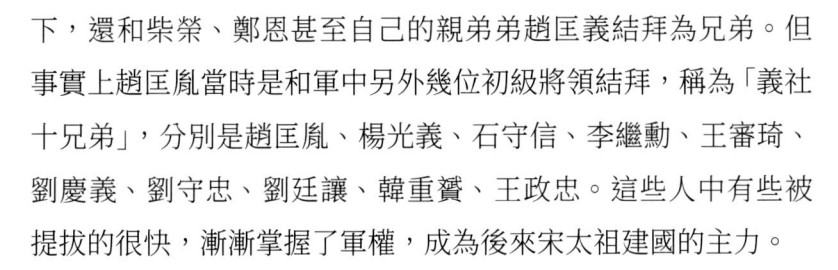

下,還和柴榮、鄭恩甚至自己的親弟弟趙匡義結拜為兄弟。但事實上趙匡胤當時是和軍中另外幾位初級將領結拜,稱為「義社十兄弟」,分別是趙匡胤、楊光義、石守信、李繼勳、王審琦、劉慶義、劉守忠、劉廷讓、韓重贇、王政忠。這些人中有些被提拔的很快,漸漸掌握了軍權,成為後來宋太祖建國的主力。

時勢造英雄,英雄造時勢。在五代十國的亂世紛爭愈發嚴重的時候,能夠結束這個亂世的人已經悄悄登上了歷史舞臺。

■ 履霜冰至,見龍在田 ■

後來的歷史發展證明,趙匡胤離家出走是正確的,王彥超沒有收留他也是正確的,因為他最後落腳的郭威才是他的真命天子。

趙匡胤初投在郭威門下時,郭威正以樞密使的職務討伐三個在後漢建國之初就自立為帝的節度使。郭威率軍平定這三支叛軍,為後漢建立了一個較好的戰略局面,自身也贏得了極高的軍事威望。而且在這段期間,趙弘殷也率軍參戰,立下軍功,還找到了離家出走的趙匡胤。郭威封了趙匡胤一個「東西班行首」的軍職,是他親衛隊其中的一個分隊長。雖然職權不高,但這是趙匡胤走上官場的第一步。

劉知遠建立後漢,遷都至開封,將發祥地太原交由郭威駐

守,封為天雄節度使,主要負責對契丹帝國的防務,統轄後漢主力部隊。劉知遠其實還算是個不錯的人。在趕走契丹人之後,漢族人民義憤填膺了一段時間,漸漸有了凝聚力;但劉知遠卻於次年駕崩,傳位於子劉承祐,即為漢隱帝。這位年輕皇帝對老爹留下的團隊頗不信任,一上臺不是考慮繼續凝聚人心,加快統一步伐,而是開始猜忌老臣。其實責任也不完全在於他,因為五代十國就是一個篡臣當道的時代,君臣們已經用事實證明了多次:篡位,每時每刻。

漢隱帝首先在一天上朝時突然砍殺了楊邠、王章、史弘肇三位高級文官,然後擬定密詔,準備誅殺郭威、王峻、王殷三位外鎮武將。不過這位年輕皇帝辦事不很牢靠,他指定的殺手都是郭威的老部下,怎麼可能會聽他這小孩子的話,去殺害自己的恩帥;甚至把密詔給被殺對象看。當然剛看到密詔時郭威還是很害怕,還好他的謀士魏仁浦給他出了一個主意:修改密詔,號稱漢隱帝是要將北鎮所有武將通通殺掉!這招果然絕妙,那幫魯莽武夫立刻上當,也不辨真偽,義憤填膺,一致要求郭威帶領大家造反!郭威禁不住要挾,只好「勉強」答應,但約定好:「這次我們不是去造反,皇上要殺我們是中了奸人詭計,我們是去清君側,除掉皇上身邊的奸邪」。

事實上正如當初後唐明宗猜忌石敬瑭,才逼反了石敬瑭一樣,確實是漢隱帝把郭威給逼反的,五代十國就是一個誰也信不過誰的時代,君父猜忌臣子,因為臣子確實要篡位;臣子

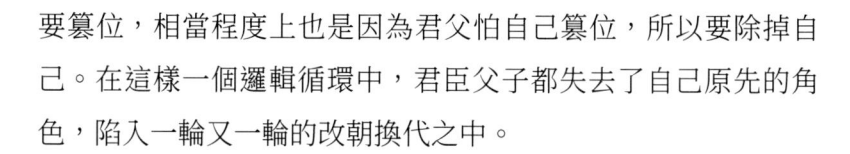

要篡位,相當程度上也是因為君父怕自己篡位,所以要除掉自己。在這樣一個邏輯循環中,君臣父子都失去了自己原先的角色,陷入一輪又一輪的改朝換代之中。

接下來,郭威集結北方邊防線上的各路部隊,向首都開封出發。這些部隊都是防禦契丹的主力,當然是後漢最精銳的部隊,以這支部隊去打首都的部隊,勝算非常大。郭威的首批造反部隊從鄴都(今河北省大名縣)出發,一邊前進,一邊還繼續接納新的造反加盟者,幾乎沒有經過戰鬥就控制了黃河渡口。渡過了黃河,義成軍節度使宋延渥迎降,又不戰而控制了開封的北當口濮陽。到此,郭威只用了三天時間,而漢隱帝此時才剛剛得到郭威不但沒有被殺,反而領兵進逼的消息。開封城內的人大多認為郭威帶領的是精銳部隊,比城內守軍要強得多,不宜硬碰,只能堅守城池,以待援軍。李太后則告訴漢隱帝,兩人畢竟是舅姪,郭威也是被他給逼反的,如果能赦罪的話沒準就不反了,就算不能,此時先下一道詔書,看看他的反應再說。

這些建議其實都很合理,但漢隱帝這位青年卻是非常憤怒,當泰寧節度使慕容彥超率軍勤王時,兩句大話一誇,他跟著頭腦一熱,就決定出城和郭威決戰!並毅然將郭威留在開封的子女家屬通通殺掉,以顯示堅決鎮壓不留後路的決心!這位慕容彥超,其實是漢隱帝的叔叔,也就是漢高祖的親弟弟,完全漢化的沙陀人,但不知為何放棄國姓,取了一個早已滅亡的

鮮卑族姓氏。而且在此之前，他也曾經冒姓閻，可見是個大騙子，劉青年居然相信了這種人，確實是欠缺思慮。戰鬥過程其實不太複雜，「慕容唬神」自信滿滿的率先向郭威發起進攻，然後剛剛死了全家親屬的郭威悲憤的痛扁了他，然後他自顧逃回兗州，漢隱帝只帶了幾十個人匆忙的逃到野外，後來郭威找到的時候人已經死了。

郭威被逼起兵，應該說情有可原，但他的部隊進入開封後放開性子大肆燒殺擄掠，很多朝廷重臣也被殺害，最後郭威親自出面才勉強制止。進駐開封後，郭威首先為楊邠、王章、史弘肇三位老戰友平反，然後加封王峻、王殷等人，完全執掌了後漢朝政。不過他似乎並不打算篡位，而是準備做後漢的伊尹、霍光，奏請太后另立新君，最後議定由漢隱帝的堂弟、武寧節度使劉贇繼位。然而劉贇還沒來得及到任，就傳來了契丹入寇的消息，於是郭威又一次點校兵馬北上抗敵。

大軍開至黃河渡口的澶州，突然發生了一次著名的「兵變」，全體官兵圍住郭威，齊聲高呼，要郭威做皇帝。郭威被嚇得半死，連忙躲回屋裡。官兵們像攻城一樣，翻過院牆，擠到屋裡把郭威架出來，強制舉行「登基儀式」。人山人海中，有人扯了一面黃龍旗裹在郭威身上，以示「黃袍加身」。由於人實在太多、太吵，郭威昏厥了好幾次。最後，大軍裹挾著郭威回到開封，各路文武大臣也紛紛強烈要求郭威即皇帝位，甚至有一些人以兵變相威脅。最後，郭威勉為其難的登上了皇位，改國號

為「周」,改元廣順,郭威即為後周太祖。這時契丹的入侵部隊也自動退散,不再出現。後世很多人說這是郭威捏造的軍情,目的只是為了把軍隊帶出城,演一齣戲方便自己篡位。其實這種說法也未必正確,因為據《遼史‧世宗本紀》記載,乾祐元年(遼世宗天祿二年,西元948年)遼帝國永康王耶律兀裕確實曾出兵洺州(今河北省永年縣),但只是普通的邊境襲擾,攻城不太順利就自行退去。而且郭威要篡位,必須在開封進行,那些兵本來就是他帶進來的,無須多此一舉。

劉贇當然沒當成皇帝,走到半路就被郭威派的人逮住殺掉了。他的老爹,也就是漢高祖的弟弟、北京(太原府)留守劉崇很不服氣,索性在太原自立為帝,國號依然為漢,史稱北漢。這個國家的轄區只有山西中、北部的十二個州,國力非常貧弱,但是依靠遼帝國的庇護,一直慘淡經營,居然比後周還要晚才滅亡,也勉強算是在精神層面上報了國恨家仇。

■ 利涉大川,時乘六龍 ■

趙匡胤在軍中結識了年齡相仿的柴榮,以其幹練聰穎讓柴榮留下了深刻印象,野史上稱之為「雙龍會」(指白龍子柴榮和赤龍子趙匡胤的聚會,但在正史記載上並沒有結拜,這只是和桃園結義一樣的小說橋段)。由於在乾祐之變中,郭威的子女都被漢隱帝殺光了,所以柴榮就過繼給他的姑父郭威,立為皇太

子，兩人的命運都由此發生了轉折。

廣順三年，趙匡胤升為滑州副指揮使。同年，晉王郭榮（柴榮）任開封府尹，明確了皇儲地位。既然明確了儲君地位，就要拉攏人手，於是郭榮將其頗為欣賞的趙匡胤調任開封府馬直軍使，成為未來皇帝的潛邸近臣。

顯德元年（西元954年），周太祖駕崩，晉王、鎮寧節度使郭榮繼位，即為周世宗。周世宗剛繼位時情形其實和漢隱帝差不多，都是年輕人面對一群老叔伯，但是顯然周太祖也充分考慮到了這個問題，在駕崩前就作了解決。首先是讓郭榮擔任開封府尹，明確為皇儲，既鍛鍊能力，也培植勢力，然後廢掉王峻、王殷兩位老伯，掃清了郭榮繼位的障礙，所以周世宗繼位後避免了漢隱帝的尷尬，這都是以一個（或許還不止一個）朝代的滅亡為代價換來的寶貴經驗！

不過周太祖可以在身前解決內憂，卻未能完全解決外患，別忘了北漢還在太原等著後周出醜呢。這下郭威死了，剩下郭榮這個毛頭小子，劉崇欣喜若狂，認為這是報仇雪恨的大好機會，立即集結兵馬，並且向遼國強烈要求派出大軍助陣，討伐後周。劉崇親率三萬大軍，以義成節度使白從暉為行軍都部署，武寧節度使張元徽為前鋒都指揮使，直指潞州（今山西省長治市）。遼帝國則派出援軍約七萬人，由政事令、武定節度使耶律敵祿率領。這一次劉崇其實是傾國而出，更兼有遼帝國鼎力援助，但是後周方面剛開始並未重視，認為又是例行襲擾。鎮

守潞州的昭義節度使李筠派出部將穆令均僅率兩千騎迎戰，當然是羊入虎口，穆令均陣亡，全軍覆沒。李筠這才意識到這是一場大戰，連忙固守潞州，向開封報告軍情。

正在為太祖治喪的後周朝廷召開緊急軍事會議，就如何應敵進行了一場激烈的辯論。周世宗認為應該御駕親征，理由是漢遼聯軍勢大，非親征難以獲勝，何況漢隱帝的教訓就擺在眼前，遣將出征容易造成兵變丟了皇位。而老臣同平章事馮道則認為小皇帝應該坐鎮開封，遣將出征，理由是五代中有很多皇帝都喜歡御駕親征（因為他們實際上都是一些武將），前腳剛出門後腳家裡面就造反了，連被譽為五代第一神將的唐莊宗也是這樣死掉的。

憑心而論，五代就是這樣的亂世，隨便你怎麼選擇，只是早死晚死的問題，周世宗的情況還更接近漢隱帝而不是唐莊宗。兩派辯論到最激烈的時候，周世宗激動的喊道：「唐太宗就喜歡御駕親征，每戰必勝，我也要學他！」馮道則不留情面的反駁道：「你是你，唐太宗是唐太宗！你龍椅都沒坐熱，還是先把小命保住再來說這些大話吧！」雙方的言辭愈發激烈，就差沒在朝堂上說「在下欲與令堂攜手共赴巫山雲雨」了。這位馮道老先生號稱是五代最強的公務員，在朱溫手下就開始當官，一直當到柴榮，其油滑於官場的能力史所罕見，就算後周又滅亡了，估計還能在新朝廷當官，他都這麼激動的駁皇帝面子，可見當時的情形確實非常激烈。應該說馮老油條也是一顆赤誠忠心，逆

鱗直諫，理也說到了關鍵上，不過最終後周朝廷還是決議：御駕親征！

事實上，周世宗還有一個打算，就是要透過一場大戰，樹立起他在軍隊中的威信。馮道所說的風險他當然全部都要承擔，但是生於亂世，熱血男兒豈能不擔風險！皇帝的龍閣暖衾、嬪妃佳麗固然令人不捨。但是，這些都暫寄給孟昶、李煜這些人吧！我，柴榮！注定是要跨上戰馬，提起鐵劍，浴血在疆場之上的勇士。即使有朝一日，我遭遇了李存勖的困境，那我也寧願選擇戰死在馬背上，而不是窩囊的死在宮中！馮大人，感謝您的忠心直諫，但這一次，柴榮已決心要用雙手殺出一條血路，就請拭目以待吧！

■ 雙龍取水，龍戰於野 ■

周世宗絕不是頭腦一熱，就提刀上馬，奔向戰場找劉崇對砍。戰前，周軍做出了詳盡的戰略規劃，侍衛親軍馬軍都指揮使樊愛能、步軍都指揮使何徽率領前鋒先行，快速抵達澤州前線，與北漢軍接戰，緩解潞州城防的壓力；天雄節度使符彥卿、鎮寧節度使郭崇率軍從磁州（今河北省武安市）包抄敵軍右路；河中節度使王彥超、保義節度使韓通率軍從晉州（今山西省臨汾市）包抄敵軍左路；周世宗自率禁軍主力從中路迎敵；另調河陽節度使劉詞率部隨後增援。周軍所作出的戰略規劃非常合理，

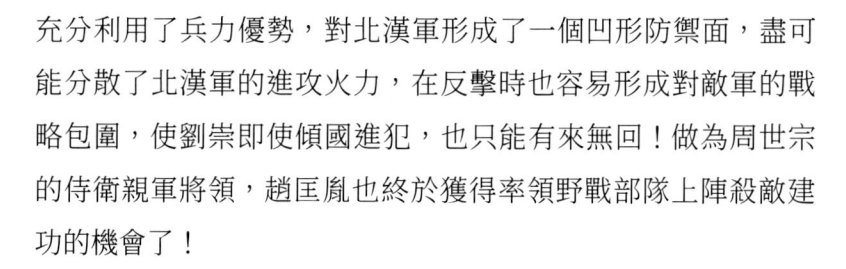

第一章　五代十國：不堪回首的超級亂世

充分利用了兵力優勢，對北漢軍形成了一個凹形防禦面，盡可能分散了北漢軍的進攻火力，在反擊時也容易形成對敵軍的戰略包圍，使劉崇即使傾國進犯，也只能有來無回！做為周世宗的侍衛親軍將領，趙匡胤也終於獲得率領野戰部隊上陣殺敵建功的機會了！

劉崇圍攻潞州不下，聽聞後周援軍已到，於是放棄潞州，繞道南下會戰。周世宗得報後立即下令加速前進迎敵，控鶴軍都指揮使趙晁勸中軍持重緩行。周世宗大怒道：「現在正當一鼓作氣的時刻！應該加速前進，迎難而上，三軍用命，挫掉敵軍鋒銳！談何持重緩行？」立即下令免去趙晁職務，押回大牢聽後發落。此令一下，三軍無不駭然，再無貳言，加快速度，只用兩日就抵達澤州與北漢軍前鋒相接。兩軍主力在澤州高平縣的巴公原列陣決戰，史稱「高平之戰」。

巴公原是一個開闊平原，非常適合大兵團會戰。北漢軍列出一字長蛇陣，劉崇親率禁軍主力居中，張元徽居左，遼軍耶律敵祿居右。周軍仍以凹形防禦面應敵，樊愛能、何徽居右，對位張元徽；侍衛親軍馬步軍都虞侯李重進居左，對位耶律敵祿；宣徽使向訓、鄭州防禦使史彥超率精銳騎兵居中，對位劉崇本人；周世宗本人親率近衛在二線壓陣，殿前都指揮使張永德、趙匡胤隨行；劉詞的部隊尚未到場，趕到時可以做為第二梯隊跟上。周世宗還派責授右司御副率（官名）李彥超率兩千兵馬埋伏在北漢軍的後路，準備等北漢軍敗退時，伏擊全殲！李

彥超曾擔任過澤州刺史，比較熟悉地形，選擇了巴公原以北的江豬嶺設伏。周世宗雖然是未經戰陣的年輕人，但是從這番布置來看，他或者說是他的參謀部將水準遠遠高於劉崇。

發現這個問題的不僅僅是我，當時也有人發現了，就是遼軍主將耶律敵祿。他對周軍陣型進行偵察後認為周軍實力強大，陣型科學，於是找到劉崇，要求重新配置陣型，制定新的作戰方案。然而劉崇的想法正好相反，他覺得周軍人數不多，而且騎兵偏少，完全不是對手，甚至後悔不該請遼軍來分功。此時他正在中軍擺開牙床，一邊奏樂一邊品酒。當然他並不是在沉溺酒樂，而是在附庸風雅，因為在文學作品中，「談笑間，強虜灰飛煙滅」是一椿極具浪漫主義武士情懷的美談。這句詞雖然要再等上一百年後才會被正式寫出來，但卻是經過之前數千年不少名將的醞釀，傳至蘇軾才提煉成最終的這九個字。顯然此刻劉崇正沉浸在自編自導自演（並在意念中自賞）的歷史大戲中，耶律敵祿卻很不識趣的跑來指出我軍正處於劣勢，很是掃興。於是兩人大吵一架後不歡而散。更要命的是，兩人爭吵間，巴公原突然颳起了強勁的南風，耶律敵祿不得不想起十餘年前，契丹帝國和後晉之間的白團衛戰役，本來是契丹軍占據優勢，結果風沙大起，晉軍迎風逆戰，反而大敗契丹軍，遼太宗騎駱駝狼狽而逃。現在是周軍順風而戰，豈不是更容易擊敗契丹軍？於是忿恨之下，耶律敵祿決定只堅守陣地，但不施援手，坐看自以為是的劉崇自己解決敵人。不過這也正合了劉崇

第一章 五代十國：不堪回首的超級亂世

的意，他本來就後悔請來契丹援軍搶功，這下遼軍不出手，功勞都是自己的了。

雖然逆風明顯對己方不利，但劉崇的音樂也起了，美酒也品了，造型都擺完了，如果突然說不打了，那就太丟臉了。問題在於打仗是為了好面子還是爭勝呢？看來劉崇是選擇了前者。歷史上也不乏能夠兩者兼顧的人，但只占據了半個山西，比閻錫山實力還弱的劉崇顯然不應該認為自己屬於這個範疇。他痴迷於在歷史中玩角色扮演的遊戲，卻偏偏沒有找準自己的角色。

左翼的張元徽是北漢第一悍將，尤其擅長重騎兵衝鋒，在此戰之前，已經陣斬後周大將穆令均。他接到劉崇出擊的軍令，身先士卒，率部衝向周軍右翼，四千名鐵甲騎兵鼓譟著逆風而進。對面的樊愛能和何徽本來正在為風向有利而竊喜，猜測敵軍要不戰而逃了，沒想到對方卻氣勢洶洶的朝自己衝來，這下被嚇得不輕。樊、何都是後漢的老將，對後周尤其是周世宗談不上什麼忠誠，面對張元徽的雷霆重擊，更不可能奮死血戰。樊愛能的騎兵自然擋不住熱血澎湃的張元徽，很快就被衝散。敗下來的騎兵一亂，也把何徽的步兵方陣給衝亂了。這兩位見勢不妙，就撇下自己的部眾不管，飛馬逃離戰場。北漢軍見張將軍擊潰了敵軍一翼，士氣大振，紛紛頂著風沙，向周軍陣型發起猛衝，周軍右翼頓時潰敗。

雖然一時占了優勢，但劉崇的軍隊布陣卻在此刻顯示出了

一個漏洞：他沒有留夠預備隊伍，如果戰敗將一敗塗地，而就算現在初步獲得勝利，也無法向周軍已經崩潰的右翼繼續投入兵力。這時周世宗卻體現出他英勇的一面，右翼的主將都已經逃竄，皇帝卻依然堅守職位，拔劍出鞘，撥開敵軍射來的箭支，大喊道：「養兵千日，用兵一時，現在正是諸軍建功立業的時刻！大家不要怕，給我殺！」周軍見皇上尚且不怕，稍稍穩住了陣腳，但形勢依然非常危急。此時趙匡胤不由得熱血上湧，直接衝到張永德面前高喊道：「現在主上有難，我們食君之祿，難道不該擔君之憂，浴血奮戰嗎？既然敵軍從兩翼包抄而來，我們就從兩翼反擊，穩住陣型待劉詞將軍趕到，則可全線反擊！」張永德也是一員猛將，當即願與趙匡胤並肩奮戰。趙匡胤又道：「我軍右翼已經崩潰，張元徽勢猛，我願率軍前去迎他，張將軍可去援助左翼」！

不懼艱險，迎難而上，此誠猛將之風，太祖胸懷！

趙匡胤策馬到陣前高喊道：「現在軍情緊急，主上尚且浴血奮戰，我等將士難道還要貪生怕死嗎？」諸軍都是凜冽男子，聽到此話哪個不是熱血沸騰！此時趙匡胤和張永德各率兩千精銳騎兵分別向左右兩翼發起反擊，周世宗也是胸中一熱，將御前禁軍盡數增援中軍，僅留五十騎在近身護衛！周軍無不捨身奮戰，尤其是趙匡胤，一騎絕塵，從北漢軍陣中密集處穿過，沿途連斬數名敵將，當真是「十步殺一人，千里不留行！」右翼軍士氣大振，藉著愈發猛烈的南風，向北漢軍發起了潮水般的反

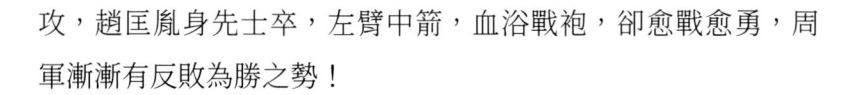

攻，趙匡胤身先士卒，左臂中箭，血浴戰袍，卻愈戰愈勇，周軍漸漸有反敗為勝之勢！

周世宗也被趙匡胤的豪氣所染，率領最後五十騎向劉崇發起了衝鋒！劉崇絕沒料到這個小皇帝會這麼拚命，頓時亂了方寸。情急之中，他居然召回正在前線奮戰的張元徽，才將周世宗的親自衝鋒逼退。但是這一個指令成為了轉捩點，當張元徽再次回到陣前時，他發現剛才被他衝得七零八落的周軍已經重整陣型，鬥志昂揚的等待又一次衝鋒！而此時南風也愈發猛烈，張元徽知道勝負往往在一念之間，在被劉崇緊急召回後，他似乎已經感覺到勝利的天平在向對方傾斜。但是，張元徽，這位真的勇士，他不會因為貪生怕死就違背軍令，趙匡胤的颯爽英姿也徹底激發了他的豪情。這一次他一馬當先，頂著猛烈的風沙，冒著周軍的箭雨，怒吼著衝向趙匡胤，麾下將士無不效命，緊隨其後。然而，刀劍無眼，雖然身被重甲，擋住了周軍不少箭支，但就在張元徽衝到周軍陣前不遠，戰馬中箭倒地！巨大的衝力將他直接甩了出去，正好落在周軍陣前，周軍此刻也顧不得活捉，一陣亂刀將這位悍將剁為肉泥。

「張元徽——死了！」

周軍喊聲藉著南風清楚的傳到了北漢軍的耳朵裡，北漢軍的精神支柱頓時坍塌，周軍發起了全面反攻！

這時的劉崇才意識到戰場不那麼好玩，連忙屏退樂隊，親自揮舞令旗指揮作戰，北漢軍收縮陣型，沿著一條小河全力

抵抗。正在此時，周軍預備隊劉詞老將軍終於趕到了！按原定計劃他還應該來得更晚一點，但在路上遇到樊愛能的敗軍得知前軍不利，加速急行軍趕到。北漢軍本來就已經處於劣勢，再面臨這支生力軍更是完全無力抵抗，全線潰敗，後周取得了這場關鍵戰役的全勝！唯一遺憾的是在江豬嶺設伏的李彥超見到樊、何兩將的敗軍，誤信了全軍潰敗的消息，撤離設伏地點，使劉崇的敗軍逃回太原。否則周世宗很可能可以親手翦滅北漢！

高平之戰後，周世宗整頓軍紀，重賞作戰勇猛的趙匡胤、張永德、劉詞、史彥超等將領，將臨陣脫逃的樊愛能、何徽處斬，周軍上下肅然，士氣大振，繼續向太原前進。劉崇現在已無力再戰，耶律敵祿在高平之戰中沒有出手，此時必須代替北漢軍主打前線，否則北漢國就要徹底滅亡了。他會同遼帝國南院大王耶律撻烈領軍來援，但士氣低落的遼軍此時怎敵戰意正濃的周軍，在忻州與後周天雄軍節度使符彥卿部相遇，甫一交戰又遇後周潞州節度使李筠率部前來助戰，迅速被打敗。但一件非常意外的事情發生了：周軍先鋒史彥超帶領兩千騎左右包抄遼軍，結果他一激動，追殺得太快，竟然脫離主力，只帶了二十多騎衝入遼軍深處，結果自不必說。這邊遼軍見斬了對方正印先鋒，士氣復振，耶律敵祿與耶律撻烈重新集結部隊反擊周軍，竟然大獲全勝。周軍諸將爭論紛紛，矛盾迭出，周世宗無奈，只好解除太原之圍。退回開封。但是北漢和契丹再也無

力南侵,後周的北部邊境就此暫時安定下來。

高平之戰中年輕的周世宗不畏艱險,御駕親征獲得了這場勝利,第一次為五代的中原王朝奠定了北方邊境安全,為日後宋朝的統一打下了堅實基礎,為漢文明的持續發展做出了重大貢獻,他無愧為一位偉大的民族英雄!而此戰中,初級軍官趙匡胤浴血奮戰,重振士氣,為周軍反敗為勝發揮了關鍵作用,他本人也在後周禁軍中脫穎而出,為以後掌握軍權,篡位稱帝,建立宋朝走出了最重要的一步。

正是:

白帝豈肯錮深宮,捍衛神州立奇功。

赤帝一劍揮十將,浴血狻猊化真龍。

■ 密雲不雨,亢龍有悔 ■

高平之戰後,後周基本解除了北方的威脅,可以全力投入到針對南方諸國的統一戰爭中了。雖然北漢和契丹都還占據著山西、河北的很多州縣,但暫時不會大舉南下,而後周北伐獲勝的難度也比較大,於是周世宗接受了兵部郎中王朴在〈平邊策〉中的建議:「先易後難,先南後北」,即先統一南方漢區,再集中力量對付更強大的北敵。後來的宋太祖及其宰相趙普「雪夜定策」,也提出了相同的戰略,很多後人以為是他們的原創,其

實是繼承了王樸的戰略。當然，事實上他們都並未嚴格遵守自己定下的戰略，因為戰略局勢是要根據實際情況而調整，而不是一成不變的。後周在確定這個戰略方針之後首先將目標對準了占據淮南、江南的南唐。

趙匡胤因為高平之戰中的傑出表現，升為殿前都虞侯，成為禁軍系統的主要將領，在討伐南唐的戰役中擔當主力。南唐也是一個很能詐騙人的國家，其地本來由南吳所占據，後被權臣齊王徐知誥所把持。西元937年，石敬瑭滅後唐，於是徐知誥篡奪南吳皇位，同時宣布自己也是唐朝皇室的後代，改姓名為「李昇」，繼續「光復」唐朝，李昇廟號唐烈祖，史稱南唐先主。雖然這個國家很能詐騙人，但是國力卻不弱，因為地處戰事相對較少的江南地區，經濟、文化發展甚至比中原國家都要好。當時正處於航運事業的一個大發展時代，南唐的造船業發展很快，甚至透過海船，和契丹帝國建立了穩固的貿易關係。另一方面南唐也打造出一支非常強大的水軍，控制著江淮水網和長江天塹，所以能夠在五代亂世中自立於東南。周世宗親征南唐的時候先主已經駕崩，中主（唐元宗）李璟在位，此人在文藝界的成就頗高，是宋詞的祖師爺之一，卻不懂軍事，以他的水準當然遠遠不是周世宗的對手。

顯德二年（西元955年），周世宗親征南唐，戰略目標是奪取南唐在淮南的領土，將其勢力趕到長江以南。周軍首先進攻壽州（今安徽省壽縣），守將乃五代名將劉仁瞻，周軍始終無法

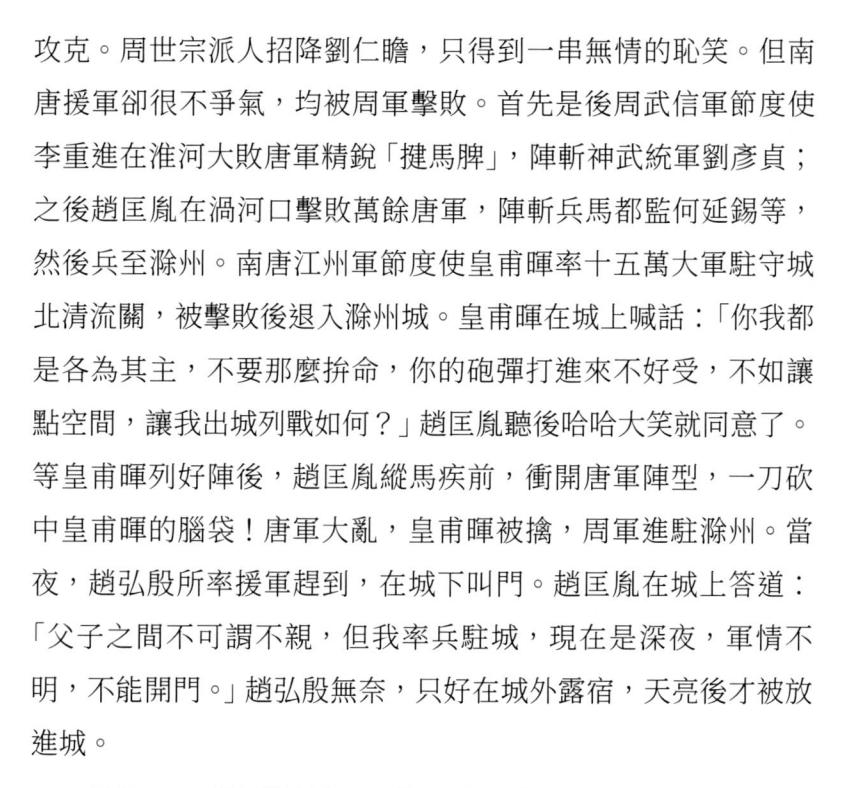

第一章 五代十國：不堪回首的超級亂世

攻克。周世宗派人招降劉仁瞻，只得到一串無情的恥笑。但南唐援軍卻很不爭氣，均被周軍擊敗。首先是後周武信軍節度使李重進在淮河大敗唐軍精銳「揵馬牌」，陣斬神武統軍劉彥貞；之後趙匡胤在渦河口擊敗萬餘唐軍，陣斬兵馬都監何延錫等，然後兵至滁州。南唐江州軍節度使皇甫暉率十五萬大軍駐守城北清流關，被擊敗後退入滁州城。皇甫暉在城上喊話：「你我都是各為其主，不要那麼拚命，你的砲彈打進來不好受，不如讓點空間，讓我出城列戰如何？」趙匡胤聽後哈哈大笑就同意了。等皇甫暉列好陣後，趙匡胤縱馬疾前，衝開唐軍陣型，一刀砍中皇甫暉的腦袋！唐軍大亂，皇甫暉被擒，周軍進駐滁州。當夜，趙弘殷所率援軍趕到，在城下叫門。趙匡胤在城上答道：「父子之間不可謂不親，但我率兵駐城，現在是深夜，軍情不明，不能開門。」趙弘殷無奈，只好在城外露宿，天亮後才被放進城。

是的，正是這樣的治軍風格，才鍛造出後來那支勇猛凌厲、縱橫捭闔的鐵血宋軍。

南唐的援軍都被打掉，壽州成為孤城，但劉仁瞻堅守不讓，周世宗也親臨前線指揮。劉仁瞻見到周世宗傘蓋，挽起強弓射去，射到周世宗面前僅數步。左右連忙請周世宗退避，但周世宗毫不畏懼，竟然移步到剛才劉仁瞻射中處大喊道：「劉將軍，剛才您沒射中，現在我站近一點，請再射！」劉仁瞻也不客氣，再一箭射去，竟然又只差數步！周世宗大笑道：「劉將軍請繼續

射，箭射完了朕再給您送！」劉仁瞻大驚道：「難道他果然是真命天子？看來此城必破，我只有以死報國了！」說罷擲弓於地，仰天長嘯。雖然劉仁瞻已經明白天下大勢已不屬南唐，但仍然忠於職守，周軍始終無法攻克壽州。

南唐軍雖然不能解壽州之圍，但也一直在努力增援。南唐中主之子齊王李景達集結禁軍主力，準備收復揚州。先前攻克並駐守揚州的周將韓令坤兵力不多，奏請棄守揚州。周世宗不允，並令趙匡胤率兩千侍衛親軍前往督戰。趙匡胤駐軍六合，下令「揚州兵敢有過六合者，斷其足！」韓令坤只好繼續固守，並伺機出城與趙匡胤合兵，在六合大敗李景達，斬首萬級。這下南唐中主徹底無奈，派司空孫晟求和。周世宗愛惜劉仁瞻的忠義人才，請孫晟到壽州城下勸降，孫晟一口答應，來到壽州城下，周世宗大喜。

但孫晟一見到劉仁瞻就大喊道：「劉將軍！你是大唐的忠臣，降敵會遭臭萬年，不是您做得出來的事情。現在固守在此城，已斷無活路，不要再妄想活著回金陵見皇上了，盡忠死節吧！」劉仁瞻在城上聽後痛哭流涕，身被甲冑向孫晟三叩而謝，再面向金陵方向叩首，誓要為唐天子盡忠死節！類似的故事又發生在七百年後，萊州城下的大明巡撫朱萬年，假意為漢奸孔有德招降，卻對城上喊出了永垂史冊的四個字：「向我開炮！」儒家文明的傳人從不透過侵略戰爭的實惠來誘發戰士的貪慾，但每當盡忠死節的時刻到來，儒家的精忠思想和武士的剛烈氣

度融合在一起,迸發出人類心靈深處的最強力量。這種偉大的力量或許無法被某些輕視儒家的「尚武」人士所理解,但青史所載,卻總能感動無數正義的人們,化為人類文明的精華。

周世宗雖怒,卻也感懷兩人的忠義,並沒有殺孫晟,而是送回汴京軟禁。顯德三年七月,宣懿皇后符氏駕崩,周世宗暫回汴京,南唐軍又重新集結部隊來援壽州。南唐鎮海軍節度使林仁肇帶兵進攻下蔡(今安徽省鳳臺縣)正陽橋,意圖切斷周軍補給線。張永德率大軍迎戰,林仁肇親率四名勇士突上正陽橋,逆風舉火準備燒橋。張永德忙令放箭,林仁肇毫不畏懼,揮劍撥開箭支,繼續燒橋。張永德也不由得感慨林仁肇勇猛。最終南唐軍寡不敵眾,撤離戰場。張永德又指揮水軍大破南唐軍艦隊,保障了補給線。汴京的周世宗不斷接到捷報,再次準備御駕親征,臨行前卻查獲孫晟正不斷向南唐傳遞情報,周世宗怒斥道:「上次你不勸降劉仁瞻,我已饒你不死,現在你又偷送情報,我怎能不殺你?」孫晟不慌不忙道:「我現在身陷於此,已不能為國盡忠了,留此身軀何用?就請陛下成全我吧。」周世宗知道再無可能招降他,於是賜死,但隨即又後悔不該殺此忠臣,並引為一生憾事。

周世宗御駕再臨壽州,周軍再次發起攻勢,李景達也再次集結大軍來援,在水陸兩路均遭趙匡胤、李重進痛擊,傷亡慘重。壽州已經被圍一年多,城內軍糧已盡,各路援軍也紛紛被打退,已到強弩之末,城中不少人已經生了降敵之心。劉仁

瞻幼子劉崇怕死，單身一人偷跑出城，準備投降，卻被抓了回來。劉仁瞻毫不猶豫，立即宣布將其正法！諸軍哭請免死，劉仁瞻的妻子薛夫人向將士們流淚道：「將士們浴血奮戰，我們劉家的兒子卻貪生怕死，投降敵軍，若不正法，我們父母也無顏面對三軍。」劉仁瞻忍痛將兒子處斬，並將首級巡視全軍，全軍無不痛哭流涕，紛紛表示願與劉將軍同心死義！後世野史中有楊延昭和戚繼光斬子以正軍法的故事，但未見正史記載，可能是劉仁瞻斬子史實的演繹，而故事的原型劉仁瞻將軍反而鮮為人知，殊為可嘆。

斬子後劉仁瞻臥病不起，但仍堅持在床上指揮作戰，周世宗被他的忠貞剛烈所感動，停止強攻，致書一封客氣的請劉將軍納降。但此時58歲的劉將軍已經成了植物人，副使孫羽等人冒劉仁瞻之名出降，並將癱瘓的劉仁瞻用床抬出城投降。

後周世宗顯德四年，不！大唐元宗保大十五年三月二十四日，經過17個月艱苦圍城，後周軍終於入駐壽州。周世宗封劉仁瞻為天平軍節度使，癱瘓在床的劉將軍已經沒有能力拒絕了，薛夫人泣血五日，絕食而死。很多南唐軍將士不願投降，朝劉仁瞻床前三叩後刎頸殉國。當夜，五代名將劉仁瞻卒，周世宗下詔厚葬，追贈為彭城郡王，並率全軍為其送葬。周世宗、未來的大宋太祖趙匡胤、未來的大宋宰相趙普、數萬後周將士、壽州城內全體居民，肅立於劉仁瞻將軍靈柩前。整個壽州默然無聲，為這位忠貞剛烈的英雄送行。

偉哉劉仁瞻！五代中有多少君臣間的勾心鬥角、父子間的殺戮篡奪，但也不乏像他這樣的真正忠義之臣。而在這個你死我活的血腥年代，能夠同時得到敵我雙方的無限景仰，死而無憾！死而無憾！

周軍攻克壽州後南唐濠州刺史郭廷謂，泗州刺史范再遇相繼請降。周世宗在楚州（今江蘇省淮安市）親率水軍大破南唐水軍主力，進圍淮南最後一個大城市楚州，南唐楚州防禦使張彥卿、兵馬都監鄭昭業拚死抵抗。周世宗掃平駐守淮南水網的南唐水軍，並徵用民夫疏濬大運河楚州段，將數百艘新建巨型戰艦開到城下，南唐軍民見後以為是神兵天降，無不震懾。南唐保義軍節度使陳承昭率軍來援，被趙匡胤大敗活捉，但張彥卿也是一位忠臣，據城死守，仍不投降。趙匡胤用巨砲轟開城門，周軍一擁而入，張彥卿仍在城內列陣巷戰，數千南唐軍全部戰歿，無一人投降。最後數千周軍將張彥卿圍在官署，張彥卿仍無意投降，奮力廝殺，兵器都打壞了，抓起床板繼續猛砸，最終把房間內的家具全部都砸爛了才慘死在亂刀之下。至此，淮南十四州全部被後周攻占，成為後周以及後來宋朝統一戰爭中重要的經濟來源。

在周世宗親征淮南的戰鬥中，我們看到，南唐雖然不敵，但卻湧現出不少忠臣義士，孫晟、劉仁瞻、張彥卿明知無力戰勝敵人，卻依然盡忠死節。他們雖然戰敗身死，卻用生命向世人昭示了：在這禮崩樂壞的時代，仍然有人在堅持著儒家的核

心價值。他們的光輝,穿透了五代的血海深淵,照耀後世。歐陽脩在《新五代史》中將劉仁贍和後梁的王彥章、後唐的裴約同列入〈死節傳〉,並說明:「語曰:『世亂識忠臣。』誠哉!五代之際,不可以為無人,吾得全節之士三人焉,作〈死節傳〉。」三位各為其主的將軍,雖然他們都沒有為大宋的統一而盡忠,甚至相反,他們抗拒統一,逆歷史潮流而動。但是,他們和屈原、諸葛亮一樣,後人辨得清忠奸,不會把他們和安祿山、趙元昊那些分裂分子相混淆,他們這種忠義精神同樣融入了統一國家的志士們的血脈之中。

為什麼幾千年來我們這個偉大的民族能夠在這個險惡的叢林星球上屹立不倒?正是因為每當他陷入谷底時,仍然有那些忠貞的兒女,在捨生忘死的捍衛著心中的信念。他們的浩然正氣必將永留人間,每當後人在史冊中看到他們的事蹟,都能在心中為自己的祖先無比驕傲,並為自己也是這個偉大民族的一員而深感自豪!這樣的民族即使肉體被殺戮,血統被混雜,但只要有一點信念還在青史中傳承,文明的血脈就永遠不會斷絕!

■ 突如其來,飛龍在天 ■

奪取淮南後 31 歲的趙匡胤加封為忠武軍節度使,成為實力派武將。周世宗又派張永德北擊契丹,使其不敢來犯。顯德六年(959 年),雖然身體越來越差,但是不服輸的周世宗仍然點

第一章　五代十國：不堪回首的超級亂世

齊三軍，北指燕雲十六州，準備收復被石敬瑭出賣的這塊極具戰略意義的國土。

燕雲十六州指幽州（今北京市）、雲州（今山西省大同市）之間的一片土地，大致包括山西、河北兩省的北部和北京、天津，是北中國的戰略屏障，不占領這些地區就無法修築長城，中原的國土安全就完全得不到保障。

周世宗在淮南的勝仗已威震天下，遼帝國駐守燕雲外圍防線的漢軍守將紛紛投降，周世宗將兩關更新為雄州和霸州。雄霸！很有氣勢的名字。但接下來周世宗準備集結重兵圍攻重鎮幽州（遼帝國南京析津府，今北京市），卻遭到反對，因為諸將都認為難度太大。周世宗大怒，甚至說出氣話：「你們不願意繼續攻打就留在這裡玩，朕獨自帶兵去打幽州！」不過這話也只能說說罷了，就在當夜，周世宗病情加劇，實在不能支撐，全軍撤回汴京。回師途中遼、北漢均出兵追擊，都被李重進率軍擊敗。回到汴京後，大家都知道周世宗已經不久於人世，於是立梁王郭宗訓為皇儲，並任范質、魏仁浦、王溥為相，做為託孤之臣。周世宗的前三個兒子都在乾祐之變中被漢隱帝所殺，剩下最大的兒子宗訓也只有七歲，這個小皇帝能夠保全於五代這樣的亂世之中嗎？周世宗顯然必須在死前做一些必要的安排。

當時最有實力篡位的兩位武將是李重進和張永德。李重進時任淮南節度使，主要負責後周南方邊境的防務，手握重兵，是最大的外鎮將領。和周世宗一樣，他也是周太祖外姪，而且

年齡比周世宗大，出道帶兵也更早，立下戰功無數，實際上比周世宗更有資格繼承皇位。張永德時任殿前都點檢，是駐京禁軍中最大的將領。他是周太祖的女婿、周世宗的姐夫，曾立下卓越戰功，也有資格問鼎皇位。周世宗親征契丹時居然在文書中發現一句「點檢做天子」。這不得不令其深刻懷疑張永德，於是罷免他的實職，以最信任、而且相對缺乏政治背景的趙匡胤取代殿前都點檢的關鍵職務。

顯德六年（西元959年）六月十九日，周世宗駕崩，梁王郭宗訓繼位，是為周恭帝，以第二年繼續為顯德七年，以示對周世宗的無比崇敬，授趙匡胤為歸德軍節度使、檢校太尉。周世宗郭榮（柴榮）在位僅六年時間，不但沒有被篡位，還整飭朝政，穩定政局，發展經濟，恢復禮樂，堪稱是一位愛民如子的好皇帝；軍事上四面出擊，在各個戰場均取得重大勝利，尤其是高平之戰，親冒矢石，擊敗了以遼帝國為後援的北漢軍，使漢民族避免在最衰弱的時刻被徹底滅絕，無愧為一位偉大的民族英雄。宋朝的薛居正、歐陽脩、司馬光等史學大家都對這位前朝皇帝不吝溢美之詞，熱情謳歌他的神武雄略。

當然，有一些現代人認為如果不是他英年早逝，「積弱積貧」的宋朝就不會建立，在他的帶領下，後周可以統一全國，並且收回燕雲十六州，痛擊契丹。這顯然又是一種矯枉過正的觀點，周世宗輕鬆收復的瀛、莫二州（關南十縣）其實本來就是遼軍最難援救的地區，之後再也未能從宋朝手中奪回。而周世

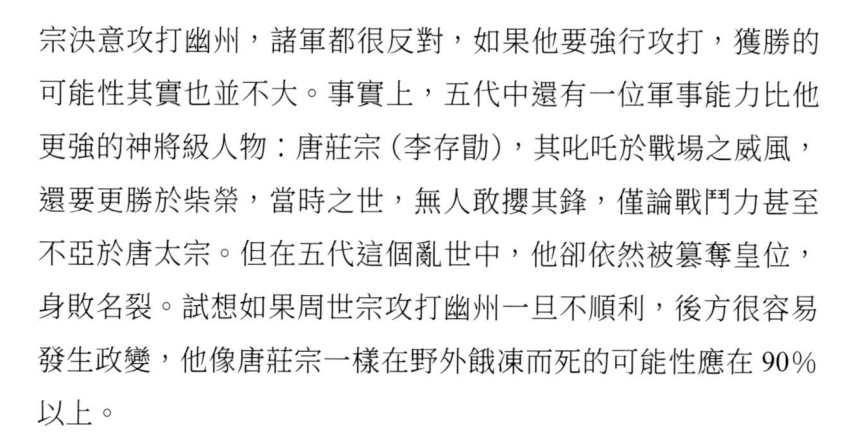

宗決意攻打幽州，諸軍都很反對，如果他要強行攻打，獲勝的可能性其實也並不大。事實上，五代中還有一位軍事能力比他更強的神將級人物：唐莊宗（李存勖），其叱吒於戰場之威風，還要更勝於柴榮，當時之世，無人敢攖其鋒，僅論戰鬥力甚至不亞於唐太宗。但在五代這個亂世中，他卻依然被篡奪皇位，身敗名裂。試想如果周世宗攻打幽州一旦不順利，後方很容易發生政變，他像唐莊宗一樣在野外餓凍而死的可能性應在90％以上。

後周顯德七年（西元960年），北邊急報，北漢又與遼帝國聯軍大舉來侵。范質、王溥等奏請符太后定奪，這些人都不懂軍事，召趙匡胤商議。趙匡胤提出集結主力北上抗擊，把後周的主力部隊都帶走了。剛走到離開封不遠的陳橋驛，軍中一位會看星象的苗訓（《宋史》將其歸入〈方技列傳〉）說太陽下面還有一個太陽，意思是天有二日，大家得解決掉一個。於是諸軍齊集高呼「點檢做天子」。石守信、王審琦、郭延贇、李處耘等將領找來趙匡胤的弟弟趙匡義公開商議擁立新皇帝的事宜。鬧了一夜趙匡胤似乎並不知道，舒舒服服睡到大天亮。天一亮，趙匡義闖進房間要求他稱帝。他一走出房間，又發現大家很有秩序的圍住他，亮出兵刃，一致要求他稱帝。他還沒來得及回答，就有人拿出一件黃袍給他套上了，眾人羅拜。趙匡胤於是與大家約法三章：「我當皇帝可以，但你們必須聽從號令，善待後周皇室，不許襲擾小皇帝和太后，也不許趁機劫掠士大夫

第一篇 五代深淵鍛造鐵血王朝

和富庶人家,尤其不准殺害前朝舊官,不然我就不做你們的皇帝。」眾人答應下來,擁戴著他回開封即皇位。

回到開封,趙匡胤一見到宰相范質,不等他開口就搶先抓住手一陣痛哭:「違負天地,今至於此!」范質手被捏得生痛,還沒來得及回答,旁邊的將校抽出劍厲聲道:「我們沒有皇帝,今天必須即位!」宗訓雖小,難道不是皇帝麼?這些武將的語言邏輯真的很不通。范質見勢已不可挽回,於是帶領後周朝臣羅拜趙匡胤,同意擁立。

後周顯德七年(西元960年),周恭帝禪位於歸德軍節度使趙匡胤。歸德軍即宋州,所以新朝國號為「宋」,改元建隆,趙匡胤即為宋太祖。郭宗訓還柴姓,12年後去世,年僅19歲。至此,歷史意義上的「五代十國」正式宣告結束,共計53年,是中國歷史上最不堪回首的一段血腥亂世。當然,本書想要告訴您的是:建隆元年,只是宋朝建立的一年,可以做為五代結束的具體象徵,但並不完全是亂世的真正終結,宋太祖也沒有完成統一,甚至沒有徹底解決五代更迭的根本問題,這些問題還要留給二十年後他的弟弟宋太宗來完成。

第二章
收起血淚，掀開新的篇章

■ 神龍擺尾，陸漸於鴻 ■

宋太祖即位後，定都東京開封府（今河南省開封市），並以名義上的發源地宋州（今河南省商丘市）為南京，以洛陽為西京，以大名府（今河北省大名縣）為北京。尊母親杜氏為皇太后，父親趙弘殷已於周世宗顯德三年（956年）去世，追贈為「宋宣祖」，皇弟趙匡義避諱改名為「光義」。經推算，宋朝應該屬火德，尚紅色。後周宰相范質、王溥、魏仁浦繼續為大宋的宰相，不久以趙普等親信取代，又以石守信、高懷德等親信執掌軍權。並接受西羌党項部首領李彝殷（李彝興）、荊南節度使高保融的割據勢力的朝貢，一個新的國家已經初具氣象。但，他到底是要終結五代亂世還是繼續做普通的第六代呢？

首先要解決的問題是後周舊臣，京城內唯一不願擁立宋太祖的後周忠臣韓通被殺，其餘都投降了。張永德已經被廢掉，但鎮守北邊潞州的李筠、鎮守南邊揚州的李重進仍手握重兵，而且都是擁有較高聲望和政治背景的名將。他們確實也都樹起

反幟，聲討新建的宋朝。

本來李筠和李重進約好同時起兵，共同討伐趙匡胤。但是李重進派去連繫李筠的「親信」翟守珣卻跑到東京去向宋太祖告密，並且做了雙重間諜，又跑回揚州告訴李重進說李筠不願意合作。當時也沒有無線電，李重進就相信了他這位親信。這邊李筠卻不知情，獨自起兵。太祖遣歸德軍節度使石守信率軍平叛，遣昭化軍節度使慕容延釗、彰德軍節度使王全斌從東路包抄，在長平（今山西省高平市）大敗李筠。石守信、高懷德又在澤州城外大破北漢援軍，生擒李筠部下偽節度使范令圖，將李筠合圍在澤州城內。宋軍四十餘天攻破城池，李筠赴火自焚，其子李守節在上黨投降，遇赦。就在澤州，李筠曾於高平之戰中取得過名垂青史的榮譽，但也在這裡，最終落得如此下場。討平李筠前後只用了兩個月左右的時間。

北邊的李筠被解決掉後，宋廷又將矛頭指向南邊的李重進。此時李重進才知道自己已經失去南北夾擊的機會，後悔不及，但為時已晚。這一次太祖御駕親征，只用一個月就攻克揚州，李重進和李筠的下場一樣：舉家自焚。

最大的兩個外鎮武將被武力討平，其餘百官雖然還有很多人仍然不捨後周，甚至經常有相關的言談流露出來，但事已至此，不可挽回。太祖對他們也非常寬容，認為這只是正常的人性流露而沒有處罰，宋朝的內政逐漸穩定下來。

周圍的割據勢力如南唐、北漢、吳越、後蜀等以及遼、高

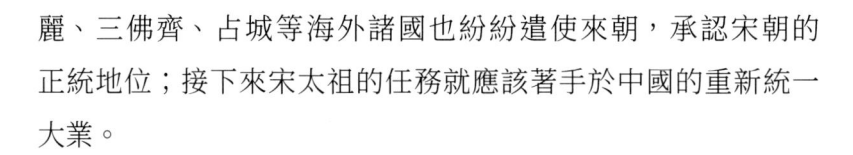

麗、三佛齊、占城等海外諸國也紛紛遣使來朝，承認宋朝的正統地位；接下來宋太祖的任務就應該著手於中國的重新統一大業。

首先對準的目標是位於今日地屬湖南的衡州刺史張文表、荊南節度使高繼沖和武平節度使周保權等三位地方軍閥，宋廷以山南東道節度使慕容延釗為主帥，樞密副使李處耘為都監，率十州地方軍進討，輕鬆獲勝。這些都是小人物，就不詳細講了。控制了四戰之地荊州，南方諸國都直接暴露在了宋軍的矛頭之下。

乾德二年（西元964年），宋廷集結兵力討伐後蜀。後蜀的國土大致相當於現今的四川省，最後一個皇帝孟昶（史稱「後蜀後主」）算是比較腐敗的統治者，但他居然主動遣使北漢要求南北夾擊宋朝，而且他的方案是出子午谷占領潼關以西的地盤，還把自己當諸葛亮了。十一月，太祖集結兵馬，一路由忠武軍節度使王全斌為西川行營前軍兵馬都部署，武信軍節度使崔彥進監軍，率步騎三萬出鳳州道（今陝西省鳳縣）；一路由江寧軍節度使劉光義為西川行營前軍兵馬副都部署，樞密承旨曹彬監軍，率步騎二萬出歸州道（今湖北省秭歸縣）。後蜀雖然占盡地利，但畢竟不是諸葛亮，在宋軍面前完全是廢柴，沒幾下就被打趴了。北路軍王全斌在攻克劍門時斬敵首級萬餘人，蜀軍本就對勝利不抱太大希望，此後更是心理完全崩潰。不多時宋軍會師成都，孟昶直接宣布投降，前後一共只用了66天時間。

由於北路軍主帥王全斌採取了殘暴恐嚇戰術，在成都一次性殺降二萬七千人，激起了蜀中軍民極大憤慨。平定四川後王全斌、崔彥進等人晝夜宴飲，縱容士卒劫掠，百姓苦不堪言。當年四川就爆發了上官進、全師雄等人帶領的蜀兵和群眾起義，殺死宋軍先鋒都指揮使高彥暉，鬥爭了三年才被宋軍鎮壓。鑑於此宋太祖將大屠夫王全斌、崔彥進降職，並大力整頓軍紀，才使四川這個富饒的大後方穩定下來。相比之下，東路軍在儒將曹彬的監督下，始終保持軍紀，不濫殺掠奪。曹彬的仁者氣度受到宋太祖的高度重視，逐漸委以重任，並依此逐步樹立為宋軍的典型，逐漸消除了宋軍的戾氣，成為一支威武之師、文明之師，其實，這正是宋軍有別於前朝，開始走出五代桎梏的關鍵一步。

後蜀攻克後目標又對準南漢。南漢曾名大越國，但由於是劉姓人士建立的國家，所以改國號為「漢」，定都廣州，主要勢力範圍是嶺南兩廣。那時候珠江三角洲還是煙瘴重生的蠻荒之地，並不發達，主要是天遙地遠路難行，沒人理會他，所以才能偷生到現在。不過宋朝要統一天下，原本世外桃源的日子也就到頭了。當時南漢的皇帝為劉鋹，史稱南漢後主，不但腐敗，而且非常殘暴，境內人民起義不斷，其中有一位人物名叫張遇賢，值得一提。您可能沒聽過他，但他確實很有前瞻性的首次使用了一個人類歷史上最強大的年號：永樂。所以南漢也算是培養了一位永樂大帝，可聊堪自慰。可能這位永樂大帝是

第二章 收起血淚，掀開新的篇章

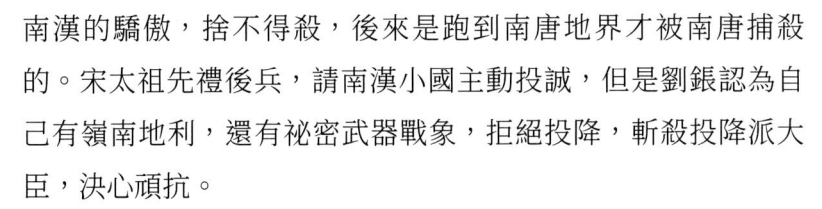

南漢的驕傲，捨不得殺，後來是跑到南唐地界才被南唐捕殺的。宋太祖先禮後兵，請南漢小國主動投誠，但是劉鋹認為自己有嶺南地利，還有祕密武器戰象，拒絕投降，斬殺投降派大臣，決心頑抗。

開寶三年（西元 971 年），宋廷以潭州防禦使潘美為貴州道兵馬行營都部署，朗州團練使尹崇珂任副將，道州刺史王繼勳為都監，率十州兵進討南漢。潘美首先圍困賀州（今廣西省賀縣），南漢援軍急至。潘美佯裝撤退，南漢軍不知死活，以為潘美怕了，竟然來追擊，自然中了埋伏，全軍覆沒。潘美再反攻賀州，輕鬆攻克。之後宋軍經過比較艱難危險的山地行軍，連克數州至韶州（今廣東省韶關市）。南漢國竟無人想到在此途中伏擊，放任宋軍走出崇山峻嶺，來到平原。這時南漢軍才擺出他們的祕密武器：戰象，妄圖籍此抵抗天威。可惜他們又不懂得如何的正確操控，只會正面強行衝鋒，結果這些龐大的移動標靶被強弓勁弩射得血肉模糊，潘美輕鬆攻克韶州，廣州已經完全暴露。劉鋹孤注一擲，集結十五萬大軍在廣州城北以木竹為柵，準備抵抗宋軍。潘美見後哈哈大笑，只待一天北風起，召集數千民夫，雙手持炬，趁天黑投入南漢軍營。火借風勢，燒得南漢軍哇哇亂叫，宋軍趁機進攻，斬首數萬。殲滅南漢主力部隊後，潘美輕鬆攻入廣州，生擒劉鋹。南漢殘部嘯聚海島繼續抵抗，宋太祖暫以潘美知廣州兼市舶司，旋即討平，嶺南平定。

■ 臥榻之側，豈容他人鼾睡 ■

南唐是各個割據勢力中相對最強大的一個，周世宗攻取淮南時已經大大傷了他的元氣。中主李璟駕崩後其子李煜繼位，史稱南唐後主，文學史上又稱李後主。李後主沒想過富國強兵抵禦宋朝，而是百般討好並大肆賄賂宋太祖和趙普等人，只求保證其割據江南的地位，這顯然是很不現實的。開寶七年（西元974 年），宋廷以宣徽南院使、義成軍節度使曹彬為西南路行營馬步軍戰棹都部署，山南東道節度使潘美為都監，穎州團練使曹翰為先鋒都指揮使，率十萬大軍進討南唐。

發兵前，宋太祖專門召集幾位主將告誡：「城陷之日，慎無殺戮。設若困鬥，則李煜一門，不可加害」。曹彬與李漢瓊、田欽祚等將領率水軍從江陵（今湖北省荊州市）順江而下，潘美與曹翰、劉遇等率陸軍繼行。南唐的忠臣良將劉仁瞻、張彥卿都已故去，剩下一個林仁肇為宋太祖所忌憚。於是宋太祖略施小計，在東京營造了一座大庭院，在內室掛了一幅林仁肇畫像，並悄悄告訴南唐使者說林將軍已經歸降大宋，這就是留給他的宅子。這種拙劣的小伎倆可能連淨壇使者（豬八戒）都很難騙得到，但李後主認為有圖有真相，殺了林仁肇，使宋軍唯一的忌憚自動消失。這下宋軍順江東下，所向披靡，摧毀南唐軍所有水寨和戰艦，只用一個月就兵臨採石磯。

採石磯位於今安徽省馬鞍山市，又名牛渚磯，與岳陽城陵

第二章　收起血淚，掀開新的篇章

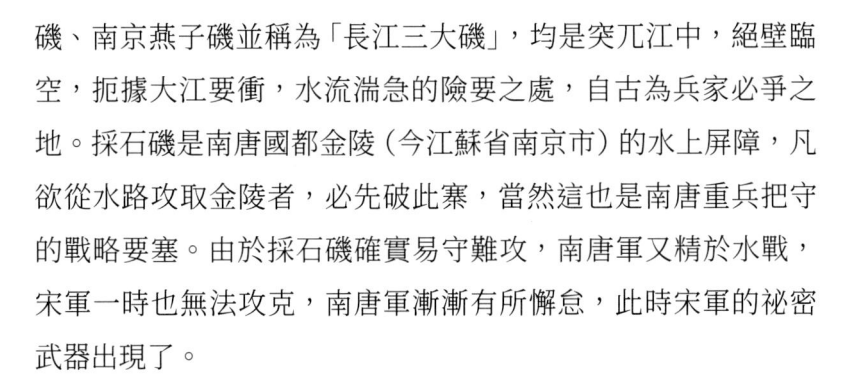

磯、南京燕子磯並稱為「長江三大磯」，均是突兀江中，絕壁臨空，扼據大江要衝，水流湍急的險要之處，自古為兵家必爭之地。採石磯是南唐國都金陵（今江蘇省南京市）的水上屏障，凡欲從水路攻取金陵者，必先破此寨，當然這也是南唐重兵把守的戰略要塞。由於採石磯確實易守難攻，南唐軍又精於水戰，宋軍一時也無法攻克，南唐軍漸漸有所懈怠，此時宋軍的祕密武器出現了。

樊知古，原名樊若冰，本是南唐人士，但在南唐鬱鬱不得志，每天在採石磯釣魚，實際上是在測繪當地的水文資料。雖然《孫子兵法》中有專門的〈用間篇〉，中國的軍事家歷來也很重視諜報工作，但在明太宗（永樂大帝朱棣）設立正規的特務情報部門之前，反間工作仍然是很原始的，所以他這種並不高明的間諜行動居然得逞。後來他帶著這些重要情報資料投奔宋朝，並建議據此修建浮橋攻取採石磯。宋太祖採納他的建議，授予舒州軍事推官職務，帶領工程部隊在貴池（今安徽省桐城市）李陽河試造浮橋。宋軍受阻於採石磯時，樊知古預製浮橋部件完成，來到採石磯開始正式工程作業。宋代以前長江中下游是修不起橋的，南唐軍在南岸看到宋軍居然在長江天塹上搭造浮橋，哈哈大笑，認為曹彬是在兒戲，沒有提高防備。但樊知古其實是根據採石磯的實際水文資料預製好的浮橋，此時只需移至採石磯以 CKD 方式（completely-knocked-down，完全散裝組裝）組裝既可，三天就搭造好。南唐軍發現為時已晚，宋軍迅速

第一篇　五代深淵鍛造鐵血王朝

通過浮橋，攻占採石磯。

隨後宋軍從水陸兩路並進迅速包圍金陵，這時李後主連忙派使臣向宋太祖求饒，答應只要退兵，可以給很多錢。宋太祖答了一句名言：「不須多言，江南亦有何罪？但天下一家，臥榻之側，豈容他人鼾睡乎？」李後主終於斷絕幻想，整軍抵抗，當夜派數千軍士吶喊著殺出城外，卻大敗而回。宋軍緊緊圍住金陵，晝夜攻打，主將曹彬始終牢記宋太祖不可濫殺的戒律，每次攻城最急時都故意放緩，企望李後主能夠主動投降，減少傷亡。最後城破之勢已成，李後主還沒投降，曹彬卻突然稱疾。眾將士忙問何疾，曹彬道：「其實我身體沒病，而是心病。我想起我軍攻打四川時殺戮甚眾，心裡難受得很，恐怕金陵城破，你們又要殺戮，於心何忍啊！我這病用藥是治不好的，只要你們誠心立誓，城破之時不妄殺一人，我自然就好了。」眾將連忙焚香立誓絕不妄殺，第二天曹彬的「病」就好了，第三天就破城。李後主帶著文武百官來到曹彬軍門前請罪投降，曹彬非常有禮貌的接待了他，南唐平定。

李後主此人做皇帝是人渣級，寫宋詞卻是骨灰級，是宋詞史上第一位大師。王國維在《人間詞話》中認為：「花間派」雖然詞句華麗，但卻空洞無物，算是創造了宋詞的骨架，而沒有魂魄。而到李煜，宋詞才開始有了時空意境，華麗的骨肉被賦予了深邃的靈魂，開啟了光照千秋的宋詞文學。所以，雖然李後主為人浮華，不勤政事，完全不是一個合格的皇帝，但其在文學史

上的崇高地位不容抹殺。

至此，大宋從占據中原出發，相繼平定湖南地區割據政權、四川的後蜀、廣東的南漢、江南的南唐，西北領主折氏、李氏內附，福建的吳越國王錢俶、清源軍節度使陳洪進等人勢力微弱，一直歸附於宋，後來在太宗時期正式納入國土，而今，就只剩下最後一個割據勢力 —— 北漢了。

■ 北漢：最難啃的硬骨頭 ■

北漢國其實是五代十國中相對最貧弱的一個，只占據今山西中北部十一個州。但并州是春秋時晉國故地，有黃河、汾河、太行山相拱衛，號稱「表裡山河」，易守難攻，北面是蒙古草原，容易補充戰馬。北漢又寄託在遼帝國卵翼之下，遼國將其做為與中原漢族政權的戰略緩衝，百般庇護，北漢本身也確實足夠頑強，故而周世宗、宋太祖都未能輕鬆攻克。

周世宗雖在高平之戰中大勝，但由於史彥超輕敵冒進，會攻太原功虧一簣，宋太祖在他17年在位期間，曾兩次進伐北漢，惜均未果。

第一次在開寶元年（西元968年），北漢國主劉繼鈞身後因為繼位問題發生內亂，太祖認為有機可乘，遂在攻滅後蜀之後立即遣昭義軍節度使李繼勳率軍攻打北漢，但事先缺乏充分準

備，只是一次試探性進攻。雖然李繼勳初時作戰順利，一度兵臨太原城下，但是不久後遼國援軍趕到，宋太祖認為和遼軍開戰的時機尚不成熟，於是下詔退兵。

第二次就在開寶二年，北漢又發內亂，國主劉繼恩被弒，其弟劉繼元繼位。太祖又認為有機可乘，集結重兵，以昭義軍節度使李繼勳為河東行營前軍都部署，侍衛步軍指揮使黨進副之，宣徽南院使曹彬為都監，以伐北漢。另遣彰德軍節度使韓仲贇為北面都部署，彰義軍節度使郭延義副之，以防遼軍來援。宋軍進展順利，快速合圍太原，宋太祖親臨城下督戰。宋軍築起長連城圍攏太原城，日夜攻打，後又決汾河灌城，但北漢據城死守，幾十日不下。另一方面，何繼筠、韓仲贇等將也擊敗遼國援軍，但遼軍此時採取了正確的救援戰略：圍魏救趙，遣大軍突入宋境，宋軍久圍太原不下，只得班師。

太祖在開寶初年兩次討伐北漢，當時南漢和南唐都還沒有平定，按照王朴的《平邊策》提出的「先南後北」戰略，不應該急於進伐。而這兩次北伐也沒有做好充分準備，所以都在前期進展順利的情況下不了了之。但宋太祖也做好了長遠打算，將北漢境內的居民盡量內遷，堅壁清野，又斷絕北漢的商路，弄得北漢凋弊不堪，為後來宋太宗攻滅北漢打下堅實基礎。可惜平定南方後太祖還沒來得及重新組織北伐就已駕崩，沒能親手翦滅北漢，殊為可惜。

第二章　收起血淚，掀開新的篇章

■ 杯酒釋兵權：亂世終結的關鍵性步驟 ■

五代十國的很多君主都是透過篡位的方式登上皇位，當然也害怕自己做過的壞事在自己身上重演，所以都想方設法的防止，但篡位之事卻愈演愈烈，國祚一個比一個短。隋文帝總結漢、晉以來大臣專權的情況，認為「三公」（即丞相、太尉、御史大夫）權力太大，權臣一般都出自丞相或太尉（有時稱大司馬將軍），於是廢除三公九卿制，重新設計三省六部制，帶來了隋唐盛世。然而五代以來的殿前司都點檢卻和太尉大同小異，很容易掌握軍權，周世宗駕崩前就害怕殿帥張永德會對繼位的幼子不利，用親信趙匡胤取代，結果還是被趙匡胤篡位，可見這個職務本身設計得就有問題。新建立的宋王朝必須對官制進行大刀闊斧的改革，才能革除隋唐以來三百餘年的積弊，走進下一個新時代。

宋太祖和趙普首先改革了宰相制度，以「同中書門下平章事」為行政長官，「同中書門下參知政事」副之。但同平章事和參知政事都分別由二至三人同時擔任，有效的分割了權力，避免了獨裁。而以往軍權掌握在太尉（大司馬將軍）一人手中，很容易形成專權。宋朝以樞密院總攬軍權，長官是由朝廷任命的知樞密院事，並有同知樞密院事、簽署樞密院事等副官，與中書門下的宰執平級，分別稱東西兩府宰相。一般習慣上稱同平章事為宰相，參知政事和樞密院長官為執政，合稱「宰執」。皇

帝本人和這七八位宰執就組成國家最高管理團隊。

皇帝和宰執權力都很大，但又都不能形成個人獨裁，既避免了專權，又盡量降低了決策錯誤的可能性，所以這種合理的政權組織體系就一直沿用下來。至於前朝的太尉、中書令、尚書令、樞密使、節度使這些很經典的官名也做為虛銜和贈號保留下來。各位宰相名義上是平級，但事實上總有一人的資歷、名望要略高，這位便是首相。後來又有一些官制改革將同平章事改稱左右僕射、左右丞相、太宰少宰，其中的左相（太宰）便明確為首相。這種名稱上的變化雖然明確了宰相的順序，但始終沒有設定類似漢、晉獨尊的丞相，直到南宋中後期「平章軍國事」職務的出現，不過那時候宋朝也即將結束了。

而隋唐六部權力過於集中的弊端也得到改善，宋朝又設定三司、審官院、司農寺等機構分擔了六部的大部分權力。六部在宋朝權力並不大，尚書、侍郎也主要做為虛銜使用。但後來明朝又恢復了六部的大權，尤其是吏部、兵部尚書權位之高，未必不如內閣宰相。現代國家多從明制，直接以部長（尚書）為閣員，但也有少數保留宋制。不過組織結構的改變可以透過人為的設計，而要收攏開國功臣的軍權就相對要困難一些。

建隆二年，宋太祖曾召趙普問對：「為何這幾十年來，帝王換了八個姓氏，戰爭不息，生靈塗炭，我想息天下之兵，讓百姓休息，你覺得如何？」趙普答道：「您能這麼想，實乃天地人神之福，但是息兵是不現實的，關鍵問題在於方鎮太強，君

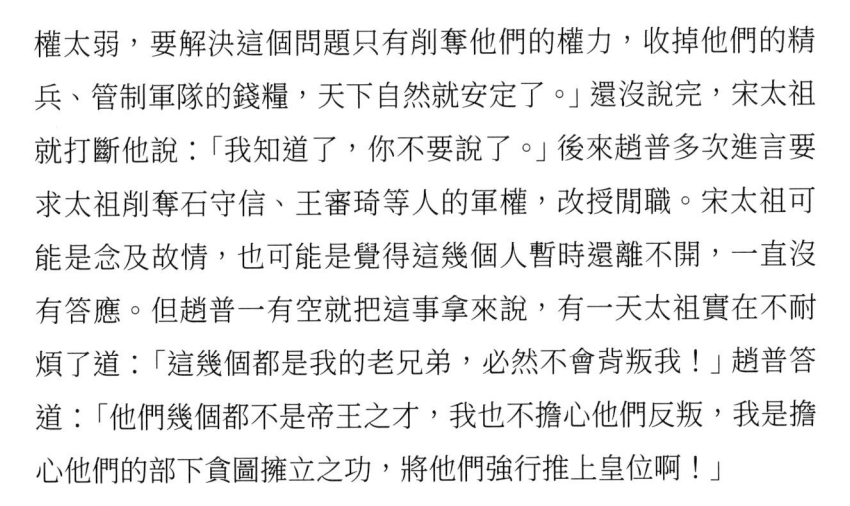

權太弱,要解決這個問題只有削奪他們的權力,收掉他們的精兵、管制軍隊的錢糧,天下自然就安定了。」還沒說完,宋太祖就打斷他說:「我知道了,你不要說了。」後來趙普多次進言要求太祖削奪石守信、王審琦等人的軍權,改授閒職。宋太祖可能是念及故情,也可能是覺得這幾個人暫時還離不開,一直沒有答應。但趙普一有空就把這事拿來說,有一天太祖實在不耐煩了道:「這幾個都是我的老兄弟,必然不會背叛我!」趙普答道:「他們幾個都不是帝王之才,我也不擔心他們反叛,我是擔心他們的部下貪圖擁立之功,將他們強行推上皇位啊!」

宋太祖猛然省悟,於是召來石守信等人宴飲。酒酣耳熱之際,宋太祖忽然嘆道:「我能有今天,全靠你們幾位出力,你們對我的大恩無窮無盡啊!但是天子也不好玩,不如當個節度使。」大家忙問何故,宋太祖又道:「這不難理解,誰不想得到我這個位置?」石守信等人連忙頓首道:「今天下已定,我們絕對沒有反叛之心!」宋太祖道:「你們雖然沒有反心,但是你們的部下若貪圖富貴,會將你們強行推上帝位的。」石守信等連忙哭請太祖指一條生路,太祖答道:「人生苦短,你們不如散去軍權,而多積錢財,讓子孫無憂,盡情享受。我與你們結為世代婚姻,互不猜忌。」眾人叩首以謝,第二天紛紛稱病請辭。

不久,宋廷將石守信、高懷德、王審琦、張令鐸等老將均改授虛職,此前韓令坤、慕容延釗確實年老多病,已經辭職。這樣,陳橋兵變中的這些老軍頭都已辭去實職,交出軍權,不

再威脅皇位。這便是歷史上被稱為「杯酒釋兵權」的美談。試想如果宋太祖不是以這種溫馨的方式解除石守信等人的兵權，而是猜忌陷害，那麼石敬瑭、郭威就是榜樣。而如果不削奪他們的兵權，那麼朱友貞、李從珂還有他自己就是榜樣。所以宋太祖以這樣的方式，巧妙的走出了這個兩難的選擇，邁出了結束五代之殤的關鍵性一步。

當然，宋太祖能夠做到這一點既是由於他天性仁厚，同時又有很多背景因素。一方面石守信這些人都是當初「義社十兄弟」成員，確實是他的好兄弟，所以才能推心置腹，不然難免還是要猜忌；另一方面中華文明的發展階段已經逐漸走出了門閥貴族時代，封建領主制的殘餘已經很少。石守信這些人雖然兵權很大，但畢竟只是宋廷的官員而不是封建領主，如果是類似於同時代歐洲的封建領主，軍隊、國土和人民都是私有財產，則絕對不可能交出來。

現代很多人認為宋太祖杯酒釋兵權，建立文官掌兵制度，廢黜了漢民族的「尚武」精神，導致了後來宋明的「文弱」，甚至有人將鴉片戰爭和日本入侵都歸咎於宋太祖。

真的是這樣嗎？

我們且先不說如果沒有宋太祖的杯酒釋兵權，宋朝做為第六代對「尚武」的民族到底有什麼「好處」，就只說說宋朝到底有沒有損壞「尚武」精神。

宋太祖杯酒釋兵權只是削奪了幾位老將的軍權，轉交給郭

第二章 收起血淚，掀開新的篇章

進、曹彬、潘美等幾位更年輕的武將。宋太宗首創文官掌兵制，使軍隊事務更加融入到國家政治生活當中，其實就是軍隊國有化，將軍官獲取私人兵權的可能性降到了最低，現代文明國家無不採取這樣的制度。有人說宋朝是武將篡位建立的朝代，所以皇帝始終猜忌打壓武將，造成尚武精神的流失。然而事實恰恰相反，由於合理的制度結構，宋朝的君臣關係最為穩固，將門世家層出不窮。還有人說宋朝文官帶兵，不懂軍事，或者說參謀本部和陣圖制度束縛了將領的手腳，使其不能自由發揮，導致經常打敗仗。這話其實很可笑，將領的手腳當然要束縛起來，歷史上因為主將亂指揮而導致打敗仗的難道還少了嗎？規範、限制權力，這恰恰是進入現代軍事指揮體系，也是進入現代文明社會的必經之路。

事實上，所有爭論的焦點集中於一個：宋朝對外作戰的表現是否優秀？好吧，之前我們已經講清楚宋朝是如此從五代這個血海深淵中浴血而出，接下來，就讓我們來看看宋朝建立後和周邊的強大帝國們如何作戰吧！當然，在此之前，我們還需要準備一些知識，了解一下宋朝所處的時代背景以及當時戰爭的一些時代特徵。

第三章
宋朝所處的時代及其戰爭的特點

■ 巨大的外部經濟 ■

宋朝正處於一個社會大轉型時期，軍隊國有化、貴族門閥退出歷史舞臺、形成統一的單一制中央集權帝國。這樣的國家內亂更少，也更有利於集中力量。在此同時，並不僅僅是漢族走出了這一步。

「外部性」概念在寇斯定理中被解釋為一種現實中不可避免的情況：個人或單位的各種活動都會對外部產生或好或壞的影響，他們享受或遭受了這種影響，卻沒有為此付費或收費。在人類社會的發展中，由於同在一個地球上，各民族間有大量的交流，相互之間產生了巨大的外部性影響。中華文明發展到唐宋，自身達到一個頂峰，同時也對地球人類文明產生了巨大的外部經濟。人類文明的成果是可以傳承借鑑的，就好比愛迪生透過無數次實驗方才確定鎢鋼適合做為電燈的光源燈芯，但這並不意味著我們也要經過同樣多次實驗才能確定光源的材料，我們直接使用愛迪生的結論就可以了。同樣道理，與漢民族相

鄰的游牧民族，雖然他們還處於相當於漢族幾千年前的游牧時代，但他們並不一定也要經過同樣長的時間來進化，他們可以直接借鑑漢族的經驗，構造最新型的漢式帝國。

在宋朝之前，漢、唐面對的主要對手是匈奴、鮮卑、突厥等游牧民族，他們都不是現代意義上的國家，而只是游牧部落，抗風險和抗打擊能力很弱。但時至宋代，由於中華文明的巨大外部性經濟，周邊也崛起了好幾個強大的漢式帝國，遼、夏、金、元都擁有接近於宋帝國的文明體系。我們必須深刻的意識到一點：宋遼、宋夏之間的對抗是和羅馬對抗波斯、美蘇爭霸相類似的大帝國抗衡，和漢唐時代打擊游牧部族的作戰，遠遠不可同日而語。這不是偶然，而是中華文明發展到唐宋時代的必然，是外部性影響發揮的巨大作用，使周邊民族都趕上了漢族的文明步伐。宋朝滅亡後，東方文明整體陷入低潮，而西歐民族則在吸收了中華文明優秀成果的基礎上趁機趕上，也並不是偶然。

■ 宋代的民族情況 ■

漢民族很早就脫離了領主時代，也沒有進入宗教社會，民族意識也不強。雖然名義上有「漢人」之說，並有籠統的「夷夏之辨」，但遠不能和現代民族觀相比，現代民族國家還要等到八百年後的法蘭西帝國皇帝拿破崙首創。但宋人已經開始有了

朦朧的民族意識，絕大多數將士們捨生忘死的浴血奮戰並非像前代一樣是為了報效某姓君王，而是出於對國家民族的熱忱。這一點我們會在後文反覆看到。中唐以後由於漢民族自身的墮落，而遼、夏等帝國逐漸進入文明社會，很多漢族人歸附他們，進一步推動了他們的發展。同樣，也有許多其他民族的人歸附於宋廷，為宋帝國效力。宋代是一個民族大融合的時代，同時由於各民族實力接近，民族矛盾也異常尖銳，也正是因為如此，宋代的戰爭才浩大而頻繁，是一個波瀾壯闊的時代。

■ 宋代戰爭的特點 ■

宋代（西元960～1279年）的戰爭處於火藥時代前夕，仍以冷兵器為主。霹靂炮是最早的火藥武器，火箭、突火槍、震天雷、掌心雷都已成型，但威力不大，要等到明朝才能成為主力武器。概括的說，宋代戰爭的特點就是：馬鐙發明之後、火藥武器和內燃機成熟以前。

眾所周知，這個時代騎兵的優勢非常大，長城的作用也非常大，宋朝既缺騎兵又無長城，而對手的騎兵則非常著名。然而我認為這些還是次要的，因為軍事科學發展到宋朝，創造了大量步兵戰術和陣法，基本上可以在野戰中做到以步制騎，正面作戰並不吃虧，宋朝所面臨的真正難題還是對手的蛻變。

具體而言，宋朝的步兵大陣是對付騎兵的重要戰術。宋軍

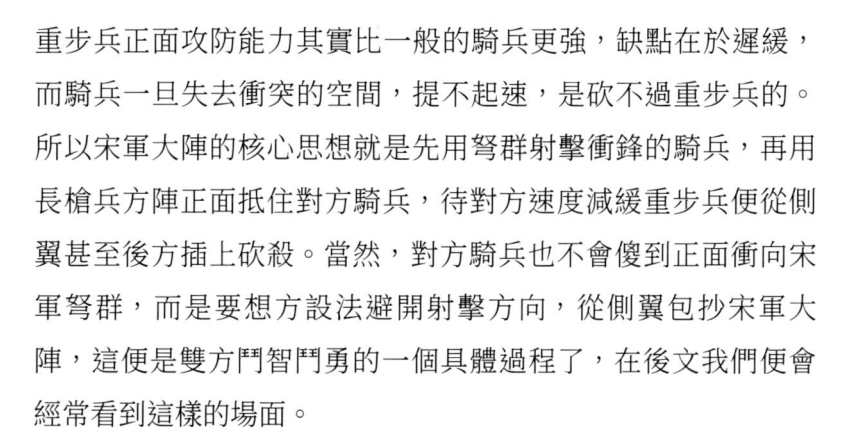

第三章　宋朝所處的時代及其戰爭的特點

重步兵正面攻防能力其實比一般的騎兵更強,缺點在於遲緩,而騎兵一旦失去衝突的空間,提不起速,是砍不過重步兵的。所以宋軍大陣的核心思想就是先用弩群射擊衝鋒的騎兵,再用長槍兵方陣正面抵住對方騎兵,待對方速度減緩重步兵便從側翼甚至後方插上砍殺。當然,對方騎兵也不會傻到正面衝向宋軍弩群,而是要想方設法避開射擊方向,從側翼包抄宋軍大陣,這便是雙方鬥智鬥勇的一個具體過程了,在後文我們便會經常看到這樣的場面。

最後說說古代戰爭中的人數問題。克勞塞維慈在《戰爭論》中指出:數量是戰爭中最主要的優勢。所以軍隊的人數在評價古代戰爭中至關重要。一般的史書總是盡量誇大對方人數,隱匿我方人數,以突顯我方的作戰效率,最常用的手法就是混淆作戰部隊和後勤部隊。史書中的斬首級數是一個比較可靠的重要資料,但首級也遠遠不等於擊斃敵軍的數量,一般來說擊斃四至五名敵軍可取首一級,而殺敵數量也遠遠不等於擊潰敵軍的數量,一場戰役的人數我們只能透過史料的各種資料來綜合考量。

第一篇　五代深淵鍛造鐵血王朝

第二篇
超級大國的戰爭與和平

第一章
面對契丹帝國的軍事理論家宋太宗

■ 契丹：北方草原上的第一個文明帝國 ■

蒙古草原是世界上最適宜游牧民族生長的地方，歷史上的游牧部落匈奴、鮮卑、突厥都建立過強大的騎兵，一直是中原漢族王朝最頭痛的邊患。然而這些民族一直停留在部落時代，沒有建立起規範的國家體系，既沒有完善的組織結構，也沒有成熟的思想體系。匈奴、突厥都是曇花一現，一旦遭到漢唐帝國的強勢打擊就再難恢復元氣，只能逃亡歐洲。然而，隨著歷史的持續發展，情況開始出現了變化。晚唐衰世和五代亂世讓漢民族陷入了前所未有的低潮，並且在腥風血雨中看不到出路，而蒙古草原上的游牧民族卻即將迎來一位偉大的領袖，他將為這片草原帶來歷史上的第一個帝國時代，他就是遼太祖耶律阿保機（漢名耶律億）。

契丹傳說是東胡的後裔 —— 鮮卑的後裔 —— 柔然的一支，隋唐時期曾是突厥汗國的臣屬，生活在今遼寧省阜新市一帶。唐末，阿保機任契丹迭剌部首領，他首先統一了契丹八部，繼

第一章　面對契丹帝國的軍事理論家宋太宗

而擊敗了草原上的奚、室韋等部落和渤海、高句麗等國,將整個蒙古草原都納入了自己的勢力範圍。

西元907年,唐朝滅亡同年,阿保機統一了蒙古草原,建立契丹汗國。並於916年即皇帝位,建立契丹帝國。遼太祖沒有遵照草原上傳統的部落分封制度,而是刻意學習漢族的單一式帝國體制。他任用韓延徽等漢臣,逐步廢除部落體制,設定省、部、院等構成的府臺官僚體制和州、郡、縣等行政單位,建立起一套類似於漢唐帝國的國家系統,並大力招納漢民,鼓勵農耕和工商,引進漢文明,興建孔廟。又設立樞密院總攬軍權,在取締了游牧民族傳統的軍事化部落體制的經濟和社會基礎上,建立集團軍,由皇帝直接控制的樞密院統一簽發軍事調令,廢除了部族首領私有軍隊,實現了軍隊國有化,其強大的御帳親軍多達五十萬騎。

更重要的是,契丹帝國不再從漢民區劫掠人口充當奴隸,而是給予了各個民族基本平等的人身地位,走出了匈奴、突厥的奴隸制部落模式。北宋是人類管理科學與工程、組織結構學開始成型的時代,契丹帝國努力吸收宋帝國的先進文明,不斷引入先進的工程技術和管理科學,使自身的經濟基礎和組織結構愈發完善。這使得契丹帝國擁有了穩定的可持續發展性,可以多次承受宋帝國的強勢打擊而屹立不倒,透過自身的組織結構補充能量,修復損失,而不會像匈奴、突厥那樣遭到一次沉重打擊後就一蹶不振。事實上,這正是契丹、西夏、女真等強大帝國在日後能夠

超越前代的游牧部族,成為漢民族最強對手的關鍵因素。

遼太宗(耶律德光)曾接受大漢奸石敬瑭的投降,一度君臨中原。雖然很快又被漢族人民趕走,但他身穿漢服在開封即中國皇帝位,將契丹帝國改制為大遼帝國,向天下昭示了要繼承漢唐正統的決心。之後遼帝國又經歷了許多波折,但發展趨勢是更加接近於一個有規範的漢式帝國。他已經廢除了部落制和封建領主制,基本消除內部民族壓迫,是一個中央集權制、軍隊國有化、公民化的規範漢式帝國。他的政治文明不亞於偉大的漢、唐帝國,甚至在一定程度上堪比宋、明,更不用說南面那些已經完全喪失了倫常,打得頭破血流的諸多小國了。

而直至西元960年,這個堪稱偉大的帝國已建國44年,正值極盛之時;我們的宋帝國才剛剛創建。一山不容二虎,天下雖大,卻容不下一個雄心勃勃欲引領天下正統的遼帝國和率領漢民族欲重現漢唐天威的宋帝國並行於世。而以雙方的實力對比而言,沒有誰能畢其功於一役,一舉殲滅對方,就像漢帝國驅逐匈奴、唐帝國驅逐突厥那樣將對方直接趕走,雙方之間數十年的慘烈戰爭即將上演。

■ 宋太宗:偉大的理論家,蹩腳的指揮官 ■

開寶九年(太宗太平興國元年,西元976年),宋太祖駕崩,享年49歲,在位17年。宋太祖生在五代亂世之中,出身

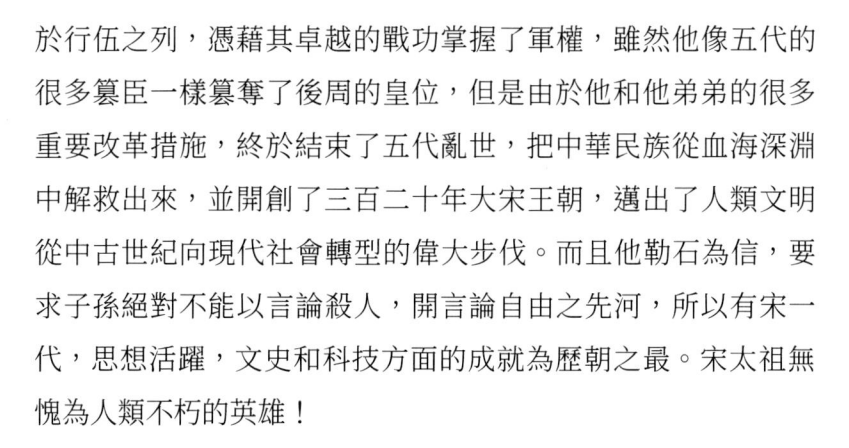

第一章　面對契丹帝國的軍事理論家宋太宗

於行伍之列，憑藉其卓越的戰功掌握了軍權，雖然他像五代的很多篡臣一樣篡奪了後周的皇位，但是由於他和他弟弟的很多重要改革措施，終於結束了五代亂世，把中華民族從血海深淵中解救出來，並開創了三百二十年大宋王朝，邁出了人類文明從中古世紀向現代社會轉型的偉大步伐。而且他勒石為信，要求子孫絕對不能以言論殺人，開言論自由之先河，所以有宋一代，思想活躍，文史和科技方面的成就為歷朝之最。宋太祖無愧為人類不朽的英雄！

宋太祖的駕崩很突然，《續資治通鑑長編》記載：太祖駕崩時已經深夜，孝章皇后宋氏本讓宦官王繼恩去召太祖第四子、貴州防禦使趙德芳前來繼位。但是王公公卻跑出去把晉王趙光義叫來了（這個太監是不是吃了華南虎的膽？），宋皇后只好哭著說：「我們孤兒寡母都託付給官家（皇上）您啦！」於是太祖的弟弟（而不是兒子）趙光義就繼承了皇位，即為宋太宗。後世很多人認為太宗夥同趙普編造了一些杜太后和太祖約定要傳位給他的謊話，甚至還有人誇張的說是太宗動手把太祖給殺掉的，也就是所謂的「燭影斧聲」。

不過對於後人來說，這些八卦傳聞其實都不重要，重要的是，繼位的這位宋太宗對歷史有什麼影響。由於歷史上宋太宗親自指揮了好幾次大敗仗，所以後世對他的評價很低，但是他在軍事理論上的貢獻卻往往被忽視了。正如前文所說，他在軍事理論上的三大貢獻：參謀本部制度、陣圖制度和軍事學院體

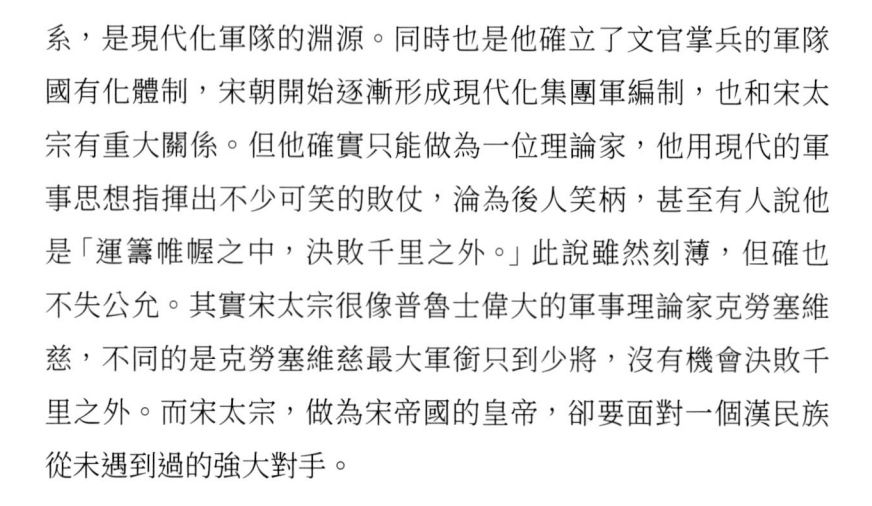

系，是現代化軍隊的淵源。同時也是他確立了文官掌兵的軍隊國有化體制，宋朝開始逐漸形成現代化集團軍編制，也和宋太宗有重大關係。但他確實只能做為一位理論家，他用現代的軍事思想指揮出不少可笑的敗仗，淪為後人笑柄，甚至有人說他是「運籌帷幄之中，決敗千里之外。」此說雖然刻薄，但確也不失公允。其實宋太宗很像普魯士偉大的軍事理論家克勞塞維慈，不同的是克勞塞維慈最大軍銜只到少將，沒有機會決敗千里之外。而宋太宗，做為宋帝國的皇帝，卻要面對一個漢民族從未遇到過的強大對手。

■ 宋遼爭雄，力拔頭籌 ■

宋遼雙方的最初交鋒發生在宋太祖征伐北漢時與契丹援軍之間的對抗，期間雙方互有勝負。但由於宋太祖攻克北漢的意圖不夠堅決，所以遇到契丹援軍後就很快下令撤軍，沒有發生大規模會戰，雙方真正較量發生在宋太宗後續攻滅北漢的大戰中。

太平興國四年（遼景宗乾亨元年，西元979年），太宗召開廷議，商定討伐北漢的大計。雖然有不少人反對興兵，但在主帥曹彬的支持下，宋廷通過了進伐北漢的決議。

遼景宗（耶律賢）緊急召見宋國駐遼大使，質問為何要無故侵略他的小弟北漢。宋使回答得非常爭氣：「河東逆命，所當

問罪,若北朝不援,則和約如故;不然,唯有戰耳!(河東地區的北漢國不順應天命,應該討伐,如果北方的遼帝國不支援他,則宋遼之間的和平協議依舊有效;不然,只有開戰!)」

最後一個漢族的分裂勢力即將重新納入宋帝國的版圖,而更加強大的契丹帝國只能焦急的籌措援軍,希望能夠盡力阻撓漢民族的重新統一。

二月,宋軍快速集結完畢,太宗御駕親征北漢。不到一個月,宋軍掃平周邊州縣,包圍北漢國都太原城。契丹帝國援軍也如同預料之中出現了,遼帝國南府宰相耶律沙率六萬大軍來援,並以冀王耶律敵烈為監軍,南院大王耶律斜軫、樞密副使耶律抹只分率前後軍馳援。

按照宋太宗在戰前預定的作戰方案,宋軍主力部隊圍住太原城,遣雲州觀察使郭進為石嶺關都部署,率萬餘精兵在白馬嶺大澗列陣阻擊援軍,屬於典型的圍城打援戰術。耶律沙率領前軍在澗北遙望郭進軍整裝以待,便停止行軍,準備等後軍到達後列陣出戰。但耶律敵烈見郭進兵少,認為應該以前軍發起急攻,壓倒宋軍,再待後軍壓到,形成優勢梯隊攻擊,便可對宋軍實施毀滅性打擊。耶律抹只也附和耶律敵烈的方案,耶律沙並不同意這樣冒險的作戰方案,但他雖為主將,卻拗不過監軍和副將兩人,苦勸不聽,只好令前軍渡河先攻。好大喜功的耶律敵烈率軍衝鋒在前,快速渡過大澗與郭進交鋒。

按理說耶律敵烈的作戰方案並非完全沒有道理,如果實施

順利可以對宋軍實施最大程度的打擊，然而這位契丹大王的方案卻有一個重要缺陷：他低估了宋軍的剛猛程度。

騎兵對戰宋軍重步兵方陣，最忌正面衝擊，而應設法從側翼包抄，但耶律敵烈顯然是求勝心切，以己之短攻彼之長。對方是嚴陣以待，預先占據了險要地勢，他的騎兵先鋒渡過大澗之後來不及包抄對方的側後翼就會先被對方包抄，一上岸就只能從正面衝擊郭進的步兵方陣，戰勝了還好說，戰敗了就沒有後退的空間，極容易被全數殲滅。而郭進不愧為太祖朝名將，按照兵法「半渡而擊之」的原理，只待耶律敵烈的前鋒甫一上岸，立刻指揮重步兵方陣上前抵住去路，使遼騎兵失去了衝突的空間，並親率精銳騎兵從側翼猛攻遼軍。遼軍進退不得，耶律敵烈和他的兒子耶律蛙哥（好名字！）、耶律沙的兒子耶律德裡、突呂不部節度使都敏、黃皮室詳穩唐筈等大將均死於宋軍刀兵之下！

郭進以雷霆之勢打垮了遼軍前鋒，而耶律抹只的中軍和耶律沙的後衛正在渡澗，收不住隊形，全部上岸後被宋軍包圍！所幸耶律沙也是一位非常優秀的將領，他很快在戰場上就地收攏敗軍，重新整隊抵住郭進的猛攻，拖延了一下戰場時間。此時，耶律斜軫聽說前軍大敗被圍，火速強行軍趕到。耶律斜軫的頭腦很清醒，他沒有急著盲目渡河去救耶律沙，而是令部下隔著河列開箭陣對宋軍進行猛烈的射擊，耶律沙則在陣中配合耶律斜軫軍隊的火力開始突圍。耶律斜軫不愧為一代名將，他

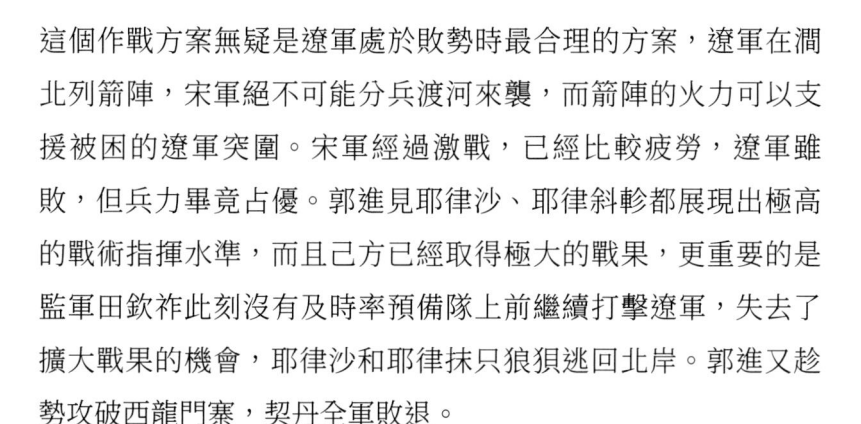

第一章　面對契丹帝國的軍事理論家宋太宗

這個作戰方案無疑是遼軍處於敗勢時最合理的方案，遼軍在澗北列箭陣，宋軍絕不可能分兵渡河來襲，而箭陣的火力可以支援被困的遼軍突圍。宋軍經過激戰，已經比較疲勞，遼軍雖敗，但兵力畢竟占優。郭進見耶律沙、耶律斜軫都展現出極高的戰術指揮水準，而且己方已經取得極大的戰果，更重要的是監軍田欽祚此刻沒有及時率預備隊上前繼續打擊遼軍，失去了擴大戰果的機會，耶律沙和耶律抹只狼狽逃回北岸。郭進又趁勢攻破西龍門寨，契丹全軍敗退。

郭將軍威武！宋軍威武！

宋遼兩大帝國的第一次大規模正面交鋒，以宋帝國的偉大勝利而結束。宋軍陣斬遼帝國冀王耶律敵烈等多名高級將領，將數萬遼軍精銳一戰擊潰。郭進將軍做為此役的勝者，無疑是具有代表性意義的劃時代名將。而在此之前，契丹帝國橫掃大漠南北，所向披靡，無論是對草原游牧部族還是中原五代政權，幾無敗績，此役遭到宋軍的慘痛打擊，也深刻意識到宋帝國部隊的實力。經歷此戰，遼帝國一定會適當調整很多基本國策。此役中幾位契丹將軍耶律沙、耶律斜軫和耶律抹只雖然大敗，但遼景宗賞罰分明，並未盲目責罰，而是嘉獎了他們在敗軍中展現出的優良素養，並逐步委以大任，日後均成為宋遼戰爭中的中堅力量。

劍舞！攻克太原！

對於宋太宗來說，他成功打退了契丹帝國的援軍，切斷了北漢最期待的援助，也是唯一的指望，周世宗和宋太祖沒能完成的功業即將在他的手中完成了！宋太宗以宣徽南院使潘美為北路都招討制置使，河陽三城節度使崔彥進、彰德軍節度使李漢瓊、彰信軍節度使劉遇、桂州觀察使曹翰，分別領軍圍攻四門。侍衛馬軍都虞候米信、步軍都虞候田重進為行營指揮使，西上閤門使郭守文、順州團練使梁迥為監軍，在外圍輔戰。面對強敵，北漢軍騎帥郭萬超當即請降。

然而在戰火中千錘百鍊過的北漢也絕非軟蛋，儘管面臨絕境，依然奮死抵抗，尤其是名將楊業據城死守，「殺傷宋師無算」。主攻北門的劉遇將軍是位五代遺留下來的傳奇猛將，史載曾腳底生瘡，醫生覺得瘡深入肉，很難根治，說是治好了瘡治不好肉，治不好肉瘡就要復發，正囉哩囉嗦之間，劉遇大喊一聲：「哎呀！哪來那麼麻煩！」取出利刃，直接將膿瘡連同爛肉一併剜去：「這不就行了嗎？」把醫生嚇得半死，自己卻談笑風生，泰然自若，這很可能就是《三國演義》中關公刮骨療毒橋段的原型。但就連這樣一位猛人竟然也覺得北門太難攻，堅決要和曹翰交換主攻方向，最後被太宗說服，留在原地；由此也可見北漢軍的頑強。

北漢的困獸之鬥也激發了宋軍的血性，太宗身披甲冑，親

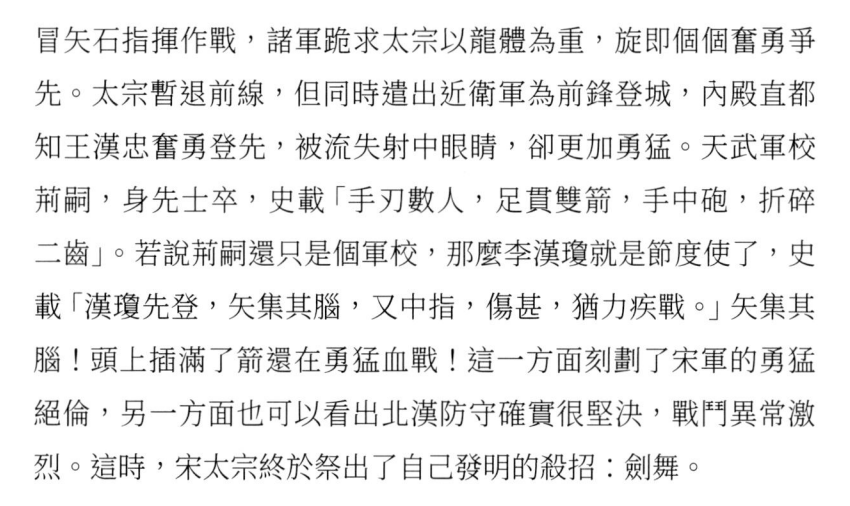

第一章　面對契丹帝國的軍事理論家宋太宗

冒矢石指揮作戰，諸軍跪求太宗以龍體為重，旋即個個奮勇爭先。太宗暫退前線，但同時遣出近衛軍為前鋒登城，內殿直都知王漢忠奮勇登先，被流矢射中眼睛，卻更加勇猛。天武軍校荊嗣，身先士卒，史載「手刃數人，足貫雙箭，手中砲，折碎二齒」。若說荊嗣還只是個軍校，那麼李漢瓊就是節度使了，史載「漢瓊先登，矢集其腦，又中指，傷甚，猶力疾戰。」矢集其腦！頭上插滿了箭還在勇猛血戰！這一方面刻劃了宋軍的勇猛絕倫，另一方面也可以看出北漢防守確實很堅決，戰鬥異常激烈。這時，宋太宗終於祭出了自己發明的殺招：劍舞。

宋太宗在軍事理論上有不少發明，相當程度上影響了後代軍事建設理論的發展方向，堪稱大家，但是「劍舞」這個小發明就顯得他幼稚得有點可愛的一面了。他從諸軍中精選出數百名精壯成年男子，精練劍法。精到什麼程度呢？其武藝可以在戰鬥中凌空騰起，將寶劍左右互拋數次，再挽出無數劍花後優雅落地，簡直是仙劍奇俠和刀鋒戰士的完美結合。對方身上還沒挨劍，眼睛已經被眩暈。而這樣數百人整裝列陣，齊舞青鋒，劍氣瀰漫，自然將對方嚇得半死。此時此刻，北漢軍失去遼援，已經是困獸之鬥，強弩之末，只需最後一根稻草即可壓垮，再突然撞上「無敵」的「劍舞」陣，心理防線陡然崩潰，紛紛請降。最後，北漢國中資格最老的老臣，已經退休的平章左僕射馬峰拖著病體夜謁北漢國主劉繼元，力勸其順應天命。第二天劉繼元身穿白衣紗帽，出城請降。宋太宗當場封劉繼元為

檢校太師、右衛上將軍、彭城郡公。

楊業做為北漢最優秀的將領，面對宋軍的強大攻勢，只有他表現不俗，殺傷不少宋軍。楊業也是最忠誠的將領，宋軍壓境時文武大臣都不斷勸劉繼元投降，只有楊業一人拚死抵抗。劉繼元納表之時，群臣皆對宋太宗奴顏婢膝、竭力討好，唯獨楊業當面痛哭。其優秀將才和不屈的忠貞被太宗看在眼裡，錄為大將。當時楊業被北漢國主賜姓劉，名繼業，太宗詔令其恢復原名楊業，做為潘美的副將，指揮山後軍繼續駐防太原。

宋太宗也深刻意識到太原是一座易守難攻的堅城，再加上多有人進言道大唐王朝發跡於此，五代中的好幾位開國皇帝都是從太原起家，是占據了華夏龍脈的王者之都。於是太宗遷走城內居民，焚毀太原城，改名平晉縣，另將并州州府遷往榆次縣，以消滅太原的「王氣」。至此，自中唐以來四分五裂的漢民族再一次重新統一在同一個帝國的旗下，而傳統的漢民族聚居區也只剩下燕雲十六州中的十三州尚在契丹帝國的控制內了。

■ 燕雲十六州：宋遼雙方的必爭死穴 ■

說到宋朝，一個繞不開的話題就是燕雲十六州。

正如前文所說，臭名昭彰的「兒皇帝」石敬瑭將燕雲十六州割讓給了契丹帝國，既使漢民族失去了重要的北方屏障，不能

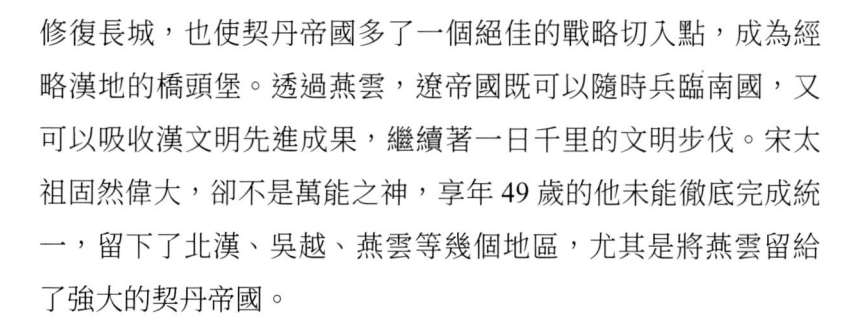

第一章　面對契丹帝國的軍事理論家宋太宗

修復長城,也使契丹帝國多了一個絕佳的戰略切入點,成為經略漢地的橋頭堡。透過燕雲,遼帝國既可以隨時兵臨南國,又可以吸收漢文明先進成果,繼續著一日千里的文明步伐。宋太祖固然偉大,卻不是萬能之神,享年49歲的他未能徹底完成統一,留下了北漢、吳越、燕雲等幾個地區,尤其是將燕雲留給了強大的契丹帝國。

宋帝國做為漢唐帝國的合法繼承人,理所當然的將傳統的漢民族聚居區燕雲十六州視為己土,而遼帝國則在宋帝國建立之前就已經據有這塊土地,雙方對這塊國土都能提供具有說服力的依據,而誰失去了這塊戰略要地,誰就會在兩個超級大國的對抗中處於下風。宋帝國如果失去這塊要地,將無法修復長城,國都汴京將直接暴露在游牧騎兵的兵鋒之下,日後面對草原的軍事作業都只能在沒有防護的危險情況下進行(靖康之難在相當程度上確是因為缺少長城防禦所造成的)。而契丹帝國如果失去這塊國土,經略漢地的難度就會加大,不但吸收漢文明的程度會嚴重遲滯,更可怕的是如果坐等宋帝國修復了長城,那麼最終的結果必將如漢唐舊事:宋帝國大軍揮至草原,將已經進入文明社會的契丹民族打至殘廢,甚至又像匈奴、突厥一樣被趕到歐洲去。所以,當宋遼兩國之間的戰略緩衝——北漢消失以後,燕雲十六州就成為了雙方戰略爭奪的最前線,圍繞著這塊爭議國土,宋遼雙方都卯足了勁,血腥戰爭即將上演!

進入宋代,人類的戰爭藝術也進入到了一個嶄新的階段,

強大帝國之間的正規軍作戰，士兵不再是靠單純的武勇和影響士氣的心理因素作戰，而是靠平時的戰術訓練和武器兵種的陣法配合作戰。將領也不再如漢唐時代靠個人的果敢天賦和戰場的臨場感覺作戰，而是靠規範的參謀本部制定完善的作戰方案，指揮全軍付諸實施。

更由於宋帝國面對的是文明而強大的契丹帝國，而不是落後的匈奴、突厥部落，所以在這個新的時代，湧現出大批新的「技術流」名將。他們的風雲際會將冷兵器時代的戰爭藝術提升到了一個新的高度，這其中尤以宋遼、宋夏、宋金之間幾對偉大的戰場指揮大師之間的激情碰撞最為眩目。宋太宗本人雖然做為許多現代軍事理論的發明人，為人類軍事科學理論的發展做出了偉大貢獻，但在實戰方面，卻在激烈的競爭中落得下風。也難怪，青出於藍而勝於藍，趙光義，當你的發明傳遍四海之時，你自己卻注定只能淹沒在無數天才將領的洪流之中。

■ 一鼓作氣向燕雲 ■

據說宋太宗最崇拜的人就是唐太宗，並立志要做出一番媲美偶像的大事業，用唐太宗一般的蓋世功勳堵住天下人的悠悠之口，務使後人只記得他的文治武功，而不再熱衷於議論「斧聲燭影」的八卦故事。

攻滅北漢後，宋太宗信心爆棚，單方面決定不等諸軍休整，

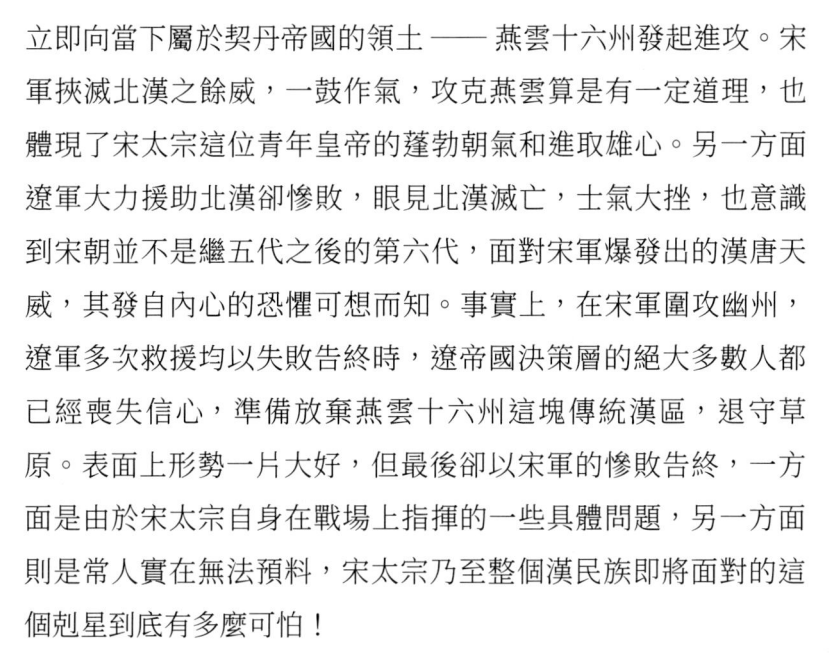

第一章　面對契丹帝國的軍事理論家宋太宗

立即向當下屬於契丹帝國的領土——燕雲十六州發起進攻。宋軍挾滅北漢之餘威，一鼓作氣，攻克燕雲算是有一定道理，也體現了宋太宗這位青年皇帝的蓬勃朝氣和進取雄心。另一方面遼軍大力援助北漢卻慘敗，眼見北漢滅亡，士氣大挫，也意識到宋朝並不是繼五代之後的第六代，面對宋軍爆發出的漢唐天威，其發自內心的恐懼可想而知。事實上，在宋軍圍攻幽州，遼軍多次救援均以失敗告終時，遼帝國決策層的絕大多數人都已經喪失信心，準備放棄燕雲十六州這塊傳統漢區，退守草原。表面上形勢一片大好，但最後卻以宋軍的慘敗告終，一方面是由於宋太宗自身在戰場上指揮的一些具體問題，另一方面則是常人實在無法預料，宋太宗乃至整個漢民族即將面對的這個剋星到底有多麼可怕！

太平興國四年（西元 979 年）五月，承攻克北漢之餘威，宋太宗任命曹彬為主帥，調集天下兵馬，會戰幽燕。曹彬勸太宗先把滅北漢的專案款項結算了再啟動下一個專案，但是太宗決定將滅北漢和收復燕雲合併為一個專案，待收復了燕雲再一併決算。冒著群臣的反對，在曹彬的支持下，宋太宗力排眾議，決定攻遼。

立功——領賞——再立功——再領賞，這是人類社會的潛規則，沒有任何人可以違背。如果有人要違背，就只能走另外一條路線：立功——沒有領賞——不想再立功了。由於攻滅北漢諸軍都付出了極大的辛勞，卻又沒有領到賞賜，諸軍

心懷不滿。再加上攻克太原的戰鬥異常激烈，諸軍確實非常辛勞，太宗又沒有讓大家休整的時間，全軍都是身心俱疲又帶著滿腹牢騷的重披戰甲，甚至有一些部隊故意拖拉，不按時趕赴指定地點集結。宋太宗龍顏大怒，意欲處罰這些部隊的主將，卻被最會做人的儒將曹彬所勸阻。六月底，宋太宗親率精銳禁軍從鎮州出發，抵達易州前線，開進了遼帝國的領土。

遼帝國方面並非沒有準備，當時留守南京（宋方稱之為幽州燕山府，遼方稱南京析津府，今北京市）的主將為權知南京留守事韓德讓，城內屯有羽林、神武、控鶴等精銳漢軍部隊近兩萬騎，以及契丹、奚、渤海等各族軍隊數萬人，糧草足夠支持數年。北院大王耶律奚底、乙室王耶律撒合、統軍使蕭討古等部已經提前進駐南京防區，隨時可以救援。老將耶律沙鎮守西京大同府（宋稱雲州，今山西省大同市），本職工作是防禦潘美和楊業的山後軍，必要時救援南京路程也不算遠。另一方面遼軍主力在上京臨潢府、中京大定府、東京遼陽府周圍皆屯有大量部隊，隨時可以集結南下支援南京。只要南京城堅守不失，諸路軍就可以形成源源不斷的增援態勢。

面對這樣的戰略態勢，很顯然，宋軍應該採取「圍城打援」的戰術。「圍城打援」是宋太宗的偶像唐太宗首創的著名經典戰術，當年秦王李世民圍定洛陽，派兵控制住周邊關隘，親自在虎牢關打退竇建德的援軍，導致洛陽守軍士氣崩潰，輕鬆攻克。宋太宗在攻克北漢的戰役中正是成功的運用了這一戰術，

打退了契丹援軍攻克北漢孤城。

如果使用這個成熟的經典戰術圍攻幽州，宋軍取勝的機率還是比較大的，然而做為宋軍的最高統帥，宋太宗本人卻另有打算。宋軍在太原只休整了不到一個月就開始向幽州全速推進，其兵鋒之強大，易州、涿州守將幾乎都是第一時間投降。宋太宗受降後也不做任何停留，直接向幽州挺進。三十萬宋軍自六月十三日從太原出發，六月二十三日就已經在幽州城下集結完畢，途中還攻占了兩座大城！其推進速度在前機械化時代可謂駭人聽聞。而到達幽州後宋軍立即開始齊集攻城，既沒有留下戰略預備隊，也沒有派出打援部隊在外圍戰備。我們再連繫到此前宋太宗故意扣壓諸軍攻克太原的賞金，此時他的戰略意圖和心情就非常明顯了：他不打算採用耗時較長的圍城打援戰術，而是準備集中手中的全部兵力，趕在契丹諸路援軍到達之前，以雷霆萬鈞之勢，迅速直接攻克幽州！

唐太宗攻克洛陽的戰役耗時近兩年，而且其中大部分時間是唐軍圍住城和守城的鄭軍乾瞪眼，等著城裡面的糧食和士氣耗光。這可能是宋太宗放棄此戰術的最主要原因，他已經急不可耐的要取得這場偉大的勝利了。客觀的講，如果宋太宗的戰略意圖得以實現，宋軍第一時間攻克幽州，接下來遼軍戰略防禦被迫全線後撤，收復燕雲已非難事，宋太宗將因此壯舉和功勳成為不亞於唐宗宋祖的蓋世偉人。然而更客觀的講，幽州，也就是遼帝國南京，真能在增援不斷的情況下被攻克嗎？

宋太宗做為一名堪稱偉大的軍事理論家，又手握數十年來戰無不勝、攻無不克的宋軍勇士，顯然有些頭腦發熱，再加上其蹩腳的實戰能力，所以做出了這樣激情飛揚卻又不切實際的戰略部署。

■ 圍城！宋太宗離唐太宗只有一字之差了！■

宋軍的三十萬大軍很快抵達幽州城下，幽州守軍嚴陣以待，太宗御營駐於城南寶光寺，將全部兵力都投入了圍城作業。遼軍的前三支援軍北院大王耶律奚底、乙室王耶律撒合、統軍使蕭討古已快速增援幽州。宋軍左右先鋒傅潛、孔守正往城北方向巡視，在沙河遇上遼援軍前哨，雙方立即交火，隨後各自主力部隊迅速趕赴戰場會戰。耶律奚底等遼軍主將皆認為宋軍勢大，諸路大軍應齊集沙河力敵。而宋軍遠道而來，求戰心切，銳氣正盛，諸路軍聽聞前哨在沙河方向覓得遼軍主力，蜂擁而至，宋太宗本人也親率御前殿直軍趕赴沙河戰場。

遼軍至多不超過十萬兵力，怎敵這三十萬虎狼之師？戰不多時，開始敗退，太宗大喜，揮軍追擊。耶律奚底等部縱橫大漠數十載，從未見識過如此猛烈的攻勢，紛紛向北狂奔，被宋軍斬獲甚多。眼見幽州的前三支援軍就要敗去之際，第四支援軍趕到了，又是耶律斜軫！和白馬嶺戰役中成功救出耶律沙一樣，耶律斜軫非常冷靜，他首先避開宋軍的鋒銳，沒有立即派

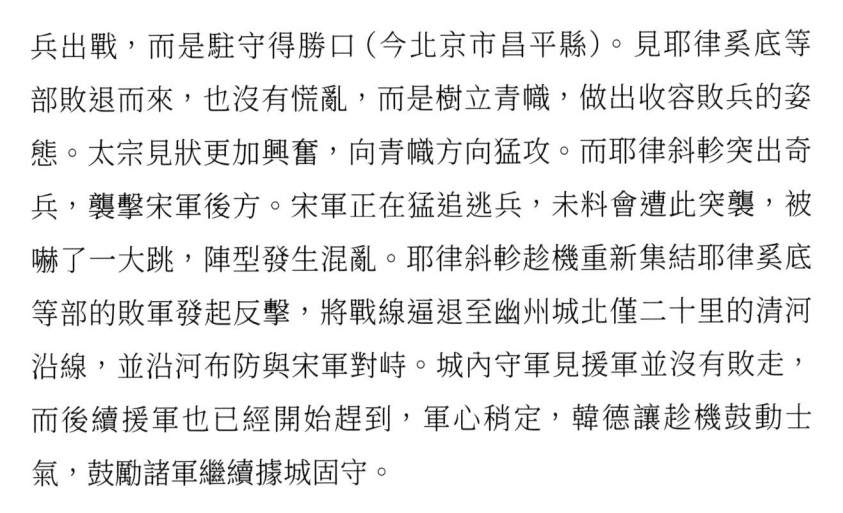

第一章　面對契丹帝國的軍事理論家宋太宗

兵出戰，而是駐守得勝口（今北京市昌平縣）。見耶律奚底等部敗退而來，也沒有慌亂，而是樹立青幟，做出收容敗兵的姿態。太宗見狀更加興奮，向青幟方向猛攻。而耶律斜軫突出奇兵，襲擊宋軍後方。宋軍正在猛追逃兵，未料會遭此突襲，被嚇了一大跳，陣型發生混亂。耶律斜軫趁機重新集結耶律奚底等部的敗軍發起反擊，將戰線逼退至幽州城北僅二十里的清河沿線，並沿河布防與宋軍對峙。城內守軍見援軍並沒有敗走，而後續援軍也已經開始趕到，軍心稍定，韓德讓趁機鼓動士氣，鼓勵諸軍繼續據城固守。

宋軍雖初戰告捷，卻未能一戰成擒，大批遼軍依然駐守在幽州城不遠處，而且已經出現了四支援軍，可以想像後續援軍還在陸續趕來。事實上宋軍的戰略形勢並不樂觀，但太宗可能沒有意識到這一點，依然堅持速戰速決的理念，仍用三十萬大軍將幽州團團圍住，只派少量部隊和城外援軍對峙，而沒有像唐太宗攻打洛陽那樣派出部隊駐守重要關隘，阻止契丹後續援軍。這三十萬宋軍在幽州圍城，給了宋太宗這個理論家一個非常好的平臺。只見他不辭辛勞，親自為三十萬大軍制定詳細的設營布防和攻城作業方案，給每支營連級部隊都配發了詳細的「陣圖」，諸部主將已經無需動腦，只需按照皇上配發的陣圖調配本部人馬，再等參謀本部發出指令，依令執行即可。

擊敗前四支援軍後，太宗只留少量部隊與他們對峙，圍城部隊的陣圖也布置妥當，宋軍開始攻城作業。定國軍節度使宋

偓主攻南門，河陽三城節度使崔彥進主攻北門，彰信軍節度使劉遇主攻東門，定武軍節度使孟玄喆主攻西門，並提前任命潘美為知幽州府，其必奪之心，昭然若揭！這四支主攻部隊各帶萬餘兵力攻打城門，加起來最多也就只需要四、五萬兵力，那剩下二十多萬人怎麼辦呢？有的用砲石攻城，有的用重弩向城內射擊，更多的只能遙望友軍作戰，吶喊助威。畢竟，小小的一個幽州城，排不下三十萬宋軍同時作業，宋太宗帶齊這麼多部隊同時圍城主要還是一個排場心理在作怪。

宋太宗為了模仿他偶像的功績，顯示自己是此戰的實際指揮者，多次親臨前線，視察攻城工作。宋軍有些將領也深諳公家機關工作之道，紛紛給皇帝打表演戰。劍舞營自不必說，多次在城下彙報表演大型軍體操《劍神》，慰問了在前線晝夜奮戰的雙方將士。弓弩部隊為了向太宗展示武器裝備建設取得的新成就，把當時世界上最先進的床子弩、諸葛弩等自動武器通通抬出來，對著幽州城頭就是一陣狂噴，一個時辰就噴了三百萬支弩箭，受到最高領導人的高度評價。當然，殺傷遼軍數量史書上沒有顯示，估計是都藏好了，所以沒有人受傷。其實這個時候最能出彩的當屬砲兵部隊，宋初還沒有火藥驅動的火炮，霹靂炮是南宋才發明的，當時的「砲」應該是指投石機。這可不是現代的自行火炮，不能預先製造，必須在城下現場打造。太宗下令當場趕製八百臺大砲，半個月完工！當然，作秀歸作秀，仗還是要打，三十萬宋軍就算有二十多萬都在作秀，有那

幾萬精銳宋軍來攻城也夠韓德讓忙得屁滾尿流了。宋軍的大兵團集團作戰水準確實很高，攻城戰也很專業，使出各種攻城戰術，登雲梯、擂城門、壘土山、挖道地，無所不用其極。韓德讓也是深通兵法，絞盡腦汁，百般設計，將攻勢一一化解。

城內的遼軍奮死抵抗，城外的援軍被宋軍層層阻隔，無法靠近城廓。逐漸，守軍和寸步難移的援軍都開始喪失信心，甚至開始出現投降。首先是援軍方面耶律斜軫部下的渤海軍主帥大鸞河率領渤海軍降宋。渤海軍算是遼帝國的少數民族部隊，戰鬥意志和忠誠度都不是很可靠，所以率先投降。但第二個投降的人竟然是遼帝國鐵林軍都指揮使李扎盧存！鐵林軍是遼帝國最精銳的部隊，與後來西夏帝國的「鐵鷂子」、金帝國的「鐵浮屠」並稱為宋代三大經典重甲騎兵團，在遼軍體系中所占的地位也不言而喻。這支部隊中竟然有高級指揮官率部投降，可想而知對遼軍的心理打擊有多麼嚴重！他的投降給遼軍的士氣帶來了毀滅性打擊，遼順州守將建雄軍節度使劉廷素、薊州守將劉守恩相繼舉城納降，南京正式成為一座孤城，形勢岌岌可危。

就在此時，第五支援軍御盞郎君耶律學古率部趕到。史載此人為契丹第一博學之士，精通遼、漢兩種語言，對諸子百家均有涉獵，尤其精通奇門遁甲之術。他趕到清河見耶律斜軫等部駐守清河，遙望南京，卻不近城救援，忙問何故。耶律斜軫等人均表示宋軍規模龐大，又依照宋太宗陣法布置，層層阻隔，變化無窮，無論如何也衝不破屏障，只能被擋在陣外。耶

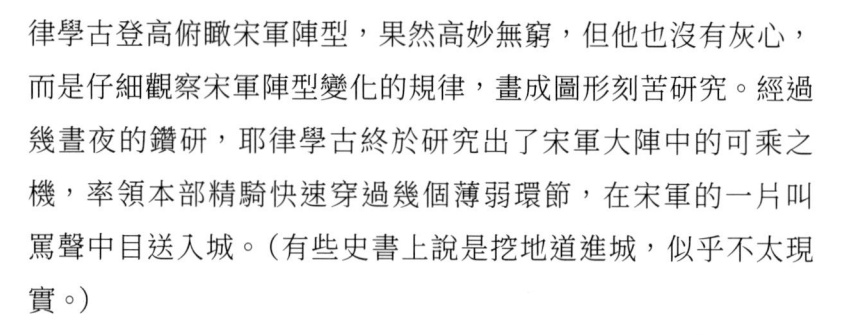

律學古登高俯瞰宋軍陣型，果然高妙無窮，但他也沒有灰心，而是仔細觀察宋軍陣型變化的規律，畫成圖形刻苦研究。經過幾晝夜的鑽研，耶律學古終於研究出了宋軍大陣中的可乘之機，率領本部精騎快速穿過幾個薄弱環節，在宋軍的一片叫罵聲中目送入城。（有些史書上說是挖地道進城，似乎不太現實。）

這是開戰以來第一支進入南京城內的援軍！已經快要被壓垮的韓德讓激動得聲淚俱下，城內守軍更是一片歡聲雷動！太宗勃然大怒，向清河的援軍和城內的守軍發起猛攻。此時此刻，即便是耶律斜軫也抵擋不住，激戰一整天，遼軍大敗，傷亡慘重，退卻數十里，不過依然沒有逃散，而是繼續堅守在南京城的視野範圍內，聲援城內守軍。事實上，這也就是他們能夠做的全部事情了。

之後，太宗又回到城下，親自督戰猛攻城門。韓德讓和耶律學古齊心協力，化解了宋軍一次又一次的攻勢。其中尤為驚險的一次，宋軍有三百人的前鋒部隊登上城頭，耶律學古親率部眾前往力戰，先抵住這幫人的第一波攻勢，再切斷他們的後援，最終以數倍傷亡將這三百人擒下。還有一次宋軍掘地道入城，韓德讓卻已經考慮到宋軍有可能來這一手，在城內建立了監聽系統，及時發現了宋軍的掘進，引水淹掉了宋軍地道。

這時第六支援軍又已經趕到，駐守西京大同府的南府宰相耶律沙已經放棄山後防線（其實宋軍都集中在幽州，山後本來

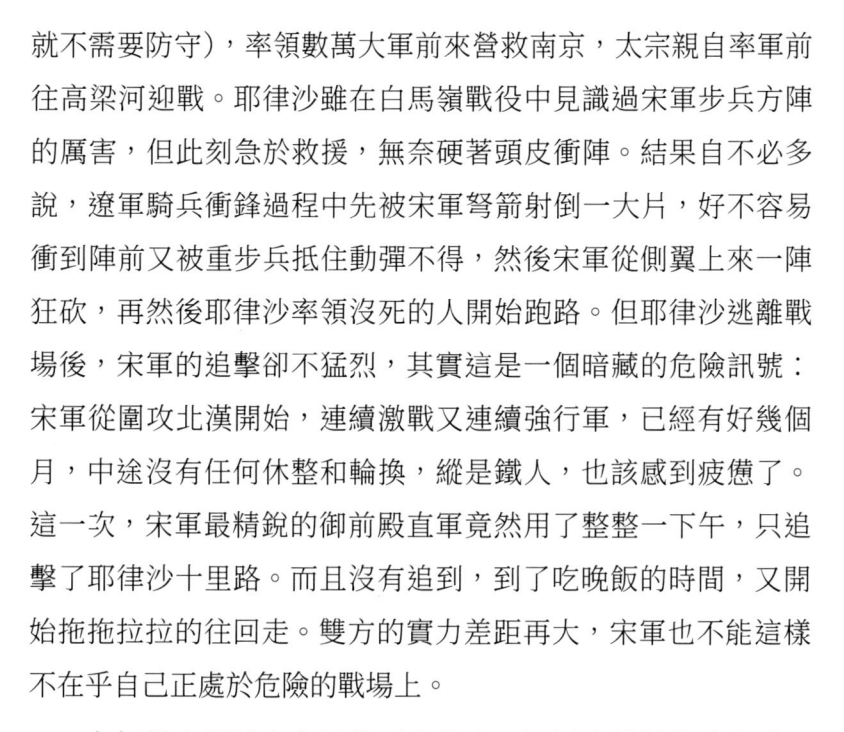

第一章　面對契丹帝國的軍事理論家宋太宗

就不需要防守），率領數萬大軍前來營救南京，太宗親自率軍前往高梁河迎戰。耶律沙雖在白馬嶺戰役中見識過宋軍步兵方陣的厲害，但此刻急於救援，無奈硬著頭皮衝陣。結果自不必多說，遼軍騎兵衝鋒過程中先被宋軍弩箭射倒一大片，好不容易衝到陣前又被重步兵抵住動彈不得，然後宋軍從側翼上來一陣狂砍，再然後耶律沙率領沒死的人開始跑路。但耶律沙逃離戰場後，宋軍的追擊卻不猛烈，其實這是一個暗藏的危險訊號：宋軍從圍攻北漢開始，連續激戰又連續強行軍，已經有好幾個月，中途沒有任何休整和輪換，縱是鐵人，也該感到疲憊了。這一次，宋軍最精銳的御前殿直軍竟然用了整整一下午，只追擊了耶律沙十里路。而且沒有追到，到了吃晚飯的時間，又開始拖拖拉拉的往回走。雙方的實力差距再大，宋軍也不能這樣不在乎自己正處於危險的戰場上。

在打得幽州城內守軍伸不出頭來，援軍也紛紛失敗之時，遼軍的士氣已經瀕臨崩潰，甚至遼帝國的高層也開始喪失信心，準備放棄南京，退守關外了。宋太宗的宏偉藍圖即將完成，他距離他的偶像唐太宗只有一字之差了！然而，就在這一夜，一顆璀璨奪目的將星突然之間劃破長空，在幽州城上升起，將高梁河照得透亮。出乎宋太宗，乃至整個漢民族的意料，一個漢民族從未遇到過的可怕剋星已在趕赴幽州的路上，他的出現將會使這一字之差變成新千年人類文明走勢的重要轉捩點。

第二章
冷兵器戰爭的最高藝術殿堂

■ 漢民族面對過的最強戰神 ■

於越，曾是契丹帝國建立之前，契丹各部族聯席會議的祕書長，遼太祖也曾擔任過這個職務，建國後成為授予大臣的最高榮譽頭銜，相當於中華帝國的太師。在契丹帝國三百餘年的漫長歷史中，僅有大約 10 人獲得過這個至高榮譽，而在宋帝國的記載和人民的傳頌中，這又成為了耶律休哥個人的代名詞，直接將「於越」做為休哥的字或者名號，而民間更傳說有小兒夜啼不止，父母則恐嚇道：「於越至矣！」小兒立即不敢啼哭。《三國演義》正是藉此題材，用以刻劃曹魏名將張遼威震逍遙津的傳神風采。

耶律休哥，字遜寧，生年、籍貫不詳，在他的戎馬一生中，曾多次憑藉其傑出的軍事才華，大敗宋太宗氣勢洶洶的進攻，捍衛了契丹帝國的戰略屏障：燕雲十六州。然而他絕不是一個悍勇的蠻族軍頭，而是一位熟讀兵書，治軍規範，將指揮藝術發揮到極致的卓越軍事家。他率領遼軍取得多次大勝，卻不會以殘殺對方的士兵或者掠奪無辜的百姓來喚起士兵的貪慾；

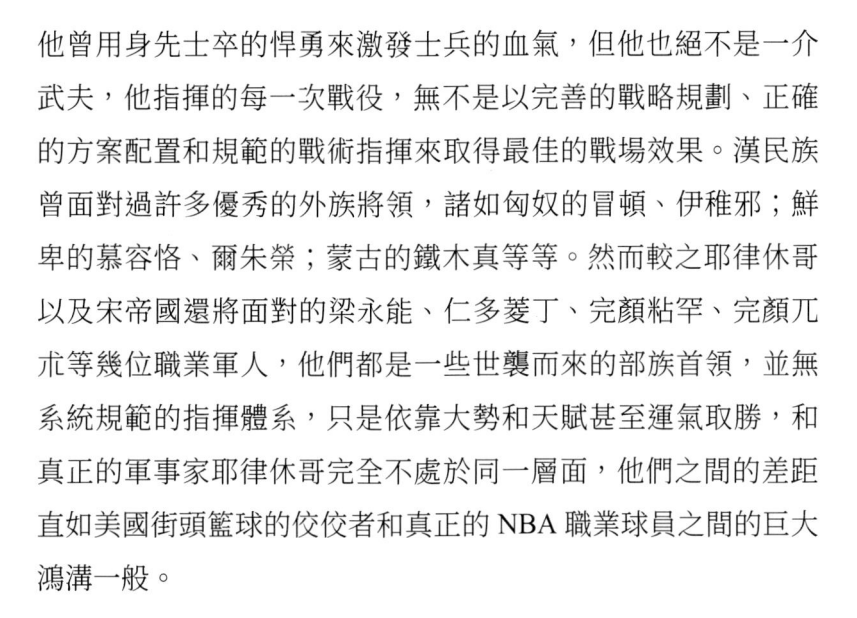

他曾用身先士卒的悍勇來激發士兵的血氣,但他也絕不是一介武夫,他指揮的每一次戰役,無不是以完善的戰略規劃、正確的方案配置和規範的戰術指揮來取得最佳的戰場效果。漢民族曾面對過許多優秀的外族將領,諸如匈奴的冒頓、伊稚邪;鮮卑的慕容恪、爾朱榮;蒙古的鐵木真等等。然而較之耶律休哥以及宋帝國還將面對的梁永能、仁多䔽丁、完顏粘罕、完顏兀朮等幾位職業軍人,他們都是一些世襲而來的部族首領,並無系統規範的指揮體系,只是依靠大勢和天賦甚至運氣取勝,和真正的軍事家耶律休哥完全不處於同一層面,他們之間的差距直如美國街頭籃球的佼佼者和真正的NBA職業球員之間的巨大鴻溝一般。

耶律休哥,這位契丹民族的絕世戰神,既有一位優秀將領必須具備的勇猛作風和敏銳的戰場靈感,更是進入新時代後第一位將規範的指揮思想植入到軍事體系中的外族軍事家。他的出現,曾不止一次讓宋太宗和多位宋初名將鎩羽而歸,直到李繼隆出現在宋軍的指揮中樞,兩顆耀眼的將星終於碰撞出人類戰爭史上最絢爛的火花!

■ 將星閃耀高梁河! ■

當宋太宗三十萬大軍圍攻南京時,遼景宗召集遼帝國高層商議對策。大多數人都懾於宋太宗的沖天氣焰,尤其是眼見前

六支援軍紛紛以失敗告終,很多人提出放棄關內燕雲之地,退回關外自守。正所謂滄海橫流,方顯英雄本色,當時任惕隱職務(掌管皇族典章、禮儀的官職,相當於漢族帝國的宗正職務)的耶律休哥挺身而出,力排眾議,向遼景宗慷慨陳詞,力主絕不能放棄幽州,並請纓自帶五千精騎前往救援。耶律休哥簡單陳述了自己救援幽州的戰術方案,懇請遼帝給他最後一次機會,如若戰敗再放棄燕雲不遲!

可以想像當時的遼帝國朝堂,皇帝和滿朝文武都被這個從未指揮過重大戰役的年輕人震驚了。最早救援南京慘敗於宋軍的蕭討古,見識過宋軍方陣的厲害,估計是留下了嚴重的心理陰影,他直接叱責了年輕後生的狂妄。然而幸運的是(也是漢民族和宋太宗的不幸),遼景宗被耶律休哥的英雄氣概和作戰方案打動了,同意再給他一次機會,統領契丹五院部的三萬精騎,前往幽州救援。

救援南京的第六支援軍又失敗了,而且敗得很慘。雖然透過幾次小勝利,韓德讓一次又一次的挽救了城內守軍的士氣,但是巧婦難為無米之炊,耶律休哥的五院軍是第七支,也是最後一支援軍,再不成功,舉城獻降的時刻也就該到了。

耶律休哥趕到高梁河時,正值耶律沙大敗。耶律沙一見到耶律休哥就連連搖頭嘆氣:「太厲害了!太厲害了!沒辦法了,我們撤吧,關內本來就是漢區,我們不要了。」耶律休哥好言相勸,收容了耶律沙的敗兵,自己登高觀察宋軍的分布,並召來

囤積在此,前進不得的各路援軍制定作戰方案。諸位敗軍之將都表示本部願意聽從調遣,配合耶律休哥作戰。

傍晚,耶律休哥先派本部五院軍騎兵每人雙手持火把,在高處往來衝突,揚塵蔽空。追擊耶律沙的宋軍遙望過去,只見滿天塵土中無數火把跳躍閃爍,搞不清遼軍到底有多少,開始略有怯意。宋太宗急令退守高梁河戒備,然而他卻犯下一個嚴重錯誤:宋軍在開闊的高梁河沿岸布防,遼軍騎兵正好可以從兩翼包抄,是一個極利於騎兵作戰的戰場。布防後太宗也馬上發現了這個問題,急忙傳令陣型後撤,並令其餘部隊接應。但是,已經晚了!這一次,你面對的不再是耶律沙、耶律斜軫,而是曠世戰神——耶律休哥!一個細小的失誤足以令你葬送三軍,遼軍的總攻在這個時刻已經發起了!

耶律沙的大同軍竟然第一個發起反擊,不過他只是從正面牽制宋軍主力,而不是真正的主攻方向。耶律休哥、耶律斜軫兩軍精騎從宋軍兩翼包抄,尤其是耶律休哥的五院軍,本就是契丹本部精銳,又從未和宋軍交鋒,沒有心理陰影,做為生力軍,快速擊穿了宋軍側翼。宋軍本就疲憊不堪,再加上高梁河的殿直軍經過一天的戰鬥,還沒吃晚飯,疲態盡顯,在生猛的火炬騎兵衝擊下,很快支持不住,開始敗退,另一側抵抗耶律斜軫的宋軍也開始鬆動。不過此刻宋軍卻體現出其超強的戰鬥能力,在遼軍的三路夾攻下,依然拚死抵抗,而沒有潰散!如果再多支撐一會兒,宋軍正在圍城的部隊趕來救援,這第七支

援軍又將歸於失敗。

又到了戰神發揮作用的時刻了！耶律休哥在展現了他卓越的戰術方案制定能力後，又呈現出臨場作戰的勇猛絕倫。他身先士卒向宋太宗御駕發起猛衝，受了很多傷還在前線奮戰，到最後已經不能騎馬，只能由護衛用輕車抬著他，代為傳遞號令，中途幾度昏迷依然不下火線！五院軍熱血澎湃，向宋太宗發起了勢不可擋的猛衝。這時疲憊不堪的宋軍側翼終於潰敗，正在力敵耶律斜軫的另一個側翼也放棄了抵抗，最終耶律沙的中軍也從正面徹底擊潰了宋軍，高梁河的殿直軍開始全線潰敗！亂軍之中，宋太宗腿上中箭落馬，所幸左右找來一輛驢車逃離了戰場，直奔涿州方向而去。

而真正的災難發生在圍城的三十萬宋軍身上，這時人多的弊端才真正顯現出來。本來這三十萬大軍都是按照太宗的陣圖統一指揮，而且陣型非常密集，而這個時候總指揮宋太宗已經坐上驢車當了趙跑跑，三十萬大軍頓時失去了統一排程，只能在混亂中互相擠踏。客觀的說，以宋帝國禁軍的訓練能力，如果是一支一兩萬人的部隊，即使遭到大敗，也有可能在主將的指揮下邊打邊撤，脫離險境。然而這是一支三十萬的龐大部隊，而且相互之間互不隸屬，一旦在攻擊下失去統一指揮，只能陷入混亂。此時城內的韓德讓和耶律學古也趁勢殺出，與援軍夾擊圍城的宋軍。三十萬宋軍四散奔逃，最後大多逃到涿州歸建，途中被遼軍追殺萬餘人。帳面上看起來損失不算很慘，

但攻克幽州的雄圖也就此落空。

在夜色中,藉著天空中高懸著的將星發出的光輝,耶律休哥看著四散奔逃的宋軍長舒了一口氣,南京終於保住了。但是,他卻又看見在極度混亂中有一支宋軍依然能夠整裝列陣,邊打邊撤,最終安全撤離了戰場,不由得大吃一驚,禁不住在床上撐起身,費力的向左右問道:「這是哪支部隊?速速報來!」不多時,左右回報:「這是宋軍李繼隆部。」「李繼隆,李繼隆⋯⋯」耶律休哥喃喃默唸著這個名字,似乎已經預感到了這便是上天賜予他的最佳對手。

正是:

宋皇壓境六軍摧,戰神星馳救國危。

將星閃耀高梁河,共話兵機知是誰。

■ 李繼隆:配享太廟的戰場指揮大師 ■

提到北宋的名將,很多人首先都會想到配享太廟的「宋初四大名將」:曹彬、潘美、李繼隆、曹瑋。漢武大帝為了表彰霍去病的卓越戰功,特許將其葬在自己的寢陵之側,這是中華帝國皇帝給予非皇族功臣的最高榮譽。北宋有四位武將也獲得了這項殊榮,李繼隆便是其中之一。

之所以能夠成為配享太廟的帝國名將、人類歷史上最偉大

第二篇　超級大國的戰爭與和平

的戰場指揮大師之一，不僅是李繼隆自身的水準，相當程度上也是因為他面對了漢民族歷史上空前也很可能是絕後的強大對手：耶律休哥。

李繼隆，字霸圖，潞州上黨（今山西省長治市）人，生於後漢天祐三年（西元 950 年），其父李處耘是參與過陳橋兵變的開國元勛，其妹嫁給宋太宗，即明德皇后。李繼隆 20 歲時宋軍收復四川，但由於王全斌等人的殘暴，導致蜀中叛亂頻繁，宋廷只好組織剿滅，李繼隆便第一次踏上了軍旅。剛開始母親擔心他，專門找一些李處耘的舊部照顧他，他卻非常有志氣的回絕道：「兒子能夠自立，不需要這些人幫忙，願母親不要掛慮！」結果去時沒有遇險，回來時因為雨滑連人帶馬掉下了十幾丈深的懸崖，所幸被大樹掛住，部下騎了幾十里的馬才找到一根長繩把他救上來。第二次出征是隨父會剿湖南。李繼隆帶領一支三百人的小部隊，身先士卒，手腳都中了毒箭，所幸有江湖大俠獻上獨門解藥才得以活命。初涉軍旅就頻遇生死之危，相信這更鍛鍊了李繼隆的勇猛作風。

之後李繼隆負責宋軍後勤供應，曹彬、潘美等主將相繼平定南方各地，敵軍都試圖切斷宋軍補給線，均被李繼隆挫敗，還曾斬過劫糧敵將的腦袋，射死過華南虎，保障了後勤供應，從不出一點差錯，李繼隆正是在這些大規模戰略運作中鍛鍊出了規範縝密的軍事思想和方案配置能力。在宋太宗平定太原的戰役中，李繼隆任四面提舉都監，會同最為勇猛的李漢瓊部攻

打西門時,城上砲石就從身旁掠過,砸倒大片部下,他卻不為所動,繼續指揮。圍攻幽州之戰,李繼隆做為先鋒部隊,大破遼軍城外援軍,但最終宋軍整體潰敗,可以說在和耶律休哥的對戰中輸了頭陣,但是復仇的機會也就在眼前。

■ 滿城之戰,扳回一分 ■

高梁河之戰,宋軍敗得極為狼狽,太宗料定遼軍必然大舉報復,於是在邊關部署防禦:任命潘美為三交口駐泊都部署、知并州,總領山後(太行山以西)軍務,楊業為副都部署、知代州;劉廷翰等諸將分駐鎮、定、高陽關等關隘,以殿前都虞侯崔翰節制諸軍,李繼隆為都監,又授予他的重要發明《平戎萬全圖陣》,詔令諸將按圖作戰。宋帝國禁軍的前身是後漢郭威的北鎮軍,常年與契丹作戰,不落下風,又經周世宗整編,更加精銳。在周世宗、宋太祖麾下,直至宋太宗攻取太原,這支軍隊轉戰四方,併吞天下,從五代十國的血海深淵拚殺而出,百戰百勝,這一次卻在幽州大敗折損,高傲的信心受到嚴重挫傷,急需一場勝仗來挽回士氣。

遼帝國方面,雖然沒能挽救北漢,但取得一場大勝,保住了燕雲十六州。遼景宗重賞韓德讓、耶律休哥、耶律斜軫、耶律學古等功臣,耶律沙、耶律抹只功過相抵,耶律敵烈、耶律奚底等人及部下則受罰,賞罰分明,遼軍士氣復振。遼景宗重

新集結大軍南征，目標是要奪回當初被周世宗奪取，現被宋帝國占據的瀛、莫二州，也就是俗稱的關南十縣。遼軍以燕王韓匡嗣為主帥，耶律沙、耶律休哥分率本部跟隨，共八萬精騎攻鎮州；另一路由南京統軍使耶律善補率領，攻雁門關做為輔助。

宋軍諸將見遼軍大舉來犯，忙按太宗留下的陣圖布陣，在滿城（今河北省滿城縣）列開陣勢，以八陣禦敵。右龍衛將軍趙延進登高望之，見遼軍精騎漫山遍野而來，而宋軍兵力本來就少，還分為八陣，每陣相隔上百步，極易被敵軍各個擊破，連忙找到參謀部提出問題。但主將崔翰、劉廷翰等人猶豫不決，因為違詔用兵，勝了還好說，敗了麻煩可就大了。這時李繼隆挺身而出，拍著胸脯道：「我是監軍，在軍中我就代表朝廷，現在陣圖有所不便，帶兵的主將應便宜行事，如果出了問題，一概由我負責！」崔翰等才下定決心，重新布置作戰方案：宋軍將八陣改為大小兩陣，由劉廷翰率領。大陣以重步兵和弩兵為主，任務是組織列陣向前推進，壓縮敵軍機動空間；小陣由騎兵和機動步兵組成，待敵騎兵遭到擠壓，則從側面發動，衝擊敵軍；崔彥進領兵潛入敵後包抄；崔翰、李漢瓊做為後衛準備梯隊攻擊。

重新制定方案後李繼隆又派人詐降，令敵軍不備。韓匡嗣接到降書大喜，準備受降。耶律休哥非常冷靜，認為宋軍無故請降，必然有詐，這反而是準備進攻的訊號，應該嚴陣以待。韓匡嗣則認為宋軍新遭大敗，士氣低落，投降是理所當然，聽不進去意見，傳令準備受降儀式。韓老大王是韓德讓的父親，

第二章　冷兵器戰爭的最高藝術殿堂

資歷比耶律休哥老得多，耶律休哥苦勸不聽，只好趕緊回到本部備戰。

「左軍推進一百步！」、「轟！」、「右軍騎兵待命！」、「轟！」、「後軍弩陣進入射擊陣地！」、「轟！」。

果然不久後，宋軍大陣開始推進。韓匡嗣可能是第一次見到宋軍步兵方陣，只見揚塵蔽空，號令聲、步伐聲交替如雷，竟倉惶不知所措。此時崔彥進部又在遼軍背後出現，斷了北歸之路，遼軍頓時大亂。宋軍步騎趁機切入砍殺，遼軍丟棄戰馬鎧甲，往西山坑谷中逃走，宋軍一直追擊至遂城，斬首一萬零三百級、馬千餘匹，生擒將軍三名，俘獲老幼三萬餘人，軍器甲仗不計其數。韓匡嗣丟棄主帥旗鼓，向東連夜遁入易州。但是耶律休哥、耶律抹只整軍迎戰，邊打邊撤，徐徐退出了戰場。另一路耶律善補也在雁門關被楊業擊敗，得到韓匡嗣的敗報後急忙撤去。

戰後遼景宗大怒，斥韓匡嗣五大罪狀，欲斬韓匡嗣和耶律沙，幸得皇后蕭綽求情免死，但被降為秦王、晉昌軍節度使。而耶律休哥表現優秀，被確定為遼帝國第一良將，任為北院大王，總管南面軍務，成為對宋戰爭的總指揮。這邊太宗收到捷報大喜，手詔褒獎諸將，沒有提及違詔的事，宋軍自高梁河慘敗後士氣復振。至此，宋遼雙方各送對方一次大敗，基本確定了以西路雁門關和南路瓦橋（雄州）、益津（霸州）、岐溝（涿州）三關為界，以後的大戰也主要在這幾處展開。

■ 承天皇太后 ■

滿城之戰遼軍大敗，遼景宗頗有不服，認為並非遼軍不善戰，而是韓匡嗣的指揮問題。恰逢宋帝國邊事頻起，夏州党項部酋長李繼遷在西北叛亂，宋廷進討不順，於是調王牌名將李繼隆前往鎮壓。不久南方屬國交趾國（越南）內亂，宋廷又遣太常博士侯仁寶為交州路兵馬都部署，領兵平叛，因南方水土不服，陷入苦戰。於是遼景宗決定趁機重新調兵，依舊向西路雁門關和南路瓦橋關出發。

太平興國五年（遼乾亨二年，西元980年）三月，遼國西路軍率先出發，由彰國軍節度使、駙馬、侍中蕭咄李，馬步軍都指揮使李重誨率西京都部署司十萬大軍閃擊雁門關，原北漢主劉崇之孫劉繼文隨軍，準備光復北漢。但遼軍行軍途中被雁門關守將楊業偵知。楊業只有數千常備軍，急報主帥潘美請援。潘美得報後急率主力趕赴雁門關，山後軍參謀本部制定了出關應敵的作戰方案。潘美率主力部隊在雁門北口列大陣禦敵，楊業率數百精騎從西邊小路包抄敵軍後方。這仍然是一場經典的步兵方陣克制騎兵的戰例，遼軍向潘美的步兵方陣衝鋒但沒有衝開，失去了機動空間，楊業的精騎突然從側後襲來。遼軍前有宋軍步兵方陣如推土機無法衝破，後有騎兵精銳似切割機往來衝突，成了任人收割的麥田。楊業遙遙望見遼軍旗鼓，斷定是主帥所在處，率軍突入，十萬大軍竟無人能擋，直接斬下蕭

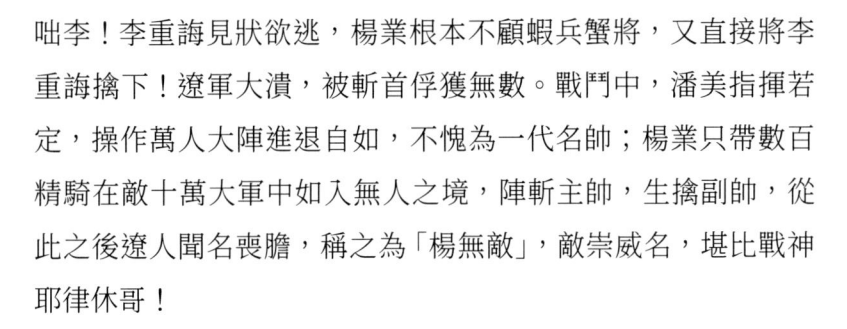

第二章　冷兵器戰爭的最高藝術殿堂

咄李！李重誨見狀欲逃，楊業根本不顧蝦兵蟹將，又直接將李重誨擒下！遼軍大潰，被斬首俘獲無數。戰鬥中，潘美指揮若定，操作萬人大陣進退自如，不愧為一代名帥；楊業只帶數百精騎在敵十萬大軍中如入無人之境，陣斬主帥，生擒副帥，從此之後遼人聞名喪膽，稱之為「楊無敵」，敵崇威名，堪比戰神耶律休哥！

遼景宗得到敗報非常惱火，集結了二十萬大軍從南京出發，直趨瓦橋關，在關北的龍猛堤打敗宋軍猛將龍猛副指揮使荊嗣，徑抵關下。宋知雄州張師駐守關城，只有不足萬人兵馬，但河陽三城節度使崔彥進、侍衛馬軍都指揮使米信等部駐紮在城外，於是決定據城固守。耶律休哥率大軍將瓦橋關圍定，遼景宗親臨城下督戰，但此城小而堅固，遼軍攻城收效甚微。不多時宋軍周邊的駐軍開始救援瓦橋關，崔彥進等夜襲遼營，卻早被耶律休哥料得，派突呂不部節度使蕭乾、四捷軍詳穩耶律痕德與宋軍力戰。宋軍人少，只得退去。城內的守軍見城外援軍退卻，人心惶惶，耶律休哥又率軍猛攻數日，張師支持不住，只好率軍突圍。這張師也不愧為一員良將，幾乎要突出重圍。可惜他面對的是可怕的耶律休哥，耶律休哥見張師勇猛，親率數百近衛突入陣中，將張師斬於馬下！不過這支宋軍素養倒也很高，雖然主將被斬，居然沒有潰敗，而是退回城內繼續固守。而崔彥進等在白溝河南岸紮營，並奏請宋廷增援。

耶律休哥也在河北岸布營，但他巡視宋軍營寨後發現一個問

題：宋軍各路兵馬為援瓦橋關而來，臨時聚集，並無統一指揮部署，於是決定親率精騎突襲。戰前，遼景宗考慮到耶律休哥的黃袍黃馬顯眼，容易被宋軍神射手狙擊，於是御賜玄甲、白馬。第二天耶律休哥親率萬名精騎，突然渡河來襲。宋遼兩軍對壘，遼軍靠的是騎兵迅速，宋軍靠的是陣型科學。此時宋軍各部相互獨立，又猝不及防，面對耶律休哥的突擊，沒能組成大陣應敵，各部只能簡單的相互掩護以求自保。耶律休哥率軍趕著宋軍邊打邊退，激戰一天，一直把宋軍趕過了莫州，斬首上萬，生擒數名宋將。遼景宗大喜道：「爾勇過於名，若人人如卿，何憂不克？」賜予御馬、金盂，加封契丹帝國的最高榮譽頭銜：於越。

宋軍在易水南岸紮下營來，諸部主將聚在一起總結失敗的原因，都覺得氣憤難平，於是暫時以官最大的崔彥進為首，重新整隊，欲雪前恥。這邊遼軍諸將見宋軍被趕過易水，紛紛要求第二天如法炮製，繼續渡河突擊。但耶律休哥卻搖著頭說：「今天是我抓住宋軍缺乏統一指揮的空子突襲了一把，他們肯定也發現了問題所在，明天再去就不易奏效了。我軍渡河襲擊宋軍方陣勝算不大，這次我軍目的是要攻取雄州，並非要殲滅城外的宋軍，只需擋住他們使其不能救援便可，何必要去主動進攻他們，徒增危險呢？」諸將有些聽進去了，有些沒聽進去。第二天果然有萬餘騎急於立功，渡河來襲。宋軍在崔彥進的統一指揮下，列成方陣，將遼軍壓縮到河邊，果然大敗之，斬首

三千餘級。

宋太宗正在趕赴前線的路上，聽聞關南一勝一負，連忙傳詔任崔彥進為關南兵馬都部署，統一指揮關南諸軍。耶律休哥認為短期內無法攻克瓦橋關，而宋軍正源源不斷的增援，戰略態勢很像高粱河之役，應趕在宋太宗到前及時撤退，遼景宗採納了他的意見，全軍撤回，無功而返。

太平興國七年，遼景宗再度集結部隊，分三路伐宋。景宗親率主力攻滿城，結果守太尉耶律奚底中流矢身亡，統軍使耶律善補陷入重圍，耶律斜軫又當了一次拯救大兵的隊長，把他從圍困中救了出來，遼軍大敗而回。攻打三關的遼軍遇到崔彥進的大陣，奈何不得，敗績而回。而出師山後的遼軍在潘美、楊業面前更是不堪一擊，被擊破36寨，落花流水而逃。另有一路偏師遠征府州，被府州觀察使折御卿大敗。遼景宗派耶律休哥帶兵次次大勝，親自帶兵卻次次大敗，心中鬱郁難平，不久駕崩。遼景宗在位14年，而且身體不好，經常不視朝，但取得了高粱河之戰的勝利，保住了燕雲十六州，相當程度上保住了契丹文明帝國的地位。其本人並不擅長軍事，但賞罰分明，善於用人，耶律休哥、耶律斜軫、耶律沙等都由他一手提拔，成為宋遼戰爭中的骨幹力量。景宗崩殂後其子梁王耶律隆緒繼位，即為遼聖宗。聖宗時年12歲，由景宗皇后蕭綽攝政，改國號「大遼」為「大契丹」。

蕭綽，字燕燕，楚國王蕭思溫之女。蕭思溫最初把蕭綽許配

給韓德讓，不過因為才貌雙絕，被遼景宗看上，最後還是選擇當了皇后。因為她和韓德讓有這層關係，所以特別倚重，攝政後以韓德讓為政事令，總管內政。後來韓德讓身兼南北兩府宰相，相當於早就被隋文帝廢除的丞相，成為遼帝國歷史上權勢最盛的大臣。後世自有傳言說兩人餘情未了，還有許多桃色故事。尤其是韓德讓死後不與自己的妻子合葬，而去跟蕭太后合葬，嫌疑非常之大。軍事方面以於越耶律休哥為南京留守，賜南面行營總管印綬，總管南面一切軍務，並讓聖宗與耶律斜軫交換弓矢，約為摯友（忘年交啊！），掌管京城駐軍。又以遠房宗族兄弟蕭撻凜（亦作蕭撻覽、蕭達蘭）和韓德讓的弟弟韓德威掌管對党項、女真、高麗等民族的軍務，掌握了四方的軍權。蕭綽在關鍵時期執掌國政，並且一手締造了「統和盛世」，簽訂了《澶淵之盟》，並制定了扶植西夏牽制宋朝的正確戰略，為遼帝國作出了極大貢獻，後代歷史故事均稱之為「蕭太后」。雖然遼帝國歷史上的太后除遼太祖皇后述律氏及西遼太后均姓蕭，但「蕭太后」這個威風凜凜而又風姿綽越的美麗稱號卻是專屬承天皇太后蕭綽一個人的。

■ 雍熙北伐，再演救星 ■

遼聖宗初繼位時，由於幼主新立，又連吃敗仗，所以遼帝國非常明智的對宋採取了守勢。而宋帝國西北邊陲突然事發，

党項酋長李繼遷叛亂，於是暫允求和。利用這段和平時期，遼帝國在漢相韓德讓的帶領下，休整內政，氣象一新。尤其是廢除了以往的民族不平等制度，法律上規定了各民族一律平等。以往契丹人打死漢人只需賠錢，統和之後，一律參照漢人律法管理，並廣納賢才，很多賢能的漢人進入政治高層，經濟高速增長。軍事方面，韓德威、蕭撻凜等率軍依次平定党項、阻卜、女真、高麗等部落或鄰國，一時之間國勢大盛。但他們都明白，真正的考驗還沒有來，等李繼遷的事端稍微平息，宋太宗是不會忘記燕雲十六州的。

其實在高梁河之戰後，太宗就一直念念不忘整軍再戰，但三番兩次屢遭朝議否決。雍熙三年（遼統和四年，西元986年），知雄州賀令圖、其父岳州刺史賀懷浦、文思使薛繼昭相繼上疏，指出遼帝國幼主當立，母后專權，尤其是韓德讓權炎炙天，多有人不服，此刻正是攻打遼國的大好時機。刑部尚書宋琪本是遼進士，做過幽州節度使從事，非常熟悉幽燕的情況，他從各方面詳細介紹了伐遼事宜，深得太宗讚許。於是太宗又詔廷議伐遼，參知政事李至進發言反對，被罷為禮部侍郎，最後宋廷終於通過了再伐燕雲的決議，史稱雍熙北伐。

雍熙北伐改變了高梁河之戰的部署，分三路伐遼：以天平軍節度使曹彬為幽州道行營前軍馬步水陸都部署，河陽三城節度使崔彥進副之；以侍衛馬軍都指揮使、彰化軍節度使米信為西北道都部署，沙州觀察使杜彥圭副之，兩軍會出雄州；以侍

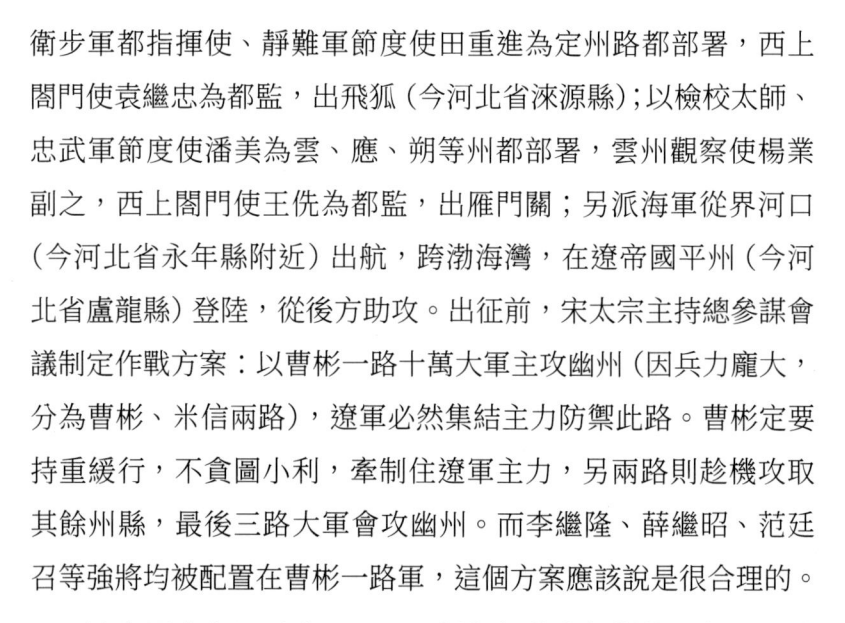

衛步軍都指揮使、靜難軍節度使田重進為定州路都部署，西上閤門使袁繼忠為都監，出飛狐（今河北省淶源縣）；以檢校太師、忠武軍節度使潘美為雲、應、朔等州都部署，雲州觀察使楊業副之，西上閤門使王侁為都監，出雁門關；另派海軍從界河口（今河北省永年縣附近）出航，跨渤海灣，在遼帝國平州（今河北省盧龍縣）登陸，從後方助攻。出征前，宋太宗主持總參謀會議制定作戰方案：以曹彬一路十萬大軍主攻幽州（因兵力龐大，分為曹彬、米信兩路），遼軍必然集結主力防禦此路。曹彬定要持重緩行，不貪圖小利，牽制住遼軍主力，另兩路則趁機攻取其餘州縣，最後三路大軍會攻幽州。而李繼隆、薛繼昭、范廷召等強將均被配置在曹彬一路軍，這個方案應該說是很合理的。

　　遼帝國南京軍區駐軍不足以抵禦如此大規模的入侵，耶律休哥急奏請援。遼廷意識到這是一次更大規模的戰略入侵，急調南院、北院、奚、乙室、渤海諸軍前往救援。宣徽北院使耶律阿沒里為南征都統，率先馳援南京；北院樞密使耶律斜軫為山西道兵馬都統，救援山後；彰德軍節度使蕭撻凜從上京遠道馳援，較晚才趕到。東京留守耶律抹只率大軍繼行，林牙蕭勤德率軍在遼東半島遷海，防禦宋海軍登陸；西南面招討使韓德威暫棄對西部宋、夏、回鶻等諸國的防務，來援幽州；遼聖宗、蕭太后駐兵駝羅口，統一指揮部署。隨後他們還派出了皇帝的近身衛戍部隊：皮室軍、皇帝和太后的直屬部隊——斡魯朵軍陸續參與到各路救援戰鬥中。遼帝國這一次的全國動員，比倉

促應戰的高梁河戰役更加完善。

三月初五，曹彬路先鋒李繼隆率先進軍固安縣（今屬河北省廊坊市），在城南與遼軍接戰，迅速擊潰之，占領固安。李繼隆未作休整，立即進軍新城。新城守將未料李繼隆如此迅速，敗退而去，遼軍的涿州外圍防線解除。曹彬大軍圍攻涿州，戰鬥甚為激烈，李繼隆、范廷召在城下前線督戰，均中流矢，雖血流滿地，卻不為所動，繼續指揮。諸軍為之氣烈，奮勇爭先，頃刻宋軍登滿城頭，攻克涿州！遼帝國奚宰相賀斯緊急率軍來援，卻在途中遭遇李繼隆部將李繼宣巡哨。宋軍陣斬賀斯，斬首千餘級。敵國的一位宰相意外的在一場遭遇戰中被斬殺，由於是李繼隆的部將所為，曹彬欲歸功於他，但被婉拒了。

曹彬路軍隊進駐涿州後宋太宗驚訝進軍太快，違背了最初的戰略設想，派人提醒曹彬持重緩行。恰逢遼統軍使耶律頗德率騎兵偷襲固安，宋軍不防，小敗一陣。耶律頗德又來攻涿州，被李繼宣率騎兵擊退。米信軍在新城也遭到遼軍反擊，奚大王和朔奴、北院大王蒲奴寧率大軍來援，恰遇米信軍，會同耶律頗德圍攻。奚族人米信見到本族的大王，不由得兩眼淚汪汪，因為當時他只帶了三百名龍衛軍，陷入重圍。米信親自射殺數名敵軍，手提大刀，率一百騎突圍，所幸李繼宣率五千騎兵來援，才突出重圍，沒有去陪伴賀斯老鄉。於是曹彬暫駐涿州，減慢進攻速度。

另一路潘美、楊業出雁門，遼寰州刺史趙彥辛（《遼史》作

「趙彥章」）派兵出戰，他豈是楊業對手，被斬首五百級。楊業追擊至寰州，又斬首五百級。潘美大軍隨後趕到，圍攻寰州。宋軍攻勢異常凶悍，神衛右第二軍都指揮使薛超全身多處受傷，血漫征袍，依然奮勇突前，士卒無不追隨，咆哮如雷。趙彥辛見不可守，舉城請降。宋軍繼而進圍朔州，守將順義軍節度副使趙希贊請降。潘美馬不停蹄，進圍應州，守將彰國軍節度使艾正、觀察判官宋雄又請降。宋帝國三交口行營與遼帝國西京都指揮司多年來在山後對峙，鮮有敗績，留下了「楊無敵」的英名，所以這次潘美路軍幾乎沒有遇到什麼激烈抵抗，就收取三州。此時雲州（遼帝國西京大同府）已經失去外圍屏障，潘美軍圍攻孤城，不日攻克，斬首千計。雲州地區都已被宋軍收復，而遼帝國援軍耶律斜軫和蕭撻凜剛剛趕到，只好先駐軍蔚州以東，抵禦潘美路軍。

另一路田重進出飛狐，遼帝國西南面招安使、冀州防禦使大鵬翼率渤海軍前來抵抗。宋軍參謀會議上，都監袁繼忠提出：「敵多騎兵，利於在平地作戰，我們不如在險要地勢逆襲。」蘄州刺史譚延美提出：「敵軍自恃兵力強於我們，若出其不意，可以取勝！」於是田重進在飛狐南口偏東面列陣，以重步兵方陣扛住大鵬翼，遼軍一天內多次衝鋒沒有效果。傍晚，荊嗣突然率軍出現在西側，沿著山崖從遼軍背後襲擊。這時田重進的大陣也開始向西推進，兩軍短兵相接，戰況異常激烈，荊嗣一人就斬首百餘級！隨著宋軍大陣的推進，許多遼軍被擠下山崖，最

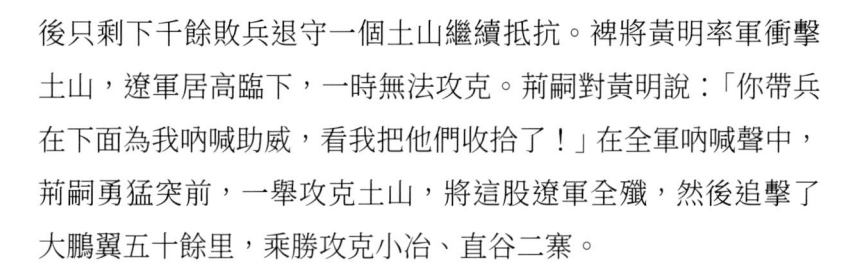

第二章　冷兵器戰爭的最高藝術殿堂

後只剩下千餘敗兵退守一個土山繼續抵抗。裨將黃明率軍衝擊土山,遼軍居高臨下,一時無法攻克。荊嗣對黃明說:「你帶兵在下面為我吶喊助威,看我把他們收拾了!」在全軍吶喊聲中,荊嗣勇猛突前,一舉攻克土山,將這股遼軍全殲,然後追擊了大鵬翼五十餘里,乘勝攻克小冶、直谷二寨。

但大鵬翼也是一名悍將,逃離險境後,又重新集結部隊來攻二寨。田重進遣荊嗣救援,為了預防大鵬翼的騎兵突襲,所以田重進要留下主力部隊備戰,讓荊嗣只帶本部五百兵前往。荊嗣請求讓譚延美暫時棄守小冶寨,帶兩千兵相助,田重進同意了。譚延美非常驚訝兩千五百人怎麼對敵兩萬人,荊嗣說:「你的兩千人不用出戰,只需在平地裡列陣吶喊,等我帶五百人猛衝過去,你派兩三百人拿著白旗沿路揮舞(不是投降的意思),敵軍肯定以為我大軍連綿不斷而來,可以被嚇走。」好一位智勇雙全的荊嗣!兩人依計行使,一天與敵軍戰了六七個回合,遼軍不能獲勝,害怕宋大軍壓到,準備逃走。此時田重進大軍果然壓到,遼軍頓時崩潰,宋軍生擒大鵬翼及監軍馬頵(《遼史》作「馬贇」)、副將何萬通等人。

大鵬翼號稱渤海軍第一猛將,他被擒後遼軍士氣大潰。田重進進圍飛狐,讓大鵬翼到城下招降。守將定武軍馬步軍都指揮使、郢州防禦使呂行德本來準備堅守,田重進一發兵急攻,呂行德馬上就受不了,舉城獻降。田重進又進圍靈丘,不日,守將步軍都指揮使穆超舉城投降。田重進又進圍蔚州,蔚州左

右都押衙李存璋、許彥欽等殺節度使蕭啜理及其守卒千人,抓住監城使、同州節度使耿紹忠,舉城投降。田重進一路兵力不多,但戰功卻非常顯眼。

面對宋軍一浪高過一浪的攻勢,耶律休哥肯定也非常吃緊,但他認定只要堅守南京,擊敗曹彬、米信一路,潘美和田重進兩路自然不成氣候。按照他這樣的戰略規劃,儘管另外兩路看似更吃緊,但遼帝國援軍仍大多往他身邊彙集。雖然兵力已經很強,但耶律休哥並不急於反擊曹彬,而是以重兵對峙,白天虛張聲勢,使宋軍疲憊,夜晚就以輕兵襲擾後方。由於曹彬、米信部人數太多,消耗非常巨大,而他們已經越過三關,深入遼境,後防補給線較長。這時遼軍的輕騎兵發揮了重大作用,宋軍糧隊時常受到襲擾,已經無法保障前方十餘萬大軍的供應。曹彬待了十幾天,實在不堪其擾,遂放棄涿州,退回雄州就糧。太宗得報大驚失色:「哪有大敵當前,反而退兵就糧的道理?」傳令曹彬立即停止後退,全軍推進至雄州以北的白溝河,與米信軍會合,等待潘美、田重進東下。

曹彬無奈又領軍北上,在涿州以南與休哥對峙。這時太宗已經迫不及待的派出第一批文官趕赴剛剛占領的州縣任職,任右諫議大夫劉保勳為知幽州行府事,又在提前準備進駐幽州的事宜了。曹彬麾下強將如雲,這本是好事,但事物總是辯證的兩面,不好的一面偏偏在這個關鍵時刻展現出來了。潘美和田重進是副攻,但戰果輝煌,曹彬、米信一路是主攻,進展卻相

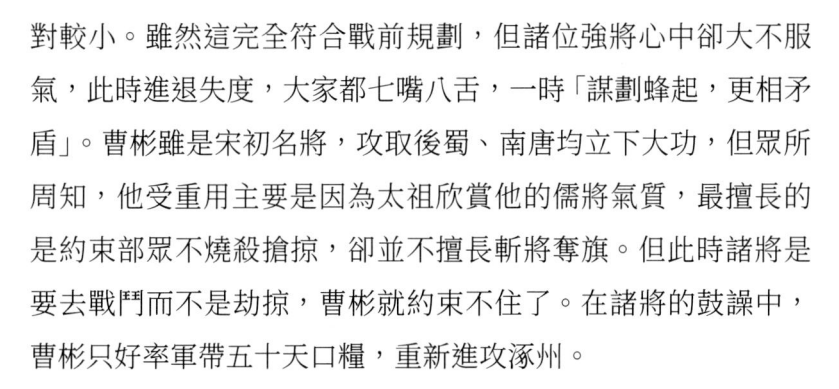

對較小。雖然這完全符合戰前規劃,但諸位強將心中卻大不服氣,此時進退失度,大家都七嘴八舌,一時「謀劃蜂起,更相矛盾」。曹彬雖是宋初名將,攻取後蜀、南唐均立下大功,但眾所周知,他受重用主要是因為太祖欣賞他的儒將氣質,最擅長的是約束部眾不燒殺搶掠,卻並不擅長斬將奪旗。但此時諸將是要去戰鬥而不是劫掠,曹彬就約束不住了。在諸將的鼓譟中,曹彬只好率軍帶五十天口糧,重新進攻涿州。

耶律休哥似乎已經發現了宋軍的問題,一路襲擾,宋軍用了整整二十天才走了百里路來到涿州城下(《遼史》、《續資治通鑑》上說是四天,這是假設沒有受到襲擾的正常推進速度,應該是錯的)。耶律休哥拒絕正面接戰,依然堅持不懈的攻擊宋軍糧道。此時已經入夏,堅壁清野的幽燕一片炎熱,宋軍士卒開始不支,而耶律休哥的劫糧部隊也取得了重大勝利,宋軍糧草再也運不上來了。此時遼聖宗和蕭太后的鑾駕已經移至涿州以東五十里,宋軍的人心開始慌亂。

曹彬令部將盧斌率萬人攻打涿州,盧斌懇言道:「現在攻打涿州並無勝算,還不如以這萬人列隊撤離。」曹彬贊同他的觀點,讓他帶兵保護老百姓沿狼山退入關內。隨後宋軍聽聞蕭太后大軍已至,各部又紛紛強烈要求撤退。曹彬大軍冒雨撤退,各部爭先恐後,曹彬又無法約束,失去了陣形。耶律休哥所忌諱宋軍的正是科學的陣形,這時他終於等到戰機,雷霆出擊。五月三日,遼軍在歧溝關追擊宋軍,曹彬來不及結陣,更沒有

時間設定鹿角,臨時將糧車環繞防禦。失去陣形的宋軍不可能抵禦遼軍精騎,耶律休哥四面圍定猛攻,宋軍損失慘重。當夜,曹彬、米信等主將輕騎遁走,宋軍全線潰散,各部紛紛逃過拒馬河。然而正當耶律休哥率軍準備趁宋軍渡河混亂之際追殺時,卻突然發現有一支宋軍在亂軍之中依然整裝列陣與遼軍相抗。不用說,正是李繼隆!

當耶律休哥追亡逐北,主將曹彬倉皇逃竄之際,李繼隆並沒有跟著他逃竄,而是鎮定的指揮本部像正常情況下一樣列陣禦敵。李繼隆本人率步兵主力列成方陣面對遼騎,李繼宣率騎兵從側翼機動殲敵,遼軍竟一時無可奈何,給大部隊的逃離爭取了寶貴的時間。耶律休哥不由得長嘆:「事已至此,竟仍不能送你一場完敗啊!」在倉皇涉河中仍有不少宋軍戰歿,劉保勳及其子開封兵曹劉利涉、殿中丞孔宜均溺死河中,只有李繼隆部列陣退卻,損失最小。耶律休哥偵知沙河附近還有數萬宋軍正在渡河,果斷放棄和李繼隆硬拚,前去追殺那邊的宋軍。這支宋軍見耶律休哥追來,更加慌亂,相互擠踏溺死者過半。宋軍退守雄州,耶律休哥心中猶自惦記李繼隆,向蕭太后請命攻打宋境,略至黃河為界。蕭太后汲取了遼景宗多次乘勝反擊卻葬送勝果的教訓,沒有批准。

至此,規模空前的雍熙北伐結束,遼帝國又一次保衛了燕雲,大肆歡慶勝利。首功之臣耶律休哥晉封宋國王,並破例行再生禮,成為遼帝國歷史上唯一一位行過再生禮的臣子。耶律

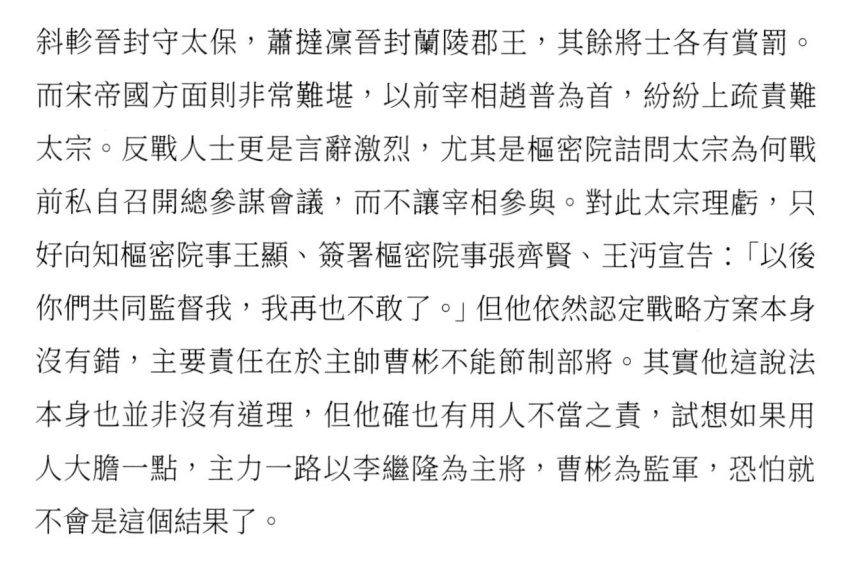

斜軫晉封守太保，蕭撻凜晉封蘭陵郡王，其餘將士各有賞罰。而宋帝國方面則非常難堪，以前宰相趙普為首，紛紛上疏責難太宗。反戰人士更是言辭激烈，尤其是樞密院詰問太宗為何戰前私自召開總參謀會議，而不讓宰相參與。對此太宗理虧，只好向知樞密院事王顯、簽署樞密院事張齊賢、王沔宣告：「以後你們共同監督我，我再也不敢了。」但他依然認定戰略方案本身沒有錯，主要責任在於主帥曹彬不能節制部將。其實他這說法本身也並非沒有道理，但他確也有用人不當之責，試想如果用人大膽一點，主力一路以李繼隆為主將，曹彬為監軍，恐怕就不會是這個結果了。

曹彬等敗軍之將身著白衣，跪於尚書省請罪。宋廷審理結果是曹彬等九人當斬。但是最終太宗沒有處斬，將九人貶官處理。全軍潰敗之際，李繼隆能夠全軍而還，通報表揚，升為侍衛馬軍都虞侯、雲州防禦使（據《續資治通鑑長編》，《宋史》作武州），知定州。田重進一路軍以勝歸來也都受到表揚。簽署樞密院事張齊賢出知代州，頂替在撤退中犧牲的楊業，協助潘美帶領山後軍。

■ 碧血青天楊家將 ■

曹彬在岐溝關潰敗後，雍熙北伐宣告失敗，潘美和田重進雖然獲勝，但也只能撤回關內，已經在平州登陸的海軍也全

部退入渤海。宋太宗急忙派部隊鎮守邊關，迎回敗兵，此時他手下已經無人可用，竟然把宋偓、劉廷讓甚至張永德這些早就閒置了的老將請出來帶兵，又令潘美軍重出雁門關，將所攻占雲、應等五州的百姓遷入內地。

潘美行動之前，耶律斜軫已經透過引蛇出洞的戰術收復了蔚州，《遼史・耶律斜軫傳》稱斬首數萬級，但蔚州守軍絕對沒有這麼多。又稱他和潘美、賀令圖在飛狐正面作戰，又斬首數萬，但其他史料均顯示潘美退回後再也沒有親自出戰，應該是錯的。另一方面，蕭太后親自率軍收復寰州，所率部隊有大臣耶律漢寧（據《續資治通鑑長編》，但此人不見別載，疑為耶律斜軫之誤）、蕭撻凜、南北皮室軍、五押惕隱司等，共十餘萬眾，都是遼帝國的禁衛精銳。

在宋軍參謀會議上，楊業提出一個方案：「先派使者通知雲、應、朔州的人，我軍離開代州時，雲州的人就先跑回來，我軍再去應州救人。遼軍必然來攻，朔州的人就可以趁機跑進石碣谷，在谷口埋伏三千強弩，並以騎兵輔之，能夠抗拒遼軍，這樣三州的吏民都可以保全了。」這個方案應該說非常現實，但監軍王侁卻不同意，認為這樣是完全放棄了寰州的人，還說：「我們手握數萬精兵，卻這麼懦弱怯戰，應該直出雁門，鼓行至馬邑（朔州的一個縣），和敵軍正面交鋒！」軍器庫使、順州團練使劉文裕也表示贊成（注意，潘美並未表態贊成）。楊業認為這樣必敗無疑，王侁又說：「你不是一直號稱『楊無敵』嗎？現在

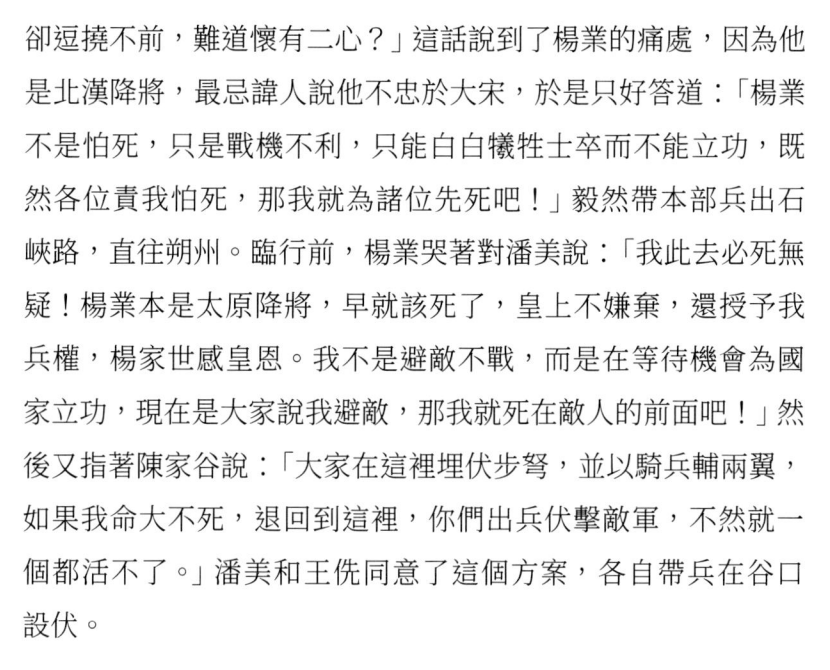

卻逗撓不前,難道懷有二心?」這話說到了楊業的痛處,因為他是北漢降將,最忌諱人說他不忠於大宋,於是只好答道:「楊業不是怕死,只是戰機不利,只能白白犧牲士卒而不能立功,既然各位責我怕死,那我就為諸位先死吧!」毅然帶本部兵出石峽路,直往朔州。臨行前,楊業哭著對潘美說:「我此去必死無疑!楊業本是太原降將,早就該死了,皇上不嫌棄,還授予我兵權,楊家世感皇恩。我不是避敵不戰,而是在等待機會為國家立功,現在是大家說我避敵,那我就死在敵人的面前吧!」然後又指著陳家谷說:「大家在這裡埋伏步弩,並以騎兵輔兩翼,如果我命大不死,退回到這裡,你們出兵伏擊敵軍,不然就一個都活不了。」潘美和王侁同意了這個方案,各自帶兵在谷口設伏。

耶律斜軫聽說楊業又來攻朔州,令蕭撻凜在路上設伏,自己正面應敵,佯敗退走。楊業追擊,蕭撻凜伏兵盡出,耶律斜軫也回師來攻,楊業大敗,一路逃回到了陳家谷,然而情況卻大大出乎他的意料。王侁本來和潘美一起在谷口設伏,但他登高而望,看見耶律斜軫退走,怕楊業獨占大功,於是要帶兵前去攻擊。潘美雖為主將,卻不能制止。但王侁走了二十里又聽到楊業兵敗退回,於是直接撤回雁門關內。潘美強烈要求他留在陳家谷口接應楊業,王侁又沒有從命。無奈潘美也只好撤回關內,把楊業拋在了敵軍的追擊之下。

楊業邊戰邊撤,一整天才回到陳家谷口,見伏兵都已撤走,

拊膺慟哭，對士卒大喊道：「此時我軍已無活路，只能以身殉國！諸君可願與我同死？」宋軍將士無不為忠義所感，熱血沸騰，返身與遼軍再戰。楊業之子楊延玉挺身在前，殺敵數十，滿身負傷，一匹白馬都被染成了紅馬，血盡人亡。73歲的老將岳州刺史（據《長編》，《宋史》作淄州）王貴親手射殺數十名敵軍，箭支用完，又以空弩擊殺數十人方才壯烈犧牲。最後宋軍將士全體戰死，無一投降。楊業奮戰到最後一刻，手刃百餘遼軍，最後戰馬重傷倒地，終於被擒。《遼史·聖宗本紀》和《耶律奚低傳》記載楊業退到狼牙村，藏在林中，被右皮室詳穩耶律奚低發現後射死，顯然是錯誤的。楊業被擒後耶律斜軫出了一口惡氣，問道：「你號稱『無敵』，與我軍作戰三十年（他似乎把楊業在後漢軍服役，與他做為戰友的時間也算上了），今天終於被我抓住，還有什麼話好說？」楊業長嘆道：「吾皇待我甚厚，我一直期待破敵以報，但是現在被奸臣所嫉，逼令赴死，導致王師敗績，哪裡還有臉面活於世上。」然後絕食三日而死，展現了崇高的民族氣節。

戰後，楊業的妻子折（ㄕㄜˊ，音同「佘」）氏不依不撓，要求朝廷重處潘美等人，潘美也頑強辯解。太宗本來就非常痛惜楊業的死，裁定潘美等人有罪，將潘美連降三級，王侁、劉文裕被除名充軍。王侁是後周名相王朴之子，卻以人品低劣著稱，把王家的臉都丟盡了。楊業被追贈為太尉、大同軍節度使，留下的五個兒子都被錄為官員，其中最有名的是長子楊延

昭（原名楊延朗），日後也成為對遼作戰的主力，而折氏也因其正直敢爭名垂青史。

後人非常感念楊業及其子楊延玉、楊延昭的忠勇，創作出了《楊家將演義》等大量的小說、戲曲傳頌楊家將的英名。而在這些作品中，不約而同的用到了一個反面角色：潘仁美。顯然這個「潘仁美」的原型就是潘美。潘美在雁門撤退時，做為主帥，不能堅持正確的意見，又不能節制王侁等將擅自撤離，確實要對楊業的死負有主要責任。所以，雖然潘美在宋朝建立的過程中立下戰功無數，是結束五代亂世的英雄人物之一，鎮守太原防區，鮮有敗績；然此戰之後第二年就病卒，享年67歲，這不光彩的一戰簡直就是晚節不保。潘美卒後贈中書令，諡號武惠，配享太宗廟庭，從祀孔子，和曹彬、李繼隆、曹瑋一起被譽為「宋初四大名將」，但在後世的文學作品中，他卻只能扮演永遠的白臉奸臣角色。

楊業，本是北漢降將，劉家也算待他不薄，但他沒有愚忠於北漢國，而是選擇了為大宋盡忠。他很明白，大宋才是值得他──一個炎黃子孫，應該盡忠的祖國。在這個將星雲集的時代，楊業父子其實算不上一流名將，但是他們的忠勇卻永遠感動著世人。曹彬、潘美、李繼隆、耶律休哥、耶律斜軫、蕭撻凜這些蓋世名將一定都為和楊家將戰鬥在同一個時代而深感榮幸，我們這些後人也為有過這樣的祖先而無比自豪。

正是：

雁門塞上金風涼，令公無敵斷銀槍。

莫道降人不盡忠，碧血青天楊家將。

■ 契丹的反擊：君子館戰役 ■

蕭太后雖然沒有立即反擊宋軍，但並不表示她沒有侵略宋的打算，她只是想準備充分之後再出兵。經過半年的準備，年底開始全面封鎖邊境，頻頻與宋軍在邊防試探性接戰。十一月，蕭太后正式以耶律休哥為先鋒都統，皮室詳穩蕭排亞、駙馬都尉蕭勤德、蕭繼遠、林牙謀魯姑、太尉林八等率軍跟隨，自率主力在南京預備，全軍開始向宋境開進。宋太宗分別以李繼隆、劉廷讓、田重進為滄州、瀛州、定州都部署，防禦三關。這也是一場規模和雍熙北伐相似的大戰役，只不過攻防雙方交換了位置。

初期接戰，雙方互有勝負，但是耶律休哥從來就不看重這些小勝負，他的目標只有宋軍主力，尤其是要讓李繼隆真正在他手下敗一仗！

按照宋軍傳統的防禦戰略，要拒敵於國門之外，不能將戰場擺在本國境內，所以宋太宗要求三關駐軍主動出擊，在關外擊退遼軍。田重進部首先出岐溝關，擊敗了小股遼軍，甚至收復了涿州，但沒有遇到遼軍主力。十二月，劉廷讓與李繼隆合

兵，準備北進，約好以劉廷讓為先鋒，李繼隆隨後支援。《遼史》上還提到一位「李敬源」將軍，但別處無載，可能是宋軍虛張聲勢，被遼軍信以為真。耶律休哥偵得情報，扼守住險要，率全部主力在宋軍前進路線設伏。

十二月九日，兩軍在君子館（今河北省河間市君子館村）相遇。耶律休哥事前透過反間計，透露了自己想投降給宋朝的假情報，宋軍先鋒平州團練使賀令圖居然信以為真，只帶了數十騎直接到耶律休哥營中「受降」。其實耶律休哥這個計謀也只是軍事工程中按部就班的程式，本來沒打算取得什麼奇效，但沒想到宋軍先鋒的思考模式竟然獨特到了這種地步，差點被氣傻，把賀令圖抓起來痛罵了一頓。而賀令圖的父親就是年初最先倡議雍熙北伐的賀懷浦，一年之內，父子皆敗，成為天下笑柄。

而劉廷讓未得消息，大部隊已經深入遼境，與耶律休哥接戰。這時一個意外情況發生了：時值隆冬，宋軍衣衫單薄，手腳麻木，而劉廷讓部的弓弩多採用皮筋為弦，在嚴寒下難以張開，作戰非常不利。遼軍的後備部隊還在源源不斷的趕來，遼聖宗的御駕也來到君子館，數十萬大軍將劉廷讓的萬餘兵馬團團圍困。但是劉廷讓也非常頑強，他本名劉光義，是太祖「義社十兄弟」之一，因避太宗諱改名廷讓，也是一位五代遺留下來的悍將。他遭到遼軍的重圍後，列環形陣防禦，遼軍精騎在外圍往來衝突，卻一直無法找到破綻。劉廷讓部將御前忠佐神勇指揮使桑贊臨危不亂，奮勇殺敵。遼軍正面圍攻環形防禦陣地，

其實損失比宋軍更大,激戰中國舅帳詳穩蕭撻烈哥、宮使蕭打里兩員大將戰死。但耶律休哥依然不為所動,繼續保持攻勢,因為他真正的目標根本不是劉廷讓,而是要引誘李繼隆前來救援,傾本部之兵,並藉助遼聖宗的御前近衛,對其實施毀滅性一擊。

李繼隆的參謀本部中,前方情報不斷傳來,劉廷讓遭到越來越多的遼軍圍困,諸將紛紛要求緊急前往救援。但是李繼隆這位每戰必負重傷的勇將此刻卻表現出了鎮定的一面,他冷靜的分析了形勢,指著地圖告訴大家:如果此時前往救援必然遭圍,兩軍實力差距過大,出兵關外本來就是錯誤的決策,此時只能退保樂壽,避免更大的損失。帳下諸將聽到這樣的分析都非常傷心,因為他們只能眼見友軍被圍困卻不施援手,但這又是很無奈的事情,李繼隆部退保樂壽縣。

耶律休哥接到李繼隆退走的情報大吃一驚:「什麼!他退走了!?」旋即陷入了深深的失望之中。他遙望南方,仰天長嘆:「我三次大敗宋軍,卻始終無法打敗你一次,難道我只能坐等你打敗我的那一次嗎?」隨後耶律休哥向劉廷讓發起了總攻,劉廷讓、桑贊力敵一整天終於不支,桑贊率先突圍逃離,宋軍大陣已告崩潰,遼軍潮水般湧入宋陣,肆意砍殺。武州團練使、高陽關都部署楊重進力戰死節(《遼史》上說生擒,並稱陣斬李敬源),劉廷讓僅帶數人逃脫。

遼軍東線主帥耶律休哥在君子館取得一場大勝,另一方面,

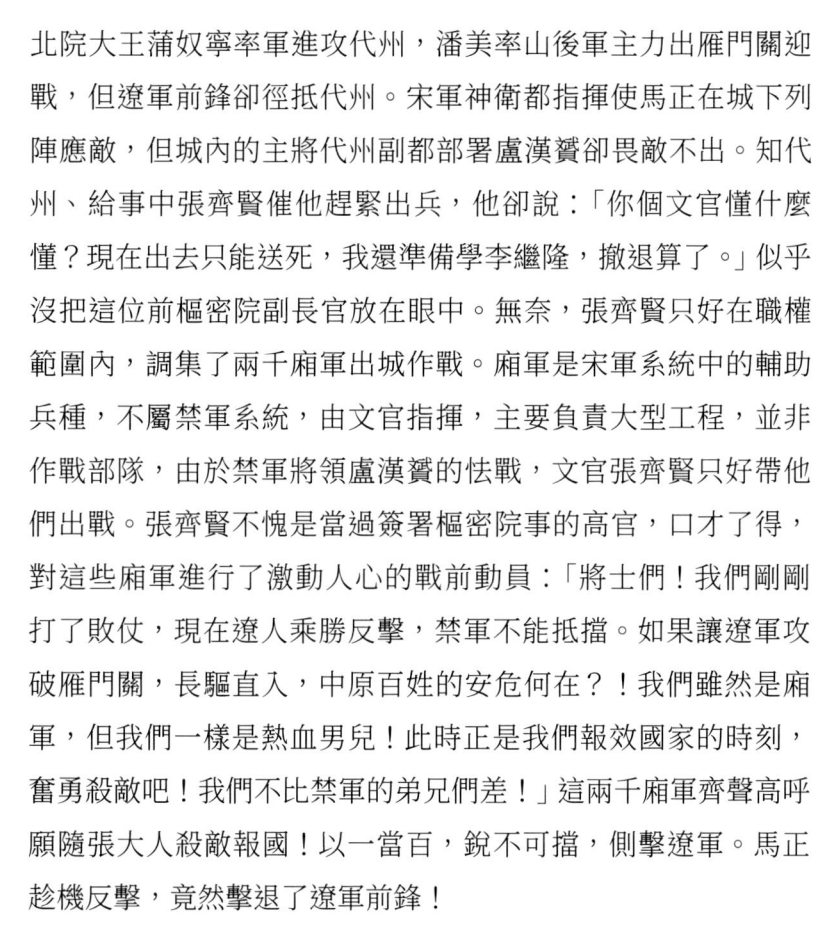

第二章　冷兵器戰爭的最高藝術殿堂

北院大王蒲奴寧率軍進攻代州，潘美率山後軍主力出雁門關迎戰，但遼軍前鋒卻徑抵代州。宋軍神衛都指揮使馬正在城下列陣應敵，但城內的主將代州副都部署盧漢贇卻畏敵不出。知代州、給事中張齊賢催他趕緊出兵，他卻說：「你個文官懂什麼懂？現在出去只能送死，我還準備學李繼隆，撤退算了。」似乎沒把這位前樞密院副長官放在眼中。無奈，張齊賢只好在職權範圍內，調集了兩千廂軍出城作戰。廂軍是宋軍系統中的輔助兵種，不屬禁軍系統，由文官指揮，主要負責大型工程，並非作戰部隊，由於禁軍將領盧漢贇的怯戰，文官張齊賢只好帶他們出戰。張齊賢不愧是當過簽署樞密院事的高官，口才了得，對這些廂軍進行了激動人心的戰前動員：「將士們！我們剛剛打了敗仗，現在遼人乘勝反擊，禁軍不能抵擋。如果讓遼軍攻破雁門關，長驅直入，中原百姓的安危何在？！我們雖然是廂軍，但我們一樣是熱血男兒！此時正是我們報效國家的時刻，奮勇殺敵吧！我們不比禁軍的弟兄們差！」這兩千廂軍齊聲高呼願隨張大人殺敵報國！以一當百，銳不可擋，側擊遼軍。馬正趁機反擊，竟然擊退了遼軍前鋒！

　　一戰之後，張齊賢威名大振，各位武將都表示願意服從調遣。但張齊賢派出密使向潘美報告，請他回師夾攻遼軍，密使卻被遼軍截獲！張齊賢很怕走漏消息導致潘美回師途中會遭到伏擊，所幸的是由於東路兵敗，宋太宗改變了外線防禦的戰略，改為內線防禦，潘美接到密詔後直接回師太原。雖然失了

強援，但張齊賢卻高興的認為，潘美回師我知而敵不知，可以將計就計。於是派兩百廂軍潛出城外，每人帶旗幟和乾草，夜晚在城外三十里處潘美的來路上燃起乾草，展開旗幟，佯裝潘美部大軍來援。遼軍驚惶失措，紛紛敗走，張齊賢趁機揮軍掩殺，生擒蒲奴寧的兒子一人、帳前舍利一人，斬首二千餘級，俘五百餘人，獲馬千餘匹，車帳、牛羊、器甲無數。

誰言文官不能戰？在宋朝的軍事學院培訓體系下，文官透過學習，也能掌握軍事指揮的知識，這和現代軍事指揮官培養體系是一樣的。張齊賢作了一個好榜樣，在他身後，宋軍，甚至未來的明軍、國軍、解放軍以及各國軍隊還將湧現出大量知識分子，從軍事學院中走上指揮職位成為名將。

雖然遼軍在君子館獲得一場大勝，但是未能傷及李繼隆，宋帝國又在邊境上修築了大量的軍寨和運河，海軍戰艦進駐協防，遼軍很難進攻，又因為雁門關大敗，於是罷兵，雍熙三年的戰爭暫告一段落。而党項首領李繼遷前來歸附契丹，遼聖宗詔以王子帳節度使耶律襄之女耶律汀為義成公主下嫁李繼遷，賜馬三千匹，使李繼遷在西北方向更大的牽制宋帝國。

戰後，宋廷行使賞罰，宋太宗非常大度的包攬了責任，下罪己詔承擔君子館之敗的總責。劉廷讓主動請罪，但太宗知道是總參謀部的作戰方案有問題，沒有處罰他。而初時劉廷讓投訴李繼隆退守是避戰，朝廷將其逮赴中書省問罪，但很快解釋清楚，沒有受罰，反而加封本州觀察使。張齊賢則非常謙虛的

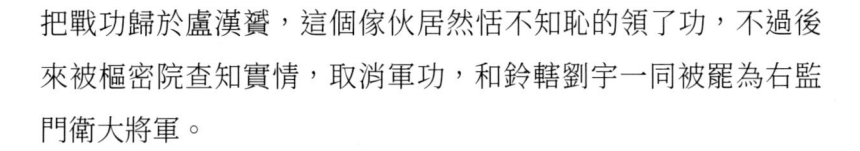

把戰功歸於盧漢贇,這個傢伙居然恬不知恥的領了功,不過後來被樞密院查知實情,取消軍功,和鈐轄劉宇一同被罷為右監門衛大將軍。

■ 帝國鐵騎靜塞軍!游牧民族的終極噩夢! ■

自馬鐙發明以來,游牧民族無不仰仗剽悍的騎兵對抗漢族,宋朝也一直受困於缺馬。但是!今天,我,李繼隆,偏要讓爾等嘗一嘗帝國鐵騎的滋味!

端拱元年(遼統和六年,西元988年)五月,長年奮戰在宋遼戰爭前線的遼帝國老將,南府宰相耶律沙病卒。同年,遼帝國又解決了高麗、女真等國的戰端,將目光投向了宋帝國。九月,遼聖宗偕大丞相韓德讓駕臨南京,準備南伐。遼軍首先進攻涿州,大軍圍定四面攻打。涿州地處關外較遠處,宋軍無法救援,但城內守軍抵抗非常頑強。遼軍雖然最後攻破城池,但是傷亡也非常慘重,太師蕭撻凜和駙馬蕭勤德均中箭。蕭勤德傷勢很重,遼聖宗急忙用御車將其送回就醫。收復涿州後,耶律休哥、耶律斜軫、籌寧等將連續取得了一系列小勝,占領了祁州、新安、小狼山寨等處,基本收復關北領土。但出師山後的部隊面對潘美、張齊賢的防禦,沒有任何進展。遼聖宗、韓德讓又率大軍進取易州,知易州劉墀據城堅守,遂城宋軍前來救援。遼帝國最強戰隊鐵林軍出戰,將援軍擊走,圍城打援

成功,劉墀納降。後來宋帝國又在易州以西重築一城,也叫易州,稱為東西易州。

這時李繼隆的定州行營派出部隊增援關外駐軍,耶律休哥大喜,精選了八萬精騎專門針對定州行營攻打,暫離皇帝御駕。耶律休哥此戰目標非常明確,就是要找到李繼隆的主力一決高下,行動異常迅速,很快打敗了李繼隆派出的援軍,將戰線推至唐河。荊嗣雖然勇猛,但畢竟不是耶律休哥的對手,很快棄守唐河。耶律休哥毫不停歇,緊隨渡河來攻,兩軍決戰的時刻到來了!但是,宋太宗汲取君子館之敗的教訓,要求各營堅壁清野,不與敵戰。諸將接到詔書猶豫不決,尤其是定州行營認為遼軍脫離本土,進入宋境,正是打擊他們的大好機會。面對耶律休哥氣勢洶洶的撲來,定州監軍、知四方館事袁繼忠慷慨陳詞:「現在強敵當前,我們在城中屯集重兵卻不出戰,任由敵軍長驅直入,侵掠四方州縣。我雖然也想安穩無事,但絕不受此侮辱,願身先士卒,死於敵手!」諸將群情激憤,紛紛請戰,前來頒詔的宦官黃門林延壽連忙拿出不許出戰的詔書提醒大家不要違詔。此刻,剛剛升為保順軍節度使、侍衛馬軍都指揮使的李繼隆做為主帥,發揮了應有的作用,慨然道:「將在外,君命有所不受!我在河間(君子館)不死,就是要留得有用之身,報效國家!」諸將振奮不已,紛紛表示願與他並肩奮戰。

其實耶律休哥正猛撲過來,李繼隆據險死守並非不可,也不違詔,但是他明白這時遼軍氣焰囂張,宋軍將士的怒火剛剛

被點燃,是可用之氣,主動出戰效果更好,所以沒有死守太宗的詔令,而是負起了主帥的職責,決定全軍出擊!

為重創李繼隆,耶律休哥精選了他的部隊,從南京軍區各軍,遼聖宗的御前近衛皮室軍、斡魯朵軍,韓德讓的近衛軍以及遼帝國引以為豪的重甲騎兵團——鐵林軍中精選出了三萬騎,共八萬人的大部隊,堪稱草原上的騎兵群英會,風雷般的直撲而來。相比之下李繼隆的定州行營只有一萬餘部隊,但是補充了宋帝國最強大的裝甲騎士團——靜塞軍。宋軍一向以缺馬為困,但也並非完全無馬,宋太宗就為河北軍建立了這樣一支比遼帝國鐵林軍更勝一籌的裝甲騎士團:靜塞軍。這支部隊全部採用西域良馬,配備宋帝國更加精良的裝甲和武器,騎士均是河北武林高手,各方面都要比鐵林軍略勝,雖然人數不多,只有一千騎左右,但是在李繼隆麾下他能發揮什麼作用呢?

靜塞軍的士兵們都是易州人,這次易州失陷,他們的父母妻子都落入敵手。本來李繼隆擔心他們有心理包袱,想把他們分解到諸部,但是袁繼忠認為正好可以藉此激發他們的士氣,要求把他們歸到他的麾下。李繼隆採納了他的正確意見,重賞靜塞軍並進行了戰前動員,靜塞軍將士們無不慷慨激昂,表示願意為國盡忠!

次日清晨。遼軍全部渡過唐河,八萬大軍列開陣勢,旌旗飄揚,呼氣如雷。對面的宋軍只有一萬餘人,但是令人驚奇的

是，宋軍並未祭出他們最拿手的大陣禦敵，恰恰相反，他們從正面向遼軍發起了主動進攻！耶律休哥驚訝之下又大喜過望，不禁站起身來，用鞭梢指著南面激動的喊道：「好樣的，李繼隆！你不愧是我耶律休哥的對手！來吧！今天就讓我們用各自的血性，面對面的決一勝負吧！無論鹿死誰手，我們都可以為敗在對方的手下而感到無比驕傲！」

李繼隆策馬來到陣前，高聲喊道：「諸軍將士！遼人向來仗恃他們騎兵剽悍，欺我漢人步兵遲緩，而我們一向以陣法禦敵。今天，我們面對的是於越耶律休哥的騎兵精銳。但是！這一次，我們偏偏要讓他們嘗嘗帝國鐵騎的滋味！靜塞軍的將士們！你們的父母妻兒都被對面的遼人所擄，難道你們不想報仇雪恨，救回他們嗎！？前進吧！男兒們！」

話音剛落，袁繼忠一馬當先，摧鋒陷陣，靜塞軍指揮使田敏率領他的千名鐵騎緊隨其後，李繼隆的萬人主力部隊在他們身後以錐形陣向八倍於己的敵人衝去！靜塞軍威鋒剛烈，遼軍前陣不能攖其鋒，迅速被衝開陣形。耶律休哥令旗一揮，箭如雨下，但是靜塞軍仗著裝甲堅厚、武藝高強，冒著箭雨就衝了進去！耶律休哥又是一聲令下，皮室軍和鐵林軍立即從兩面合圍，夾擊靜塞軍。靜塞軍面對這兩支名垂青史的精銳鐵騎，豪氣大發，氣勢何止百倍，竟如劈波斬浪一般，在重重敵騎中奮勇直前！隨著宋軍前鋒分開遼軍陣形，全軍都順利投入戰場，像一把鋒利的長劍插入了敵軍的胸膛！遼軍從來都慣於在外線

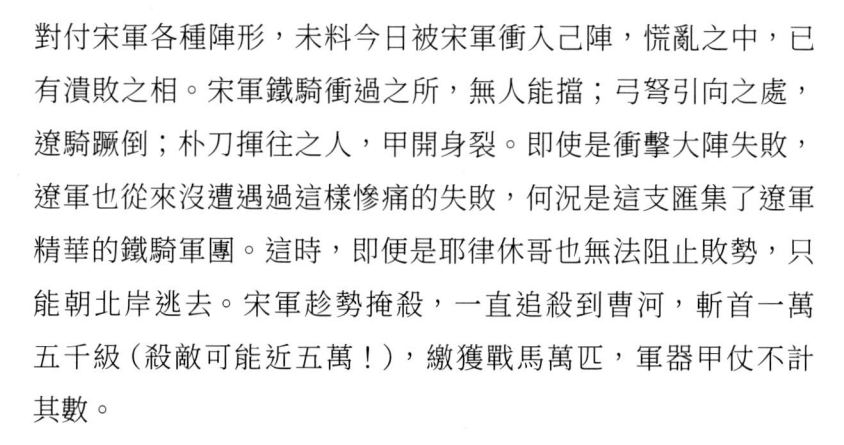

對付宋軍各種陣形,未料今日被宋軍衝入己陣,慌亂之中,已有潰敗之相。宋軍鐵騎衝過之所,無人能擋;弓弩引向之處,遼騎蹶倒;朴刀揮往之人,甲開身裂。即使是衝擊大陣失敗,遼軍也從來沒遭遇過這樣慘痛的失敗,何況是這支匯集了遼軍精華的鐵騎軍團。這時,即便是耶律休哥也無法阻止敗勢,只能朝北岸逃去。宋軍趁勢掩殺,一直追殺到曹河,斬首一萬五千級(殺敵可能近五萬!),繳獲戰馬萬匹,軍器甲仗不計其數。

李將軍威武!宋軍威武!

唐河之戰,李繼隆以一萬兵馬主動出擊,力挫戰神耶律休哥的八萬精銳鐵騎,霍去病、李世民的榮光在他手中接力。經此戰,誰還敢小視我漢家騎士、華夏兒郎!?歷史上漢民族雖然很難出現強大的騎兵軍團,所以經常被游牧民族的騎兵所欺。然而一旦擁有哪怕像靜塞軍這樣不足千騎的精銳騎兵部隊,那都將成為游牧民族的——終極噩夢!

正是:

契丹良馬自天生,於越英名宇內奇。

鐵林重裝玄鱗甲,皮室力挽白羽檄。

莫道漢家無精騎,須識得,驃姚汗血、秦王卷旗。

方知一脈相承,宋軍血氣。

繼隆不願守方陣,靜塞可以摧鐵衣。

漢唐帝國天威傳，寰球人類須長憶。

長相憶，放聲啼，追懷先烈思無極。

榮光接力至我輩，壯志凌雲敢向前。

■ 謝幕：火與霜之協奏曲 ■

唐河之戰，李繼隆又一次負起了主將的責任，沒有死板的執行御詔，而是非常出人意料的以騎制騎，硬拚掉了遼帝國的精騎群英會。此戰之中，宋軍將士無不血漫征袍，人馬力竭。人說戰鬥中結下的友誼是最忠貞的，李繼隆素來與行營鈐轄裴濟不合，並肩血戰後，李繼隆挽著裴濟的手「恨相知之晚」，成為莫逆之交。而耶律休哥也不愧為一代戰神，雖然經此大敗，卻沒有慌張，而是冷靜的帶著殘部後退與遼聖宗的主力會合。之後也沒有急於全軍撤退，而是合理的布陣防禦，直到第二年初，確認全軍安全後，才緩緩撤回南京。李繼隆設想中的追亡逐北場景完全沒有出現，也不得不嘆服耶律休哥的戰神稱號當之無愧。

端拱二年（遼統和七年，西元989年）七月，遼帝國南京行營參謀本部通過了一項軍事行動決議：切斷威虜軍的補給並將其拿下。威虜軍屬遂城縣，是宋軍設在邊境上最突前的一個堡壘，位在今日河北省徐水縣東北四十里，地理上比較深入遼境。這一次，耶律休哥準備暫避李繼隆的鋒芒，以他最擅長的斷糧戰術取回一場勝利，以振士氣，如果李繼隆敢於在這種情

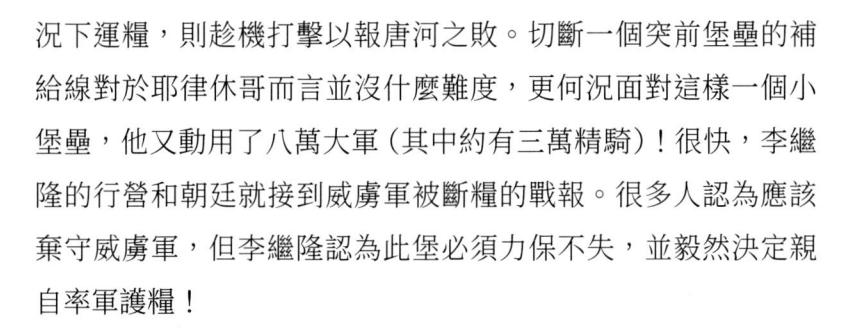

第二章　冷兵器戰爭的最高藝術殿堂

況下運糧,則趁機打擊以報唐河之敗。切斷一個突前堡壘的補給線對於耶律休哥而言並沒什麼難度,更何況面對這樣一個小堡壘,他又動用了八萬大軍(其中約有三萬精騎)!很快,李繼隆的行營和朝廷就接到威虜軍被斷糧的戰報。很多人認為應該棄守威虜軍,但李繼隆認為此堡必須力保不失,並毅然決定親自率軍護糧!

李繼隆初出茅廬之時,就是以在征服湖南、南唐、南漢的戰鬥中,一次次完美的督糧行動而得到太祖、太宗的賞識,而耶律休哥也最擅長以正兵抗敵,奇兵襲糧的戰術。今天,他們又都回到了原點,難道是天命所歸,要兩位大師的最後對決,以這樣的形式來了斷嗎?

李繼隆親率萬名精銳從定州出發,順利的把數千輛糧車運送到了威虜軍。但耶律休哥的偵騎一直就在他附近追隨,他知道,真正的考驗還沒有到來,耶律休哥會在他的回程從背後襲擊。果不其然,李繼隆渡過徐河不久,耶律休哥的大軍在背後出現了!李繼隆列開萬人大陣禦敵,親自操作主陣,派鎮州副都部署范廷召操作側翼陣,另派部將崇儀使、北面緣邊都巡檢尹繼倫率千餘步騎機動至西北十里處設伏,等候戰機。意外的是,就在尹繼倫率部從側翼迂迴時,卻不巧正好遇上了耶律休哥的大軍!然而,更加令人驚奇的事情發生了:耶律休哥居然假裝沒有看見尹繼倫,繼續領軍前進!當尹繼倫旗號出現時,遼軍前鋒部隊正準備與宋軍前鋒接戰,但是耶律休哥卻非常不

耐煩的制止了他們,他用鞭梢重重的指向前方:「不要管這些蝦兵蟹將,那裡!李繼隆!才是我唯一的目標!」於是數萬遼軍大搖大擺的從尹繼倫面前走了過去!

尹繼倫也是宋軍中有名的猛將,人稱「黑面大王」,雖然他的實力不能和戰神耶律休哥相提並論,但畢竟也是一名血性男兒,哪受得了如此侮辱!他對部下憤然道:「敵人把我們這支小部隊視為魚肉,如果南下勝利了,可以趁勢北還滅掉我們。就算失敗了,也會拿我們洩憤,我們根本沒有活路。不如就趁現在敵人銳氣正盛,輕視於我,我們攻其不備,就算死了也是盡忠報國,豈能在邊地作遊魂野鬼!」部下聽言無不憤然從命。當然,尹繼倫也絕對不是氣衝腦門就直接衝去跟敵人拚命的莽夫,他厲兵秣馬,耐心的等到天黑,躡跟了敵軍數十里,來到徐河和唐河之間繼續隱蔽。天剛矇矇亮,耶律休哥的大軍起拔,行軍四十五里後渡過徐河,來到城下與李繼隆的大陣相對峙,尹繼倫繼續躡跟。兩軍對峙後,遼軍開始進餐,耶律休哥觀察完李繼隆的大陣後沒有找到明顯的破綻,一邊進餐一邊用心思索。這個時候,整個世界只剩下他和李繼隆兩個人,這一次怎麼對付他那嚴密的大陣呢?

就在他靈臺空明之際,遼軍北面一陣騷動,尹繼倫突然在北面發起了進攻,千餘宋軍猛然插入遼軍陣中。遼軍完全未料到會有人從北面殺來,竟一時亂了陣腳。尹繼倫心知自己畢竟人少,一旦被遼軍緩過神來極易被圍殲,於是看準休哥的帥

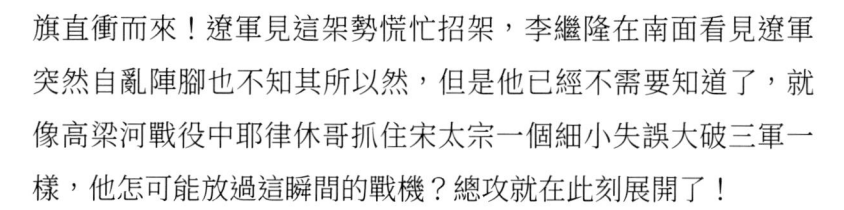

第二章　冷兵器戰爭的最高藝術殿堂

旗直衝而來！遼軍見這架勢慌忙招架，李繼隆在南面看見遼軍突然自亂陣腳也不知其所以然，但是他已經不需要知道了，就像高梁河戰役中耶律休哥抓住宋太宗一個細小失誤大破三軍一樣，他怎可能放過這瞬間的戰機？總攻就在此刻展開了！

宋軍大陣向來以攻防一體著稱，但這一次卻用上了罕見的全攻陣型，李繼隆的主陣和范廷召的側翼陣同時以最快的速度向遼軍衝去！遼軍多面受敵，陣型大亂，而尹繼倫還在向耶律休哥的帥旗處猛插。耶律休哥的副官連忙大喊：「皮室軍！保護於越大人！」尹繼倫這時才不管什麼皮室、靜脈，一把大刀劈開一切敢於擋路之人。但皮室軍不愧是契丹皇帝的御前近衛，在全軍慌亂之際，依然忠實的執行著近衛職責。不過此時換誰也擋不住火山噴發般的宋軍，尹繼倫一刀把皮室祥穩斬於馬下（可惜各種史料均不知其姓名，也不知是哪一部皮室軍的主官），瞬間就衝到了耶律休哥面前！耶律休哥只見眼前一員大將，臉龐黝黑，胯下黑馬，身穿黑甲，只有一把大刀明亮晃眼。只聽他一聲怒吼：「耶律休哥！我就是你不入眼的尹繼倫！吃我一刀！」耶律休哥不及閃躲，用抓著筷子的手往上一擋，嘩啦一聲，精甲被劈開，血濺五步！皮室軍發瘋一般的圍上來，不惜以身體擋住尹繼倫的大刀，拚死把重傷的耶律休哥救了下來，用輕車抬著他瘋狂逃走。

又是重傷以輕車相抬，這時的耶律休哥似乎又回到了十年前的高梁河，然而這一次不再是堅持指揮，而是瘋狂逃命。十

第二篇　超級大國的戰爭與和平

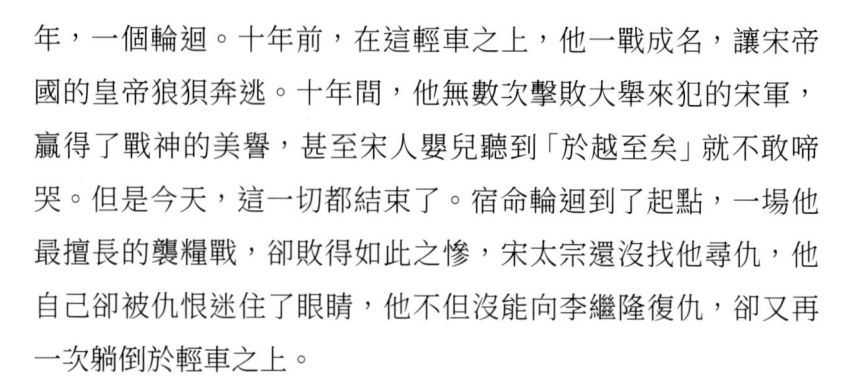

年，一個輪迴。十年前，在這輕車之上，他一戰成名，讓宋帝國的皇帝狼狽奔逃。十年間，他無數次擊敗大舉來犯的宋軍，贏得了戰神的美譽，甚至宋人嬰兒聽到「於越至矣」就不敢啼哭。但是今天，這一切都結束了。宿命輪迴到了起點，一場他最擅長的襲糧戰，卻敗得如此之慘，宋太宗還沒找他尋仇，他自己卻被仇恨迷住了眼睛，他不但沒能向李繼隆復仇，卻又一次躺倒於輕車之上。

一個戰神的時代，結束了。

李繼隆與范廷召又追擊十餘里，遼軍渡河時自相踩踏，傷亡不計其數，一些高級將官逃到曹河斜村地界，又被定州副都部署孔守正追及，被斬首三十餘級，其中包括一名大盈相公。僥倖撿得一條性命的耶律休哥回到契丹，告誡諸部日後一定要避讓「黑面大王」尹繼倫！戰後尹繼倫升遷為洛苑使領長州刺史，依舊巡檢北邊。

接下來，耶律休哥依然統領南京，但不再輕易出戰，而是輕徭薄賦，精心治理燕雲，直至宋真宗咸平元年（遼聖宗統和十六年，西元998年）去世，再也沒有和李繼隆過招。耶律休哥戎馬一生，遼國面臨宋軍最大規模的幾次入侵都是在危急關頭被他打退，說他是遼帝國的守護神，甚至說沒有哪位皇帝功勞比他更高，毫不為過。在漢民族面對過的對手中，他無疑是最強大的一位戰神。而記載於《遼史・耶律休哥傳》的最後一句是：「身經百戰，未嘗殺一無辜。」身經百戰，未嘗殺一無辜！是的，於

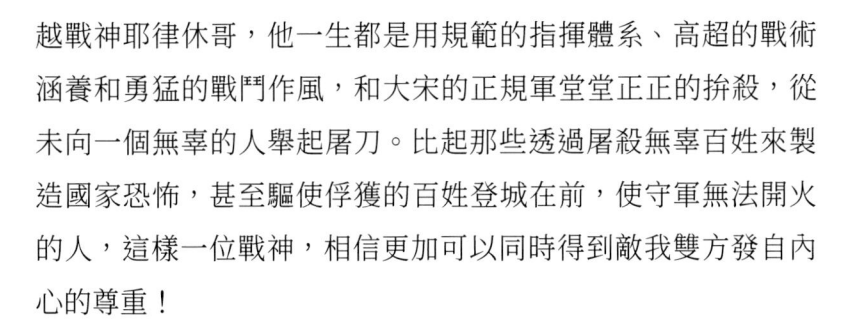

第二章　冷兵器戰爭的最高藝術殿堂

越戰神耶律休哥，他一生都是用規範的指揮體系、高超的戰術涵養和勇猛的戰鬥作風，和大宋的正規軍堂堂正正的拚殺，從未向一個無辜的人舉起屠刀。比起那些透過屠殺無辜百姓來製造國家恐怖，甚至驅使俘獲的百姓登城在前，使守軍無法開火的人，這樣一位戰神，相信更加可以同時得到敵我雙方發自內心的尊重！

而徐河之戰後，宋帝國西陲的党項部叛亂事態更加嚴重，不得不抽調李繼隆前去鎮壓。之後李繼隆在宋真宗繼位的問題上選錯邊，而被解除軍權，雖然澶淵之役宋廷不得不將他再次請出，但是他再也不會面對耶律休哥這樣的對手了。景德二年（西元1005年），李繼隆卒，享年55歲，宋真宗親自為其服喪，贈中書令，諡號忠武，配享真宗廟庭。

李繼隆、耶律休哥，這兩人的作戰風格非常相似，都要先制定完善的作戰方案，可謂靜若冰霜；作戰時，又都不顧自身的安危，策馬奔突箭雨，激起將士們如火的激情。兩人十年間為對方，也為後人演奏了一幕高過一幕的鏗鏘樂章。但是，再恢宏的樂章，終也有休止符。當西元的第二個千年即將到來之時，這一對戰場指揮大師，在人類冷兵器時代，戰爭藝術最高殿堂上的華麗演出，就此謝幕。

正是：

天生一代兩將星，十年論劍意難平。
戰神經年終須老，共寫英姿垂汗青。

第三章
龍鳳爭霸，澶淵之盟

■ 第三代名將登場 ■

至道三年（西元997年），宋太宗駕崩，享年59歲，在位22年，一直致力於現代化國家組織體系的建設和對遼作戰。宋太宗的一生不能算是很成功，他親自指揮的幾場重大戰役均以失敗告終，喪失了收復燕雲的大好機會，為中央王朝的安全留下了嚴重隱患，因此在歷史上評價不太好。但客觀的講，宋太宗進一步規範了國家行政制度，在宋太祖的基礎上設計了更加合理的、各個政府權力主體之間相互制衡的組織結構，為未來國家的穩定創造了前提。尤其是他罷除節鎮領支郡的制度，徹底根除了唐代節度使專權於地方的禍根。他設計的文官掌兵制度，雖然為後代一些狂熱分子所詬病，但卻成為現代文明國家的一致選擇。而他創造的集團軍制度、參謀本部制度、陣圖制度和軍事學院體系都成為現代軍事建設的淵源。雖然他只能算一個蹩腳的指揮官，但無疑是一位非常偉大的軍事理論家。太宗崩後，第三子壽王趙恆繼位，即為宋真宗。

第三章　龍鳳爭霸，澶淵之盟

咸平元年（遼統和十六年，西元 998 年），戰神於越耶律休哥薨，其子耶律高八後來官至節度使，另一個兒子高十官至於越。父子兩代於越，光耀門楣，不讓蕭、韓兩家。

咸平二年，曹彬卒，追封濟陽郡王，諡武惠，贈其妻高氏韓國夫人，與趙普一起配享太祖廟庭。曹彬也算是結束五代亂世的英雄之一，尤其擅長約束士卒文明作戰，是宋太祖鑄造文明之師的最佳幫手。但是他做為主帥在雍熙北伐中不能約束部將導致全軍潰敗，也給他的軍事生涯留下巨大瑕疵。

同年，蕭太后和遼聖宗又集結兵力大舉南伐，以梁王耶律隆慶為先鋒都統。魏國王、北院樞密使耶律斜軫薨於軍中，蕭太后親臨致哀。耶律斜軫一生雖然沒有以主將身分取得過像耶律休哥那樣的戰績，但常常救友軍於危難之際，進退盡顯兵法之妙，堪稱遼軍排名僅在耶律休哥之後的第二名將。

此時，李繼勳、劉廷翰、宋偓、田重進、崔彥進這些老將均已老去，如果說張永德、韓令坤、慕容延釗這些五代遺老是宋帝國的第一代開國名將，那麼以潘美、曹彬、李繼隆、耶律休哥、耶律斜軫為代表的宋遼爭雄第二代名將也已經陸續退場，蕭撻凜則開始鋒芒畢露。蕭撻凜年輕時隨耶律斜軫作戰，擊退了宋軍雍熙北伐，生擒宋軍名將楊業，之後做為主將平定了室韋、敵烈、女真、阻卜、高麗等部族和國家的戰端，在遼軍中漸漸接替了耶律休哥的地位，成為新的精神支柱。宋真宗也必須找一位第三代年輕將領，接替退居二線的李繼隆，和蕭

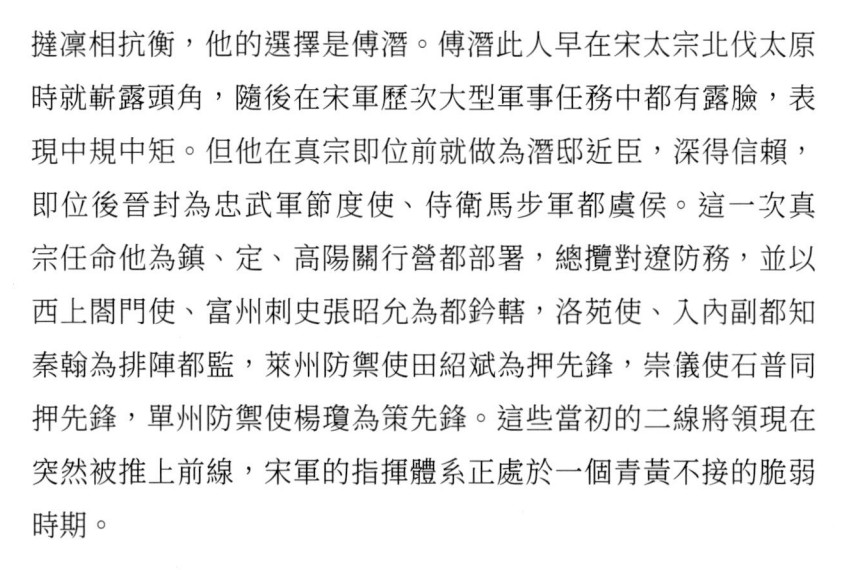

撻凜相抗衡，他的選擇是傅潛。傅潛此人早在宋太宗北伐太原時就嶄露頭角，隨後在宋軍歷次大型軍事任務中都有露臉，表現中規中矩。但他在真宗即位前就做為潛邸近臣，深得信賴，即位後晉封為忠武軍節度使、侍衛馬步軍都虞侯。這一次真宗任命他為鎮、定、高陽關行營都部署，總攬對遼防務，並以西上閣門使、富州刺史張昭允為都鈐轄，洛苑使、入內副都知秦翰為排陣都監，萊州防禦使田紹斌為押先鋒，崇儀使石普同押先鋒，單州防禦使楊瓊為策先鋒。這些當初的二線將領現在突然被推上前線，宋軍的指揮體系正處於一個青黃不接的脆弱時期。

傅潛到任後部署防務，選定了保州（今河北省保定市）做為突前堡壘，派田紹斌和石普做為先鋒入駐。石普被授予先鋒重任，有點興奮，想獨吞大功，於是與知州楊嗣密謀，偷襲遼軍。田紹斌夜晚巡營時發現兩人還沒回來，猜到是偷偷出兵而且很可能已戰敗被圍，於是帶兵前去營救。田紹斌趕到廉良河時果然發現石普和楊嗣被遼軍圍困，損失嚴重，連忙從外線側擊遼軍。石普、楊嗣見援軍趕到，士氣大振，奮起反擊，竟然勝了一仗，斬首兩千餘級，俘獲戰馬五百匹。

這是真宗即位後第一次與契丹帝國接戰，首戰告捷，這位年輕的皇帝非常高興，在崇德殿接受了群臣的朝賀。這場戰役雖小，但對他下一步對遼戰略的心理有很大影響。趁著勢頭，宋真宗決定御駕親征，駐蹕北京大名府督戰。

遼軍在保州進攻不順，又轉向保州的衛星城市遂城。當時鎮守遂城的是保州緣邊巡檢楊延朗，城中無備兵少，遼軍很快順利圍城，並開始蟻附登城。楊延朗把城內的壯丁都集結起來發給武器協防，但畢竟擋不住大批遼軍。危急之中楊延朗想到一條妙計，當時天氣很冷，他用水灌在城牆上，立即就結了冰，這下城牆就變得又硬又滑，遼軍攀也攀不上，射也射不穿，無奈只好退卻，退兵時還遭到楊延朗的邀擊，損失不少。遂城這座小城長期挺立在宋遼邊境，遼軍無可奈何，稱之為「鐵遂城」。楊延朗就是楊業的長子，後改名楊延昭，因為契丹人傳說北斗七星中的第六顆（開陽星，大熊星座ζ）是他們的剋星，而楊延昭就是現實中的剋星，故而稱之為「楊六郎」。楊家將故事中則真的把楊延昭當作楊老令公的第六子，解決了五位哥哥的出場名額。

另一路遼軍進攻定州，雖然李繼隆已經不在此處了，但是李繼宣還在。李繼宣本名就叫李繼隆，因與上司同名而改之，他的勇猛作風卻絲毫不讓繼隆，他需要面對的也不是耶律休哥，遼軍很快被擊敗，還被一路追擊，非常狼狽。雖一邊逃一邊斷路燒橋，還是不能阻止李繼宣搭便橋猛追，所幸傅潛數次下令窮寇莫追才避免了更大的損失（此事據《宋史》，《長編》記載在至道三年）。

進攻冀州的遼軍攻城不克，損失千餘人後退去，知州張旻遣使報捷。遼軍主力方面先鋒蕭繼遠攻破狼山鎮石寨，但在威

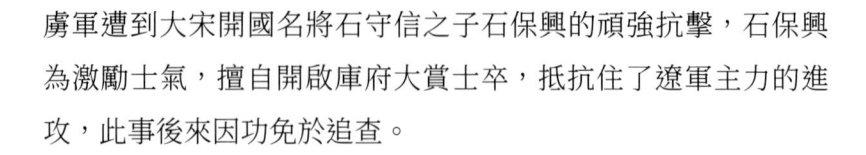

虜軍遭到大宋開國名將石守信之子石保興的頑強抗擊，石保興為激勵士氣，擅自開啟庫府大賞士卒，抵抗住了遼軍主力的進攻，此事後來因功免於追查。

■ 毅然亮劍的孤膽老將范廷召 ■

面對這些外線據點的頑強抵抗，遼軍很難受，但是蕭撻凜卻發現了一個問題：每次遼軍受阻於這些堅固堡壘時，宋軍主力都沒有趁機前來合擊，於是他斷定宋軍主帥的指揮肯定出了一些問題！遼軍大隊乾脆繞開這些據點，直接推進至瀛州！他的判斷沒有錯，宋軍主將傅潛的表現確實非常讓人失望，他拿不出克敵致勝的辦法，也不知道怎麼撤退，只會下令各營堅守不出，於是造成了各營孤立抗敵的情況。所幸的是這些小將們不辱使命，分別獨立扛住了遼軍的進攻，宋軍也為他們的優異表現士氣大振！但不幸的是就當所有人躍躍欲試時，唯獨主將傅潛不為所動，依然堅持據寨堅守的烏龜戰術。很多將領按捺不住，主動請戰，均被傅潛拒絕。遼軍大隊繞開邊寨進入宋境，開始劫掠州縣，樞密院也坐不住了，多次遣使要求傅潛拒敵於國門之外，不能讓敵軍襲擾百姓，傅潛依然置之不理。最後老將范廷召實在氣不過，指著傅潛的鼻子痛罵：「你生性怕死，還不如一個老太婆！」傅潛竟然笑著回答：「現在大敵當前，我不能和你吵架，挫傷我軍銳氣。」臉皮竟厚到了如此程度。范

廷召是太宗朝的老將,資歷不在傅潛之下,傅潛執拗不過,同意撥八千騎兵、兩千步兵給他,前去高陽關抗擊蕭太后的主力遼軍。

以區區萬人去對付蕭太后的十餘萬主力遼軍?您確定這不是在開玩笑?沒錯,這就是做了幾個月縮頭烏龜的傅潛下達的第一道出擊令。范廷召豈能不知其中利害,但既然是他主動請戰,勉強獲得主帥同意,自然沒有拒絕的道理,毅然領軍出征。傅潛也承諾會率主力隨後前來,但是,及至真宗派石保吉、上官正率御前殿直前來助陣時,傅潛依然沒有出兵(這個人的頭腦有點難以理解了)!

范廷召進入瀛州地界,深知以自己的兵力絕無可能獲勝,事前與高陽關都部署、侍衛馬軍都虞侯、彰國軍節度使康保裔連繫,約定夾擊遼軍。康保裔贊同他的方案,並且立即率軍出關前來合戰。但是遼軍並沒有給宋軍會合的機會,范廷召剛進入瀛州地界,就遭遇遼軍主力大隊。遼軍先鋒都統耶律隆慶率大軍出戰,范廷召列開大陣禦敵。遼軍其實對宋軍大陣有一定的心理陰影,耶律隆慶環顧左右:「誰敢先去破陣?」御前侍衛蕭柳請纓:「給我一匹駿馬,可為前鋒!」於是耶律隆慶賜馬,蕭柳來到陣前,告之諸將待宋軍大陣稍有動搖就要急攻,務必衝入宋陣,機會稍縱即逝。簡單的衝陣很難取得效果,但蕭柳勇猛異常,雖然中箭,略為包紮一下,繼續率軍衝陣,遼軍士氣大振,個個奮勇。范廷召這位老將雖然經驗豐富,但畢竟不

第二篇　超級大國的戰爭與和平

是潘美、李繼隆級別的名將,在蕭柳的衝擊下,陣型略有後退。耶律隆慶看準機會,全軍衝鋒,衝開了范廷召的大陣。大陣被衝開後范廷召知道已敗,為避免全軍覆沒,改換撤退陣型退去。順便說一下,這位蕭柳不僅僅是員猛將,還是契丹的一位文化人,一生有千餘首詩詞被蕭觀音奴收錄在《歲寒集》中。

不過重點不在於范廷召,而在於被矇在鼓裡的康保裔。康保裔與范廷召約好合擊後率數萬軍前來援助,在瀛州西南的裴村與遼軍陷入激戰。或許他正在為不能按時抵達與范廷召約定的戰場會合而著急,卻不知道范廷召已於昨夜撤走了。第二天清晨,康保裔本以為出現在他視野中的應該是范廷召的旗號,卻不料是耶律隆慶的遼軍主力,他陷入了重重圍困之中。副將請他換上士卒甲冑突圍,康保裔慨然道:「今天遇難不可避免,這就是我效死之日!」大呼決戰,士卒無不效命,與遼軍激戰數十個回合,箭支射完就拿起弩具敲擊。高陽關鈐轄張凝,高陽關副部署李重貴率軍從城內來援,也陷入重圍,最後力戰突圍而去。之後再也沒有援軍趕來,康保裔和副將宋順戰歿,全軍覆沒。

遼軍獲此大勝,非常興奮,加速南侵,卻完全未料范廷召並未走遠,而是在路上設伏,遼軍前鋒正好進入了他的包圍圈,被全殲,斬首兩萬級。蕭太后認為此前戰果已足,突遭此大敗於是全軍退回,被范廷召邀擊,又被斬首萬餘級。當然,這兩個斬首級數比較可疑,見於《宋史‧范廷召傳》和《長編》,很可能

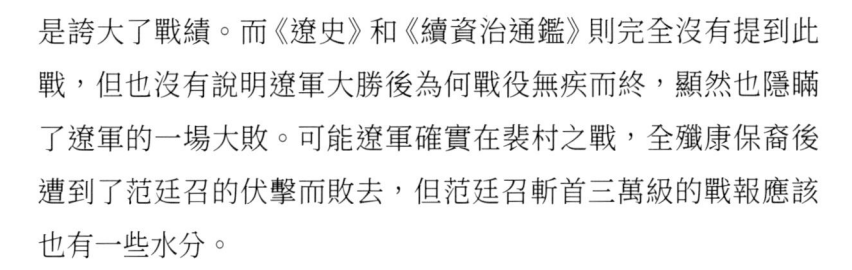

是誇大了戰績。而《遼史》和《續資治通鑑》則完全沒有提到此戰,但也沒有說明遼軍大勝後為何戰役無疾而終,顯然也隱瞞了遼軍的一場大敗。可能遼軍確實在裴村之戰,全殲康保裔後遭到了范廷召的伏擊而敗去,但范廷召斬首三萬級的戰報應該也有一些水分。

蕭太后在咸平二年底的大舉南侵以些微優勢獲勝,但沒有取得任何實質性戰果。戰後,宋廷實施賞罰,傅潛這個腦子有毛病的人終於受到懲罰,宋廷一片譁然,紛紛上書堅決要求將其處斬。但最終真宗沒有處以極刑,而是流放充軍,他的副手張昭允和兩個兒子奪官流放。范廷召先敗後勝,總體而言還算是立了功,晉封為檢校太傅。為國捐軀的康保裔贈封侍中,兒孫俱優待。但他的下落比較令人疑惑,宋方史料均表明他已戰死殉國,列入《宋史・忠義列傳》。但《遼史》卻記載生擒「康昭裔」(應該就是康保裔)和宋順,第二年還封為昭順軍節度使。《續資治通鑑》則前後矛盾,先說生擒康保裔,後說封康昭裔為節度使,莫非是春秋筆法?

范廷召的戰報可能確實有一定水分,但是他面對強敵和主帥縮頭不出的情況,毅然率區區萬人前往抗敵,雖遭一場大敗,又將友軍陷入絕境,但將功補過,擊退強敵,仍然是值得讚賞的。尤其是他那種勇於亮劍的精神,正是一名軍人應該具有的英雄氣概!

■ 漢騎滿萬不可敵 ■

抵擋住了蕭太后的這一次大舉入侵後，契丹又反覆入寇，均被邊將楊延昭、王漢忠等擊退，但這些小戰鬥都只是大戰前的序曲而已，真正的大戰即將到來。

咸平四年（遼統和十九年，西元 1001 年），遼帝國將東京統軍使耶律奴瓜調任南府宰相，籌備南侵事宜。宋廷也早早得到諜報，由於上一次錯用傅潛，引起朝野譁然，甚至連老將李繼隆都主動請纓出山再戰。但真宗沒有同意，而是以樞密使王顯為山南東道節度使、同平章事，出任鎮、定、高陽關都部署，帶領年輕將領們作戰。

遼軍的首要攻擊目標仍然是深懸遼境的威虜軍，而王顯的總參謀部簡單的以此來制定戰略方案，集結了十萬重兵到威虜軍，準備與遼軍主力會戰。然而宋軍情報似乎不太準確，遼軍並沒有出現，十萬大軍空耗了一個多月的糧餉後，主力撤回關內，只留下騎兵部隊機動。其實這個錯誤的情報未必不是好事，因為十萬機動能力很差的宋軍遠離國境，糧道極易被切斷，如果遇上耶律休哥這樣的高手，只怕要重演雍熙北伐的大敗。

十月中旬，遼軍真的來了，先鋒仍然是耶律隆慶。不排除遼軍利用了反間計，先騙取宋軍主力集結，空等不到後主力退卻再趁機出兵。但這一次遼軍很不走運，遇到了連續大雨天氣，道路非常泥濘，更可怕的是遼軍的弓弦多採用皮弦，經雨水浸

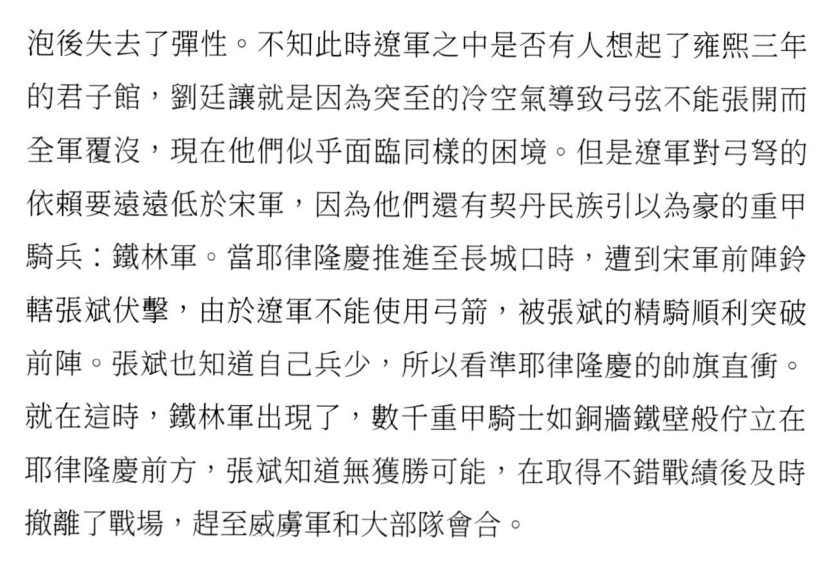

泡後失去了彈性。不知此時遼軍之中是否有人想起了雍熙三年的君子館，劉廷讓就是因為突至的冷空氣導致弓弦不能張開而全軍覆沒，現在他們似乎面臨同樣的困境。但是遼軍對弓弩的依賴要遠遠低於宋軍，因為他們還有契丹民族引以為豪的重甲騎兵：鐵林軍。當耶律隆慶推進至長城口時，遭到宋軍前陣鈴轄張斌伏擊，由於遼軍不能使用弓箭，被張斌的精騎順利突破前陣。張斌也知道自己兵少，所以看準耶律隆慶的帥旗直衝。就在這時，鐵林軍出現了，數千重甲騎士如銅牆鐵壁般佇立在耶律隆慶前方，張斌知道無獲勝可能，在取得不錯戰績後及時撤離了戰場，趕至威虜軍和大部隊會合。

宋軍主力空等一個多月後剛剛撤回關內敵軍就來了，又錯過了大好戰機。真宗接到張斌的捷報雖然高興卻也不由得嘆惜。這時再集結步兵主力出關已經來不及，只能急詔沿邊各路增援，緊急繪製陣圖傳示王顯。這時留在關外的宋軍全部都是騎兵部隊，約有二萬騎左右，宋遼兩國歷史上最大規模的一次騎兵大會戰即將展開！

遼軍尾隨張斌來到威虜軍，宋軍已經在城下列出罕見的騎兵大陣嚴陣以待。一般來說歷史上只有步兵大陣，很少出現騎兵大陣，因為馬畢竟是畜牲，很難訓練成科學的陣形，但一旦成形，騎兵方陣理論上比步兵方陣更厲害，而且已經面對就不能跑，一跑就會被追殺。現在遼軍只剩下一個辦法：以優勢重騎兵——鐵林軍突破宋軍陣型。鐵林軍在他們的主官鐵林相

公（史書未載姓名）的帶領下向宋軍中軍發起了衝鋒，宋軍主將鎮、定、高陽關三路都鈴轄魏能率騎兵主力上前迎敵，前陣鈴轄田敏、秦翰各率三千騎從側翼掩護，田敏做為靜塞軍指揮使取得徐河大捷後晉陞為都指揮使，現在他所率領的部隊很可能仍包含了那一千騎漢家騎兵的驕傲：靜塞軍。鐵林軍雖然強大，但是漢族騎兵也絕非軟柿子，鐵林軍前鋒遭到三路鉗擊後耶律隆慶又派出本方騎兵主力跟上，這時宋軍的預備隊李繼宣也投入了戰鬥。在宋軍幾員大將的密切配合下，遼軍陣型開始有所鬆動，而在魏能、田敏、秦翰的鉗形攻擊下，鐵林軍非常吃力。鐵林相公身先士卒，戰士們也無不奮勇衝擊，但是刀劍無眼，鐵林相公終於被魏能一箭擊斃。隨著漢族騎兵如絞肉機一般的鋼刀揮動，這支承載著草原游牧民族無數光榮與夢想的部隊——鐵林軍，終於淹沒在了萬千馬蹄之下。

鐵林軍的建制當然不會被遼軍所拋棄，但是，這一次的全軍覆沒，已經等同打斷了他的脊梁，那支曾經橫絕大漠三千里，馳騁草原數十年的偉大鐵軍就此覆滅。當下一次遼軍重建鐵林軍的時候，只不過是一支普通的重甲騎兵團了。

最精銳的鐵林軍覆沒了，遼軍士氣大挫，敗局已定。梁王耶律隆慶還算鎮定，帶領大隊邊打邊撤，向城西羊山方向撤去。但是，他的噩夢還沒有結束，宋軍前陣鈴轄楊延昭、楊嗣正在羊山設伏恭候他的大駕。遼軍撤到羊山時，二楊各率三千騎迎面殺出。面臨絕境的遼軍見宋軍只有六千騎兵，突然爆發

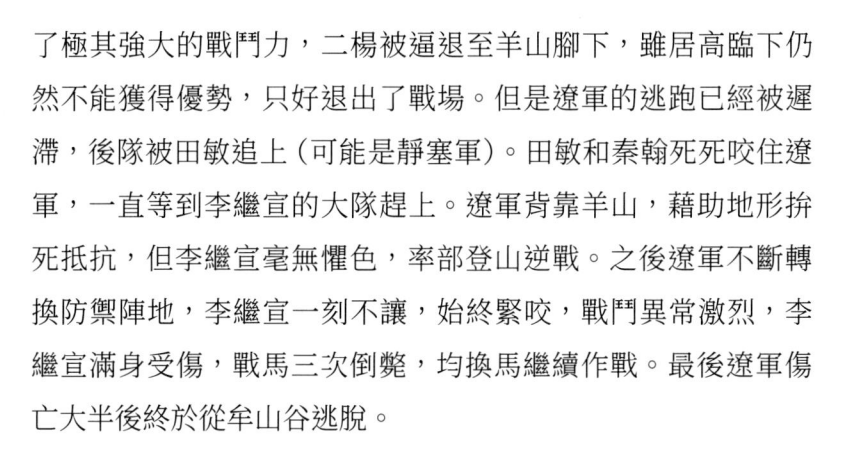

了極其強大的戰鬥力,二楊被逼退至羊山腳下,雖居高臨下仍然不能獲得優勢,只好退出了戰場。但是遼軍的逃跑已經被遲滯,後隊被田敏追上(可能是靜塞軍)。田敏和秦翰死死咬住遼軍,一直等到李繼宣的大隊趕上。遼軍背靠羊山,藉助地形拚死抵抗,但李繼宣毫無懼色,率部登山逆戰。之後遼軍不斷轉換防禦陣地,李繼宣一刻不讓,始終緊咬,戰鬥異常激烈,李繼宣滿身受傷,戰馬三次倒斃,均換馬繼續作戰。最後遼軍傷亡大半後終於從牟山谷逃脫。

戰後清點戰果,宋軍共斬首兩萬餘級(估計殺敵六至八萬),陣斬大將十五名,其中包括鐵林相公一名,有的史料上還說殺死了遼帝國的大王。戰後,群臣紛紛上書向真宗道賀,宋軍在邊境堆築京觀,誇耀武功。

威虜軍騎兵大會戰是宋朝歷史上最大規模的一次騎兵會戰,雙方參戰騎兵逾十萬騎,其中包括靜塞軍、鐵林軍、皮室軍、羽林軍這些著名騎兵。就像一千年前漢帝國的衛青、霍去病以龐大騎兵軍團教訓匈奴人一樣,宋帝國的兩萬精銳鐵騎,又一次教訓了這片草原上的游牧民族,讓他們徹底明白:雖然進化成了規範的漢式帝國結構和正規集團軍,但,誰才是這個星球上漢唐帝國的正統傳人!這才叫:漢騎不滿萬,滿萬不可敵!

正是:

鷲翎繡金鞍,漢騎湧蒼原。

十萬鐵林軍,獻首築京觀。

重挫契丹士氣，大戰前的最後準備

遭到威虜軍騎兵大會戰的沉重打擊，契丹人的士氣陷入了最谷底。這時，一直有志於取代耶律休哥精神地位的蕭撻凜站了出來。咸平年間，契丹帝國雖然對宋作戰不利，但蕭撻凜在其餘幾個戰區卻都大獲全勝，各部族叛亂均被鎮壓，高麗、回鶻等國均戰敗求和，蕭撻凜也調任南京統軍使，拋開一切雜務，全身心備戰宋遼之戰。

咸平五年（遼統和二十年，西元 1002 年），遼軍以小部隊襲擾戰術，在邊境數敗楊延昭、楊嗣，略略挽回一點士氣。咸平六年，趁宋帝國西北邊陲被李繼遷搞得焦頭爛額之際，蕭撻凜、耶律奴瓜集結十萬騎突擊高陽關。宋廷派王超任鎮、定、高陽關都部署兼定州都部署，王繼忠副之，桑贊任鎮州都部署，周瑩任高陽關都部署。蕭撻凜首先進圍冀州的望都縣，王超決定率六萬大軍救援望都，派一千五百人先行，自率大軍列陣跟進，又傳令鎮州、高陽關行營前來會戰。但這時出現了一個非常意外的情況：周瑩宣稱雖然隸屬於三路都部署王超，但必須得到樞密院詔令才能出戰（此人腦子問題也不小，疑似傅潛的師弟），結果這一路直到最後都沒有參戰。宋軍本來兵力就比遼軍少，因為這樣又缺了一條膀臂，但既然已經啟動就不可能停下，王超的主力兵團還是很快推進至望都。宋遼兩軍前鋒在望都城南數里處相撞，遼軍衝擊宋軍大陣不利，損失慘重，被

斬首兩千餘級。蕭撻凜率領主力及時趕到,收住隊型。

第二天蕭撻凜重新率領遼軍再戰宋軍大陣,仍然沒能取得很好的效果。但王超似乎也並非奇才,在對方束手無策的情況下也沒有拿出策略來反擊,形成了對峙。蕭撻凜研究宋軍陣型後發現王繼忠所在的東側稍有偏離主陣,立即率軍猛攻,王繼忠明顯吃力。這時蕭撻凜又祭出耶律休哥常用的戰法:斷糧。恰逢宋軍糧隊前來,蕭撻凜立即派騎兵抄劫。大陣東側的王繼忠見糧隊被劫,連忙率輕騎前往檢視。然而他身穿官服,非常顯眼,蕭撻凜敏銳的捕捉到這個戰機,派耶律奴瓜率大兵前往堵截,迅速將王繼忠包圍,充分發揮遼軍騎兵的機動能力,將王繼忠和宋軍大陣分割開來。王繼忠連忙指揮突圍,由於他與大陣之間的空檔已經完全被遼騎控制,他只能選擇往相反方向突圍,企圖撤回威虜軍。然而被蕭撻凜盯上了的獵物豈能輕易放走,遼軍一面與宋軍大陣相峙,一面派出大批部隊圍攻王繼忠,竟然圍困數十重。鎮州副都部署李福、拱聖軍指揮使李升率先逃離,王繼忠倒是奮勇作戰,無奈寡不敵眾,力竭被擒。王超見王繼忠兵敗,輜重糧草又被焚毀,開始指揮大陣後撤,蕭撻凜一路逼至威虜軍。魏能、李繼宣等紛紛出兵接應,蕭撻凜見好就收,退回遼境。

望都之戰,蕭撻凜南下主戰,立刻取得一場大勝,極大的振奮了遼軍低迷的士氣,確實大有英雄氣概,無愧為與耶律休哥、耶律斜軫比肩的一代名將。王繼忠剛被俘時宋方以為他戰

死了，追贈為大同軍節度使。而遼方對他的待遇非常高，賜名耶律顯忠，後改名宗信，封楚國王，時常接待宋使，還做為使者出使宋方，據說每見宋人必大哭，顯然是楊家將故事中，楊四郎——楊延輝的原型。經此戰，契丹士氣重振，為那場宋遼兩大帝國延續幾十年血腥戰爭的了斷——澶淵之役，做好了最後準備。

■ 澶淵之役，恩怨了斷 ■

自宋太宗太平興國四年（遼景宗乾亨元年，西元 979 年），太宗伐北漢與遼援軍第一次大戰開始，到宋真宗景德元年（遼聖宗統和二十二年，西元 1004 年），共 25 年間，宋遼雙方大小戰役無數，僅主要史書有明載的斬首級數就有十餘萬，戰死的將士至少有數十萬，而因戰亂而死的百姓尚無法統計。這是強大的契丹帝國，如若換作匈奴、突厥這樣的游牧部落，根本沒有這麼多人口來死。雙方對峙多年，各有勝負，卻始終分不出高下。宋帝國雖然沒有長城，但強大的步兵方陣總能拒敵於國門之外；遼帝國雖然科技、經濟、人口均處於劣勢，但靈活的騎兵也使宋軍步兵不敢把戰線伸長至遼國境內。雙方就這樣你來我往，每次戰死幾萬精壯男丁後戰略局勢沒有任何實質性變化，再這樣下去都不是辦法，現在必須來一個了斷。

景德元年，宋帝國收穫了一個大好消息，煩人的西夏王李

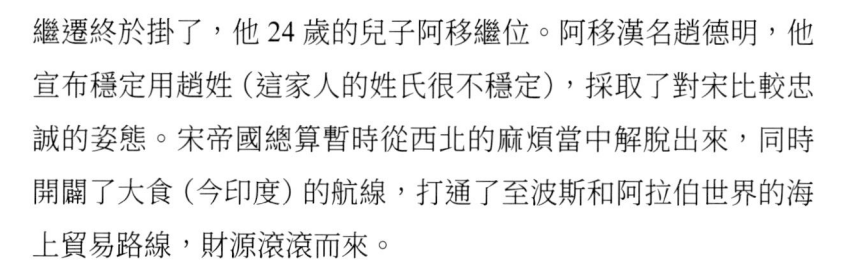

繼遷終於掛了,他 24 歲的兒子阿移繼位。阿移漢名趙德明,他宣布穩定用趙姓(這家人的姓氏很不穩定),採取了對宋比較忠誠的姿態。宋帝國總算暫時從西北的麻煩當中解脫出來,同時開闢了大食(今印度)的航線,打通了至波斯和阿拉伯世界的海上貿易路線,財源滾滾而來。

九月,遼廷下達南伐詔書,誓言要奪回關南瀛、莫二州,以皇弟楚王耶律隆祐留守,順國王、阻卜部都祥穩蕭撻凜為主帥,奚大王蕭觀音奴為先鋒,蕭太后、遼聖宗、韓德讓均率親軍出征,作戰部隊達二十萬騎,總兵力恐怕不下五十萬。面對這樣的大舉南侵,宋廷又陷入激烈的爭吵,宋真宗本來想親征,被朝臣們七嘴八舌一吵,又有點猶豫。但首相畢士安、知樞密院事王繼英都要求親征,另一位宰相寇準更是態度強烈的直言真宗必須親征,駐蹕澶州(今河南省濮陽市)督戰。

他還沒出發,蕭撻凜的前鋒就已經挑啟戰端,試攻威虜軍、順安軍,被守將魏能、石普擊退。遼聖宗御駕駐於北平寨不遠處,被田敏諜知,率靜塞軍夜襲御駕,幾乎得手,遼聖宗也盛讚其「鋒銳不可擋」。二十二日,蕭太后大軍開至定州,王超遵御詔按兵不出。蕭撻凜趁機出動,攻克遂城,生擒守將王先知,繼而進圍瀛州。蕭巴雅爾、蕭觀音奴攻克德清軍(今河北省清豐縣一帶),守將尚食使張旦等十四人戰死。

這一次,蕭撻凜終於邁過了那幾個熟悉的地名,踏過兩軍拉鋸的幾個戰場,深入到宋境,徑抵澶州黃河北渡口,隨後

蕭太后、遼聖宗大軍也跟進，宋帝國朝野震動。一時之間，蕭大王的威勢似乎更勝戰神耶律休哥。當然，他這樣做其實並不正確，深入宋境確實很威風，但以往耶律休哥、耶律斜軫從來不這樣做也是有道理的。莫說是強大的宋帝國，就是五代的後晉，也曾讓深入中原的遼太宗吃不了兜著走。蕭撻凜這樣做的目的很可能不是求勝，而是以兵威震懾年輕的宋真宗，抬高議和的價碼。果然，不久契丹帝國就讓耶律顯忠（王繼忠）派人帶了他的弓箭去找石普，約定議和。石普向真宗彙報後，真宗以殿直曹利用為閤門邸侯、假崇儀副使，赴遼營談判。但遼方的主要目的是要取回瀛、莫二州，而宋方寸土不讓，只願意給錢了事。雙方價碼差距太大，一直無法談攏，曹利用最後什麼也沒談成，悻悻然走人。

深入宋境的大批遼軍確實引起了宋帝國的震動，定都開封的弊端顯現出來了，遼軍在華北平原上可以自由劫掠是一方面，更可怕的是如果遼軍拚了命，數萬精騎直撲東京，劫走皇帝也未可知（百餘年後女真人會上演真實版）。一些膽小的朝臣紛紛請真宗移駕安全地區，江南人參知政事王欽若密請移駕金陵，四川人簽署樞密院事陳堯叟密請移駕成都，真宗更加猶豫。

關鍵時刻，寇準站出來了！寇準出身貧寒，全憑科舉入仕，無任何政治背景，生性忠秉耿直，不結黨營私，不投機鑽營，全憑才幹上進，是典型的宋朝宰相。寇準曾與太宗論事，爭吵到激烈處，太宗勃然大怒欲拂袖而去，卻被寇準拉住衣袖，強

第三章　龍鳳爭霸，澶淵之盟

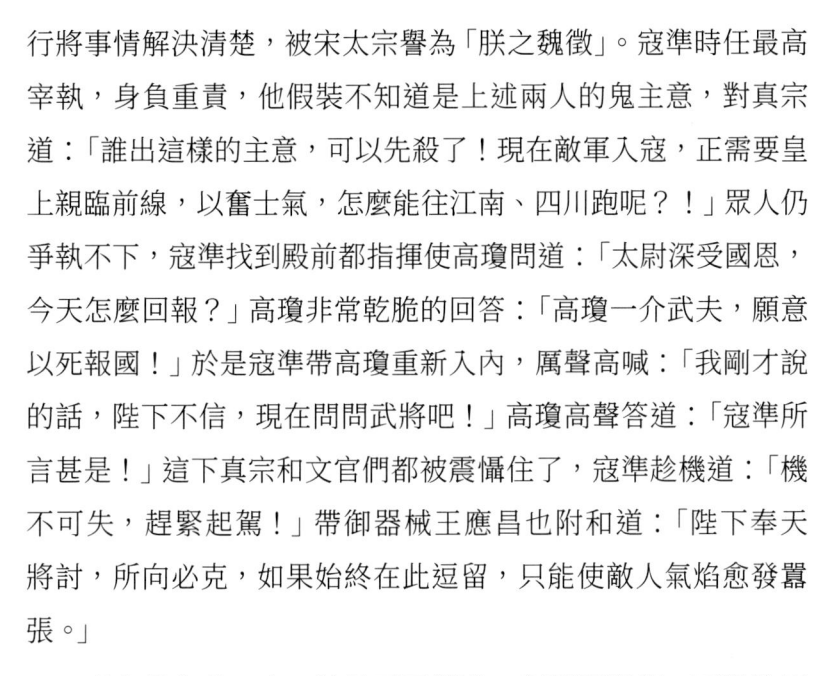

行將事情解決清楚，被宋太宗譽為「朕之魏徵」。寇準時任最高宰執，身負重責，他假裝不知道是上述兩人的鬼主意，對真宗道：「誰出這樣的主意，可以先殺了！現在敵軍入寇，正需要皇上親臨前線，以奮士氣，怎麼能往江南、四川跑呢？！」眾人仍爭執不下，寇準找到殿前都指揮使高瓊問道：「太尉深受國恩，今天怎麼回報？」高瓊非常乾脆的回答：「高瓊一介武夫，願意以死報國！」於是寇準帶高瓊重新入內，厲聲高喊：「我剛才說的話，陛下不信，現在問問武將吧！」高瓊高聲答道：「寇準所言甚是！」這下真宗和文官們都被震懾住了，寇準趁機道：「機不可失，趕緊起駕！」帶御器械王應昌也附和道：「陛下奉天將討，所向必克，如果始終在此逗留，只能使敵人氣焰愈發囂張。」

真宗見文武一心，於是不再猶豫，起駕至澶州。不過這回他的心理負擔確實很大，不得不啟用54歲的老將李繼隆為同中書門下平章事、山南東道節度使（明年李繼隆就要老死了，已經是風燭殘年），和開國元勛石守信之子，武寧軍節度使石保吉同為駕前東、西面排陣使，先率大軍抵達澶州與遼軍對陣。御駕到達澶州南城後，又有一個新的問題擺在真宗面前：澶州城被黃河分為南北兩城，現在御駕過不過黃河？真宗畢竟不是太祖、太宗那種從戰場上走出的帝王，而是長在深宮的皇子，渡過黃河直接與剽悍的契丹騎兵面對，對他來說是一件很難想像的事情。

就在真宗逗留南城猶豫之際，前線李繼隆和石保吉卻取得了令人意想不到的戰績！李繼隆到達前線，重新布置了宋軍防禦陣地，這一次他面對的不再是耶律休哥，很輕易的控制了全部要害之地。蕭撻凜接報大驚，親自出營檢視，他並不知道，宋軍最可怕的新式武器已經在恭候他的大駕。床子弩，也就是九頭牛才能上弦的九牛弩，射程兩千餘米的超級冷兵器霸王，正瞄準他的來路。當蕭撻凜進入有效射程後，威虎軍頭張瓌準確的射中了他的額頭！這位在東南西北四個方向打敗了十幾個部族和國家，未逢敵手的名將、繼耶律休哥之後遼軍的又一根精神支柱，**轟**然倒在了黃河北岸的澶州北城之下。戰後，李繼隆非常謙虛的歸功於石保吉，而後石守信、石保吉、石保興三父子樹起了「石家軍」的無上光榮！

接到捷報後的寇準、高瓊大喜，堅請真宗過河。寇準說：「現在戰局有利，如果陛下還不敢過河，士卒就會疑懼，不能一鼓作氣取勝。現在四方的援軍都在彙集，你怕個什麼怕？！」高瓊說話更粗魯：「陛下如果不過河親臨北城，百姓比死了爹媽還難受！」簽署樞密院事馮拯在一旁聽了喝斥高瓊，高瓊怒道：「你馮老先生以一手好文章官至兩府宰相，現在大敵當前，你還來責怪我老高不懂禮貌，怎麼不賦詩一首詠退敵軍呢？」說完趁著怒氣把衛士叫進來，趕起真宗的車輦就往北城走。過浮橋時，御輦又逗留不前，高瓊抓起棒槌敲打輦夫道：「事已至此！還猶豫什麼？！」真宗無奈，只好下令前進。

第三章　龍鳳爭霸，澶淵之盟

「萬──歲！」

當真宗的御駕出現在黃河北岸城樓之上，展開黃龍旗時，宋軍士氣百倍，萬歲之聲不絕於耳，聲傳數十里，宋真宗終於感受到一位親臨前線的最高統帥是多麼偉大。呼喊聲也傳入了每一位遼軍將士的耳中，他們本來深入宋境，又折了精神支柱蕭撻凜，已經背負了沉重的心理負擔，此時聽到宋軍爆發出如此激昂的呼喊，更是心懷悸怖，甚至陣型不整。

在宋軍高亢的呼喊聲中，蕭太后將遼聖宗摟在懷中（33歲了，但是比較戀母），柔聲道：「皇兒，我們恐怕贏不了了。」韓德讓擔起了一個家庭中父親（12歲喪父，所以把老媽的情人當作精神父親）應盡的職責，展開寬厚的臂膀把母子倆摟在懷中沉聲道：「是的，但是我們都盡力了！」一家三口抱頭慟哭，之後遼聖宗作出了皇帝的樣子，親吻了「父親」與母后之後，堅毅的答道：「議和吧！」

■ 澶淵之盟，百年好合 ■

曹利用又來了，剛開始還是談不攏，遼方派左飛龍使韓杞和曹利用一起回宋廷繼續談判。韓杞非常恭敬的跪獻國書，但再次申明談判的前提是歸還契丹帝國的關南國土。宋廷議後一致認定關南已經久屬大宋，絕不歸還，最多給點錢了事，並以此答覆。遼方實在無奈，終於答應。

景德元年（遼統和二十二年，西元 1004 年）十二月（按西曆計算已是 1005 年一月），兩國正式簽訂和約，內容大致為以下幾點：

一、宋帝國繼續占有關南瀛、莫二州的國土，不歸還給契丹；

二、宋遼約為兄弟之國，宋為兄，遼為弟，兄弟永不交兵，不再在邊境上修築堡壘、運河；

三、簽訂國際刑警協議，不再收容對方罪犯，接受叛降；

四、宋帝國每年賜給遼帝國絹二十萬匹、錢十萬貫，稱為「歲賜」；

五、開放互市，消除貿易壁壘。

由於這個和約在澶州簽訂，澶州古名澶淵，唐朝因避唐高祖（李淵）諱改名澶州，故史稱《澶淵之盟》。關於這個和約後世有許多大相逕庭的評價。

總體而言，後世對此和約的評價頗高，認為是一個雙贏的結局，貧窮的契丹帝國獲得了一份穩定的收入，而宋帝國則了卻了最大的邊患，為宋仁宗時代的文治巔峰創造了前提條件。利用接下來一百多年的相對和平環境，宋帝國創造了人類歷史上後人再難比肩的燦爛文明，並且成功的從中古世紀向現代社會轉型，極大的拉動了地球人類文明高速向前發展。但近年來有些人又將《澶淵之盟》做為宋朝「文弱」的一個證據。

第三章　龍鳳爭霸，澶淵之盟

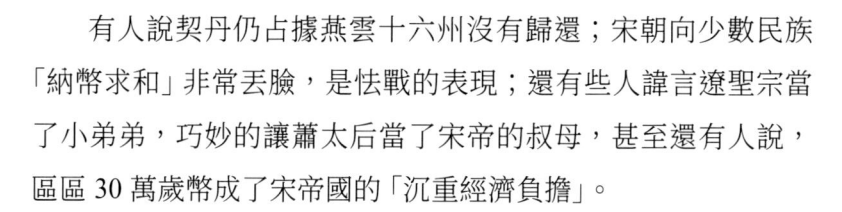

有人說契丹仍占據燕雲十六州沒有歸還；宋朝向少數民族「納幣求和」非常丟臉，是怯戰的表現；還有些人諱言遼聖宗當了小弟弟，巧妙的讓蕭太后當了宋帝的叔母，甚至還有人說，區區 30 萬歲幣成了宋帝國的「沉重經濟負擔」。

燕雲十六州是遼帝國在宋朝建立之前就已經占據的國土，實際上反而是宋帝國強占了遼帝國的關南三州還拒絕歸還。納幣給外族當然不值得吹噓，但仍然是一筆賺錢的買賣。宋軍組織一場大戰，成本很容易上千萬貫，而且要使生靈塗炭。如果真能免除大戰，30 萬貫確實是很小的數字，而對契丹帝國而言卻很多，可謂趨近於帕雷托法則的最優狀態。曹利用出使之前真宗給他的底線是 100 萬，寇準則只給了他 30 萬。達成協議後，真宗起初誤認為是 300 萬，仍勉強接受，聽清楚是 30 萬時非常高興。退一步講，宋朝只納幣，卻從不和親，這一點比強大的漢、唐、羅馬帝國做得都要好。

還有一些觀點認為宋軍勝而求和，本應乘勝追擊甚至打進草原而不應答應任何和議。這種觀點太過簡單粗暴，宋遼雙方但凡主動進攻者必敗，這一點宋太宗、曹彬、耶律休哥都一遍又一遍的驗證過了，和平才是唯一正確的選擇。

另外雙方開放互市也非常重要，一些論文說宋朝的公私企業每年透過宋遼貿易可以獲取數百萬貫的利潤，此數目從帳目上便超過了約定的三十萬歲幣。雖然政治上處於平等地位，但是經濟上卻是完全不對等的掠奪與被掠奪關係，事實上，使契

丹帝國成為宋帝國非常穩定的經濟殖民地。在不懂得關稅壁壘和國際貿易保護重要性的年代，只要向宋帝國開放市場貿易的國家和民族都將毫無例外的淪為其經濟殖民地。而直接歲幣收入實際上對契丹的生產力發展出現了窒息式的排擠效應，議和之後百餘年間的發展非常緩慢。

宋遼兩個超級大國真心誠意合盟，尤其是從數十年殘酷的戰爭之中解放出來，雙方都異常珍惜這來之不易的和平。宋真宗和遼聖宗之間的兄弟之約也並非純粹的外交辭令，而在很多方面都體現出真實的情感，這或許是對和平的感激，抑或是一種惺惺相惜。宋仁宗駕崩時，遼道宗當著群臣和宋使失聲慟哭，其感情之真摯絕非矯揉造作。當時世界上最大的兩個帝國（波斯、阿拉伯和羅馬顯然要略遜幾籌）如果能始終保持這樣的友好態度，各自發揮本身的優勢，是可以達到帕雷累托最優狀態的。蒙古草原從來都是最令中原王朝頭痛的地方，遼帝國的出現將他們很好的捏合在一起，宋朝則只需支付一點小錢就可以免去成本和風險都極大的邊患，專注於經濟文化建設。利用宋遼之間的百年和平，宋帝國用兵西夏，幾乎要徹底打通這個東西方貿易路線上的最大障礙。然而，就在這個關鍵時刻，一個史所未見的性格昏君出現了，他那充滿後現代美感的行為藝術，葬送了這本來美好的一切。

第四章
帝國末路，文明的悲劇

■ 什麼都能幹，除了皇帝 ■

《澶淵之盟》簽訂後，雖然遼國還是繼續利用西夏牽制宋帝國並從中漁利，曾一度再次提出關南十縣的領土要求，被拒後也將歲賜改稱歲幣，並從三十萬增加為五十萬，但總體而言是出於真正的和平願望，期間一百二十年不興兵刀。我們暫時跨過這和平的一百餘年，直接跨越至宋哲宗元符三年（西元1100年），深受先帝宋神宗精神鼓舞，一生有志於重振漢唐天威的宋哲宗英年早逝（似乎是吃錯藥吃死的），享年僅25歲，在位15年。雖然哲宗沒有親眼看到西夏帝國的徹底滅亡，但宋帝國的層層堡壘已經可以遠眺靈州城樓，遊騎可以隨時到城下問候党項人，這個長年占據著東西方商路的強大海關帝國即將把關稅權全部移交給宋帝國了。或許在哲宗駕崩時，非常相信繼任者能夠給這匹雖然強壯卻已被壓得不堪重負的駱駝加上最後一根稻草。

哲宗去世時尚無子嗣，其弟端王趙佶繼位，即為宋徽宗。

徽宗是一個非常聰明能幹的人，後人有一個評價：宋仁宗才能平庸，除了皇帝什麼都不能幹；宋徽宗才華橫溢，除了皇帝什麼都能幹。然而不幸的是，他恰恰就當了皇帝，對宋廷的權力體系和運作方式都產生了深遠的影響。

在中國的傳統社會中最高統治者、官吏、與人民是三個自然存在的、相互制衡的權力主體，而按照宋朝的組織結構設計，在最高統治集團內部，皇帝、宰執、臺諫三個權力主體又相互制衡。眾所周知，三角形是最穩定的一種幾何結構，這種三方權力制衡的方式最容易達到穩定。三方中的任何一方出現不正確、不理智的決策都很容易被另外兩方聯合否決，以此來保障朝廷決策的合理性。但如果其中兩方聯合起來形成穩定的政治同盟，壓制第三方，就容易形成事實上的獨裁專制，聯合方的錯誤決策就很可能通過。當然出現這種情況的機率很小，宋徽宗這個思考模式很有問題的人，恰恰就給遇上了！

從歷史後果來看，宋徽宗本身並不適合當皇帝，他的決策很難說正確，但如果宰執和臺諫都能負起責任來，監督他的行為，糾正他的錯誤，朝政還是可以正常運轉下去的。然而不幸的是，經過神宗、哲宗兩朝的「新舊黨爭」，宋朝的官員隊伍元氣大傷，那些拋棄了儒家傳統道德觀念，專以投機鑽營以求上位的「新黨」人士充斥朝廷，其中一個非常能投徽宗之所好的大奸臣蔡京崛起了。蔡京是王安石女婿蔡卞的哥哥，屬於新黨骨幹，又精通書法藝術，這樣的人當然深得徽宗賞識，徽宗在尚

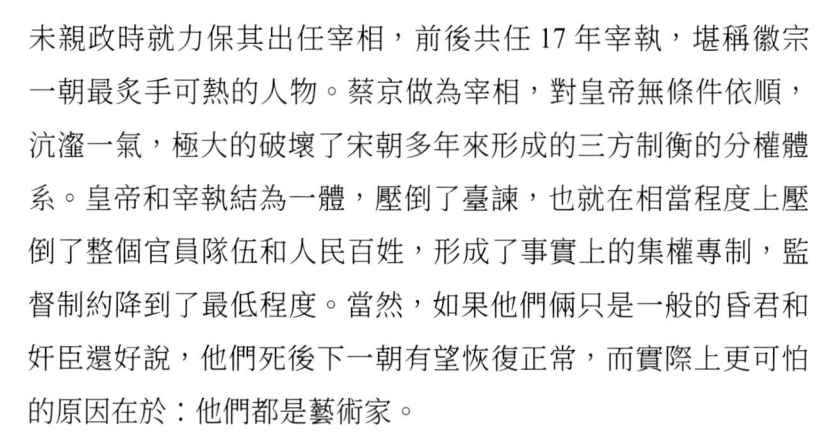

未親政時就力保其出任宰相,前後共任 17 年宰執,堪稱徽宗一朝最炙手可熱的人物。蔡京做為宰相,對皇帝無條件依順,沆瀣一氣,極大的破壞了宋朝多年來形成的三方制衡的分權體系。皇帝和宰執結為一體,壓倒了臺諫,也就在相當程度上壓倒了整個官員隊伍和人民百姓,形成了事實上的集權專制,監督制約降到了最低程度。當然,如果他們倆只是一般的昏君和奸臣還好說,他們死後下一朝有望恢復正常,而實際上更可怕的原因在於:他們都是藝術家。

藝術家中不乏神經質,「宋書四大家」中蔡襄、蘇軾和黃庭堅時代較早,而和徽宗同時代的米芾,與徽宗的私交更勝蔡京。但是這位藝術家的品行過於不羈,自號「米癲」,經常公開表演諸如把硯臺當成自己的腦袋、在大街上抓住人家的石頭就要結拜為兄弟之類的行為藝術,確實不可能入朝為官。事實上宋徽宗本人也是身不由己地被推上了皇位,不然很可能在四十歲左右,藝術氣質臻於化境,也會和米芾一起上街當瘋子。宋徽宗的藝術家氣質同樣也貫穿到了他的治國理念之中,試想,如果有一位韓琦這樣的賢相,一定也能監督他不要亂來。可惜滿朝都是蔡京、曾布、呂惠卿這些傢伙,那還會有什麼好下場呢?

■ 海上盟約：邀盜分鄰的極端可恥行為 ■

儘管遼帝國一直扶植西夏以牽制宋帝國，但西夏的國力畢竟無法與宋帝國這個龐然大物相抗衡，到徽宗朝已經進入瀕死階段，徽宗只需再稍稍加一把力就可以掐死這個海關帝國。然而就在此時，一個新的機會擺在了他的面前。

政和元年（遼天祚帝天慶元年，西元 1111 年），宋廷遣端明殿學士鄭允中出使遼國賀正旦，檢校太尉童貫副之。這原本是一次例行公事的互使，但在路上他們遇到一個人，改變了歷史的發展。此人原來名叫馬植，本是遼國大族，拜官至光祿卿，但在遼國朝政中人緣很不好，所以來投奔宋朝，他夜見童貫，聲稱有滅遼之策。童貫大驚，不由得想起宋神宗臨崩前許下的「能復燕山者，雖異姓亦可封王」的賞格，不由得怦然心動，於是企圖違背《澶淵之盟》，先將其改名為李良嗣，還偷偷將其帶回覲見徽宗。

李良嗣向徽宗提出：「遼國天祚皇帝荒淫無道，而女真恨遼人入骨，如果宋朝透過海路連繫女真，一起夾攻遼國必然成功。」宋徽宗有點動心，但當時參與此謀的其餘人等都很反對，主要理由是宋遼兩國交好百餘年，宋帝國還占了人家不少便宜，沒必要為一個小小的女真部落而挑開戰端。更重要的是，西夏馬上就可以拿下了，就算要對契丹動手，也應該先把西夏這邊解決乾淨再說。但李良嗣又說：「幽燕本就是大宋的國土，

第四章　帝國末路，文明的悲劇

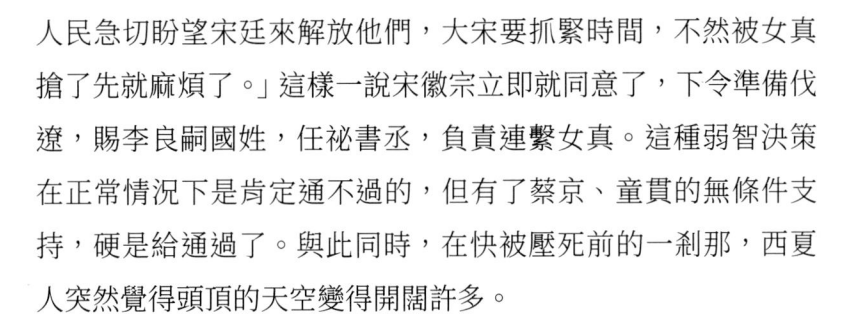

人民急切盼望宋廷來解放他們，大宋要抓緊時間，不然被女真搶了先就麻煩了。」這樣一說宋徽宗立即就同意了，下令準備伐遼，賜李良嗣國姓，任祕書丞，負責連繫女真。這種弱智決策在正常情況下是肯定通不過的，但有了蔡京、童貫的無條件支持，硬是給通過了。與此同時，在快被壓死前的一剎那，西夏人突然覺得頭頂的天空變得開闊許多。

於是趙良嗣開始了他的間諜生涯，多次繞開契丹的陸地，透過海路與女真部的使者談判，基本確實了南北夾攻的戰略，並向女真提供了大量的物資和培訓。女真這個部落，據說是肅慎或者靺鞨的一支，主要生活在契丹帝國上京臨潢府更北的黃龍府（今吉林省長春市農安縣）附近，主要以漁獵為生。注意是漁獵，而不是游牧，也就是只會獵取野生動物維生，連放牧的技術都還沒有掌握，非常落後。這個部落算是契丹轄下49個小部族中比較有戰鬥力的一個，但遠遠不能跟漢、渤海和四大王府相提並論，也不可能對強大的契丹帝國產生真正的威脅。當然，在天祚年間，建國兩百餘年的遼帝國發展形勢確實不看好，但所屬的各民族仍然很穩定的團結在帝國中央周圍，並未表現出明顯異常。趙良嗣可能是看到了一些問題，急於立功，於是編造了一個女真部落很強大的說法，誘使宋徽宗出兵，助他完成蓋世奇功。

在得到宋帝國的扶植後，女真也囂張起來，生女真部節度使烏雅束的弟弟阿骨打在朝見遼帝時拒絕服從命令，後來又帶

兵劫掠咸州（今遼寧省鐵嶺市附近），從此開始了反遼生涯。遼帝國剛開始沒有把他當成很大的事情，以為仍然是像以前一樣的部族滋事，但是他們卻不知道，這一次有宋帝國在背後陰謀支持。政和三年（遼天慶三年，西元1113年）烏雅束卒後，沒有向遼帝國告喪，其弟阿骨打直接繼為女真部族都勃極烈，即為部族領主，不再接受遼帝國下派的節度使和祥穩，脫離遼帝國直轄。

■ 滅掉一個文明帝國，你想面對的是什麼？ ■

阿骨打最初的軍事行動非常成功，由於遼帝國不重視，他得以輕鬆的攻掠北方一些邊城，兵臨寧江州（今吉林省扶餘市東石城子）時，才引起遼國高層的重視，派東北路都統蕭嗣先率大軍圍剿。但蕭嗣先輕敵大敗，其兄蕭奉先正任樞密使，力保無罪，遼軍賞罰分明的優良傳統被徹底敗壞，從此軍紀無存。

政和五年（遼天慶五年，金收國元年，西元1115年）阿骨打稱帝，國號金，改元收國，色尚白，阿骨打取漢名完顏旻，即為金太祖，以完顏阿離合懣為國論乙室勃極烈，相當於丞相。〔北京大學的劉浦江教授經過考證，認為金建國的這一段歷史均為後世杜撰，其以漢制建國的實際時間大概在宣和四年（遼保大二年，金天輔六年，西元1122年）〕。

金太祖即位後隨即攻克了黃龍府，這一下終於引起了天祚

第四章 帝國末路，文明的悲劇

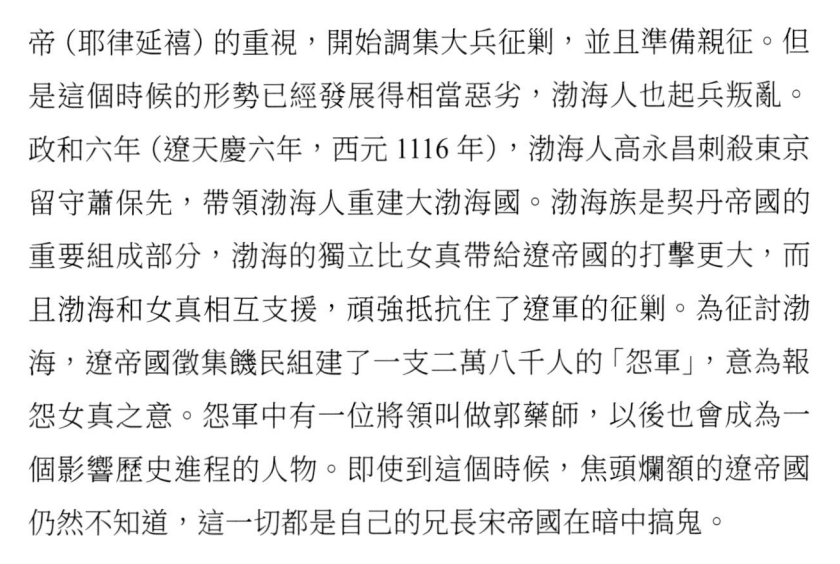

帝（耶律延禧）的重視，開始調集大兵征剿，並且準備親征。但是這個時候的形勢已經發展得相當惡劣，渤海人也起兵叛亂。政和六年（遼天慶六年，西元 1116 年），渤海人高永昌刺殺東京留守蕭保先，帶領渤海人重建大渤海國。渤海族是契丹帝國的重要組成部分，渤海的獨立比女真帶給遼帝國的打擊更大，而且渤海和女真相互支援，頑強抵抗住了遼軍的征剿。為征討渤海，遼帝國徵集饑民組建了一支二萬八千人的「怨軍」，意為報怨女真之意。怨軍中有一位將領叫做郭藥師，以後也會成為一個影響歷史進程的人物。即使到這個時候，焦頭爛額的遼帝國仍然不知道，這一切都是自己的兄長宋帝國在暗中搞鬼。

天祚帝確實算不上是一個好皇帝，當女真進軍越來越順利時，上京、中京都已淪陷，他卻沒有想過要振作起來保家衛國，而是想到有大宋這個哥哥、西夏這個姪女婿，實在不行跑過去也不失富貴，當皇帝當到這個份上實在是無恥之極，可怕的是群臣中大多數也持相同的想法。由於遼國的防禦準備主要是針對南方的宋帝國，在山後和三關修築了大量工事，但面對北方缺乏戰略屏障，極易被騎兵突襲。為了自身安全，天祚帝竟然放棄京城，任彰聖軍節度使耶律淳為秦晉國王、南京留守，自己跑到夾山去躲藏起來。樞密使蕭奉先還說：「女真雖然可以陷我中京，但終究不能遠離巢穴三千里直搗雲中（今蒙古）吧？」言下之意是中京不要了。遼軍士氣更加消沉，女真軍進展更加順利，輕鬆攻克上京、東京、中京後，又吞併渤海國，控

制了遼帝國東、北方的大片領土。

由於天祚帝深入草原,和朝廷音訊不通,留守南京的南府宰相張琳、參知政事李處溫連繫都統蕭乾,謀立耶律淳為帝。耶律淳本人覺得攝政即可,極不同意即位,因為這實際上是篡位。但天祚帝人心盡失,南京臣民紛紛懇請耶律淳即位,並以安史之亂時唐肅宗在靈武即位,取代唐玄宗的歷史故事勸進。宣和四年(遼保大二年,金天輔六年,西元1122年),又是一場類似陳橋兵變的故事,耶律淳即皇帝位,改元建福,即為遼宣宗,遙降天祚帝為湘陰王。這個國家史稱北遼,實際控制的地盤主要是燕雲地區,而沙漠以西、以北的西南、西北兩招討府屬下的部族仍由天祚帝所控制。遼軍主力都被天祚帝帶走了,北遼只剩下怨軍,遼宣宗將其改名為常勝軍,擴大編制,以郭藥師為都統,成為北遼的主要國防力量。

雖然伐遼的大計是宋帝國首先定下,但西夏仍在負隅頑抗,所以宋軍遲遲抽不出手。最後,童貫及其副將劉延慶、種師道痛擊夏軍,使其暫時伸不出頭來,宋廷將陝西軍和河北軍換防,準備用常年在宋夏戰場上戰鬥的陝西軍來攻打遼國,西夏大鬆了一口氣。緊要關頭方臘又在江南叛亂,無奈,童貫只好帶著陝西軍去平叛,又耽誤不少時間。宣和四年,童貫終於將十五萬陝西軍和數萬藏、羌軍集結於雄州,可以出兵伐遼了。而伐遼的戰略一經公布,立即引起一片譁然,這明顯是違背祖宗家法的不義之舉,文武百官多有反對,童貫、蔡京面對群臣

的責難基本上是無言以對。大臣們多是從道義的角度出發,而一位平民安堯臣上書徽宗,從國家戰略的角度指出,宋遼兄弟之邦是唇亡齒寒的關係,滅遼後會有更多更大的麻煩,徽宗終於有所覺悟,授予安堯臣官職,並暫停伐遼之議。

但異姓封王對童貫的誘惑實在太大,他反覆挑唆徽宗伐遼。及至遼國形勢繼續惡化,金軍攻克西京,主戰派又丟出不能讓女真搶先的論點,徽宗坐不住了,甚至一些反戰派都有些鬆動。雖然仍有人力陳不可,但這一次在皇帝、首相、主力軍總司令的一致強烈要求下,宋廷終於通過了出兵滅遼的決議!以太師童貫為河北、河東宣撫使,率軍伐遼。童貫以保靜軍節度使、都統制種師道和忠州防禦使辛興宗分別率東西路軍進攻燕京。種師道是神宗朝名將種諤之姪,陝西軍頭牌名將,他言辭激烈的指出:「我們現在的行為就好像是強盜進了鄰居家裡,我們不但不救助,反而一起去瓜分!」童貫不聽,種師道無奈,只好執行軍令。宋軍渡過白溝河後遇到蕭乾率軍前來抵抗,遼軍國破家殘,人人只求殉國,忘死血戰,宋軍則消極怠戰,鬥志全無。前軍統制楊可世迅速敗退,種師道也不支援,命全軍每人持一面大盾牌,擋著箭退回雄州。西路軍辛興宗聽聞種師道退兵,也退回雄州。

遼人見宋帝國在這時撕毀百年盟約,非常傷心,遣使向童貫哭訴:「女真部叛亂,也是大宋所憎惡的。今天大宋圖一時之利,棄百年之好,結豺狼之邦,為他日的大禍埋下伏筆,到時

候怎麼辦呢？救災恤鄰是古今通義，才是大國應有的作為啊！」遼使這番話極有見地，敏銳的指出了宋帝國不懂得唇齒相依的短視行為。童貫無言以對，種師道也趁機請童貫許和。童貫見種師道消極怠戰已經非常憤怒，現在更是怒不可遏，上書樞密院彈劾種師道，樞密院將其責為右衛將軍的閒職致仕，以河陽三城節度使劉延慶接替。

這時60歲的遼宣宗在重病中得到了天祚帝的消息，他得到室韋部（蒙古即為其一支）的支持，又重振精神，傳檄各州郡，集結五萬精騎準備重返故土（那當初何必要跑呢？）。這時擁立宣宗的群臣一片慌亂，天祚帝回來他們怎麼交待，於是擁立天祚帝次子秦王耶律定為帝。遼宣宗崩殂後，秦王繼位，宣宗德妃蕭氏為皇太后監國。同時，娶了契丹義成公主（耶律南仙）的夏崇宗（李乾順）做為天祚帝的姪女婿，接到傳檄後立即派三萬軍跨越蒙古草原來救援，但遠來疲憊的夏軍被金軍名將完顏婁室擊敗後放棄了援遼。金國也捕捉到天祚帝的位置，金太祖親率萬餘精兵前往追擊，果然在大魚濼（查干湖附近）找到天祚帝。金軍前鋒完顏斡離不帶四千精騎急攻，遼軍又一次被趕到懸崖邊，副統軍蕭特末以君臣大義激勵士卒，諸軍殊死奮戰，大敗完顏斡離不，將其圍困數重。這時天祚帝認為勝券在握，與嬪妃登上高山觀戰，完顏斡離不遙見天祚帝車輦，孤注一擲，向其發起衝鋒。其實他不太可能衝出重圍威脅到天祚帝，但是膽小怕死的天祚帝見他來勢洶洶，竟然立即逃竄。遼軍士

第四章　帝國末路，文明的悲劇

氣突然崩潰，被完顏斡離不反敗為勝，追擊至鄂勒哲圖，生擒蕭特末及其姪撒古。

襲破天祚帝行帳後，金太宗派使者高慶裔到東京向宋廷報捷並商議下一步軍事行動。如果宋帝國繼續支持伐遼，遼國肯定要滅亡，更多的人站出來反對滅遼。朝散郎宋昭一針見血的指出：遼不可滅，金不可鄰，金國他日必然毀盟成為中國的禍患，並要求誅殺王黼、童貫、趙良嗣等主戰人士，而且又抬出祖宗家法來規勸主戰派，但最終沒有作用。宋廷又以太中大夫趙良嗣為使，與高慶裔一道回金國繼續商議滅遼之策。當月，遼涿州留守郭藥師率八千常勝軍來降，童貫大喜，授其恩州觀察使，將常勝軍編在劉延慶麾下，做為滅遼的主力先鋒。這個叛徒突然叛降顯得非常奇怪，此後他的舉動更加奇怪，將會極大的影響歷史發展。遼國蕭太后聽聞常勝軍降宋，非常懼怕，派蕭容、韓昉到宋營中奉表稱臣，甚至非常屈辱的將兄弟之國降為伯姪之國，並且再次宣告了唇亡齒寒的道理。童貫只想著自己憑軍功封王，將其叱罵出營，韓昉在中庭怒吼道：「遼、宋結好百年，誓書具在，汝能欺國，獨能欺天邪！」

但韓老先生的怒吼已經沒用了，宋廷提前設立幽州燕山府，以尚書左丞王安中為燕山府路宣撫使兼知燕山府，並催促劉延慶趕緊進軍。劉延慶雖不強烈反戰，但也並不支持滅遼，其麾下更是各懷其謀，一路議論紛紛，軍紀極差。遇到蕭乾軍前來抵抗時，諸軍皆不配合，進討不利，劉延慶也懶得想辦法，就

閉壘不出,與蕭乾對峙。這時郭藥師提出建議,趁蕭乾主力在前線對峙,他率常勝軍突擊燕京,他們對燕京的情況很熟悉,可以趁虛攻克。劉延慶採納了他的意見,給他六千騎兵偷襲,並遣兒子劉光世率部做為後援。郭藥師的計策果然收到奇效,輕鬆攻克幽州,蕭后請降。

嚴格的說,這是自石敬瑭出賣燕雲十六州後,175年來第一支進駐幽州的「王師」,如果不是後來的事情,郭藥師堪稱民族英雄。但此時郭藥師及其常勝軍卻暴露出素養低下的一面,他先是宣稱要把城內的契丹人和奚人殺光,然後又放縱士卒劫掠,自己日夜宴飲,一副土匪進村的流氓姿態,百姓無不痛恨。蕭后密報蕭乾速回師來救,蕭乾忙遣三千精銳回師燕京,常勝軍正在醉生夢死,劉光世還來不及救援就被遼軍擊敗,郭藥師狼狽逃回。

接下來史書上有這樣一段記載,說蕭乾用了一齣「蔣幹盜書」的計謀,故意放歸兩個宋軍小卒,就把劉延慶嚇跑了。還說劉延慶自己燒了自己的營帳,十萬大軍被蕭乾的數千軍追了百里,士卒自相踐踏而死,把神宗朝以來儲備的軍資損失殆盡,而且行將滅亡的遼國這個時候還開始「輕視」宋朝。這種橋段就算放在《三國演義》裡面,人們都會譏笑作者過於誇張,完全不符合情理。此戰的真實情況已經被史書所隱瞞,目的是為了說明宋軍根本不中用,金軍才是滅遼的主力。然而金軍如何攻占燕京的細節卻無法編造,又只能簡單的說遼軍望風披靡,金太

祖直接就占領了燕京,簡直把後人當傻子唬弄。

宣和五年,天祚帝得到夏崇宗的許諾,開始往西夏逃竄,途中幾個兒子都被金軍俘獲,郭藥師又大敗遼軍於峰山,遼帝國人心盡喪。然後蕭乾成立了獨立的奚國(蕭氏本來就是奚族),退化成游牧民族,騷擾燕地。童貫親自到燕山府督戰,郭藥師一鼓作氣,在盧龍嶺大敗蕭乾,繳獲遼帝國遺留的印璽等物,蕭乾也被部下所殺,遼帝國在燕雲的實際殘餘力量已經被徹底消除。

宣和七年(遼保大五年,金天會三年,西元 1125 年),天祚帝經過數年逃亡,終於在應州新城(今山西省應縣)東 60 里處被金將完顏婁室追獲,被金國降為海濱王,遼(契丹)帝國滅亡。

■ 萬里起雲煙 ■

自此,中國傳統意義上的遼帝國已經滅亡,與宋帝國脫離了關係,但其後事尚需略作交待。

輝煌二百年的契丹帝國轟然倒塌,面對兄弟之國的背約,下屬部落的反叛,以天祚帝為代表的遼帝國末代統治者,大多體現出苟且偷安的齷齪嘴臉,但也有一些人為了國家和民族在和命運做著頑強的抗爭,這其中最優秀的代表就是耶律大石。

耶律大石，字重德，遼太祖八世孫，通曉遼、漢文字，中過進士，天祚帝出逃時任遼興軍節度使，參與了擁立遼宣宗的活動。後來蕭后投降女真，耶律大石又逃到雲中去找天祚帝。天祚帝怒道：「我還在，你怎麼就擁立耶律淳？」耶律大石理直氣壯答道：「陛下棄國遠逃，置黎民於塗炭，我就算立十個耶律淳，總還是太祖的子孫，比給外人強！」天祚帝也知失理，只好賜予酒食安慰他。耶律大石見天祚帝等人並無中興之志，於是帶領兩百餘騎遁走，往西北走了三日，召集附近臣屬於遼帝國的游牧部落曉以國家大義。各部落紛紛表示同情，願意追隨耶律大石，竟召集了萬餘精兵。之後耶律大石又寫信給高昌回鶻可汗畢勒哥，也得到支持，繼續向西進軍，準備在西域尋找新的棲身之地。

遼軍以葉密立城（今新疆省塔城地區額敏縣）為基地出發，首先擊敗了東、西哈喇汗國，耶律大石擁有了初步的國土。「哈喇」即突厥語「黑」的意思，漢語也稱之為「黑汗王朝」。為了阻止契丹的發展，西亞諸國在塞爾柱蘇丹桑賈爾的帶領下，組成十萬伊斯蘭聯軍來抗，史稱卡萬特大戰。這個塞爾柱汗國就是當年被唐帝國趕到西亞的突厥部落一支，現在已經發展成壓倒阿拉伯帝國，成為西亞、東歐的主人，以後他還會攻占基督教世界的千年名都：君士坦丁堡（今土耳其伊斯坦堡），滅亡東羅馬帝國，建立起強大的鄂圖曼土耳其帝國。但他們畢竟遠遠不是遼軍的對手，耶律大石簡單觀察了他們的行軍布陣，發現完

第四章 帝國末路，文明的悲劇

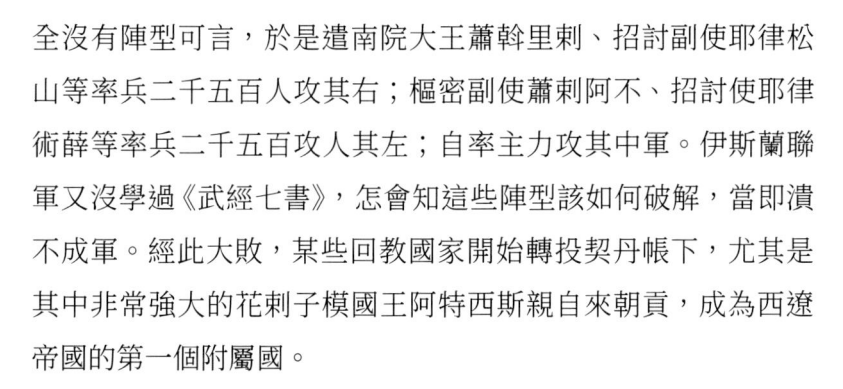

全沒有陣型可言，於是遣南院大王蕭斡里剌、招討副使耶律松山等率兵二千五百人攻其右；樞密副使蕭剌阿不、招討使耶律術薛等率兵二千五百攻人其左；自率主力攻其中軍。伊斯蘭聯軍又沒學過《武經七書》，怎會知這些陣型該如何破解，當即潰不成軍。經此大敗，某些回教國家開始轉投契丹帳下，尤其是其中非常強大的花剌子模國王阿特西斯親自來朝貢，成為西遼帝國的第一個附屬國。

約在宋高宗紹興二年（西元1132年），耶律大石在克爾曼（今烏茲別克共和國克爾米涅市，在撒馬爾罕以西）稱帝，即為遼德宗，突厥、韃靼語稱「古兒汗」或「菊兒汗」，建元延慶，該國史稱西遼，亦稱哈喇契丹。延慶三年，西遼遷都八剌沙袞（今吉爾吉斯共和國托克馬克市東南楚河南岸），改城名為虎思斡魯朵，改元康國。之後西遼曾組織過大規模的東征，以南院大王蕭斡里剌為兵馬都元帥，舉行了契丹傳統的青牛白馬祭天地儀式，率七萬精騎東征，準備向女真復仇。但遼軍在遼闊的蒙古草原上路遇風雪，損失大半，遂放棄了東還的志願，在中亞扎根。

宋高宗紹興十三年（遼康國十年，西元1143年），遼德宗駕崩，其子耶律夷列年幼，沒有立即繼位，德宗皇后塔不煙執政，號感天皇太后。七年後耶律夷列即位，為遼仁宗。13年後遼仁宗崩，傳位於其妹耶律普速完（西方史料稱是其姐耶律詩），號承天皇太后，名號和當年的蕭綽一樣，在位14年被宮

廷政變所弒。仁宗次子耶律直魯古繼位，耶律直魯古在位 34 年，接納了被蒙古乞顏部擊敗的乃蠻部王子屈出律，納為婿，結果於宋寧宗嘉定四年（遼天禧三十四年，西元 1211 年）被屈出律篡位。屈出律是基督教徒，繼位後完全不行漢制，西遼成為一個中亞韃靼化基督教國家，耶律直魯古崩殂後連廟號都沒有，很多人認為這一年便是遼帝國滅亡的一年。屈出律還當了 7 年皇帝，宋寧宗嘉定十一年（西元 1218 年）被蒙古名將哲別（只兒豁阿歹）捕殺，遼帝國徹底滅亡。自遼太祖於西元 907 年建國或 916 年稱帝起，共計 311 或 302 年。

契丹，或稱大遼帝國，毫無疑問是人類歷史上非常偉大的一個帝國。它崛起於游牧部落之中，卻跳過封建領主制，跨越式的邁進到一個比較規範的漢式帝國。由於同是草原上的騎士，有一些現代人可能還會將他和匈奴、突厥這些游牧部落聯盟相混淆。然而，了解他的歷史就可以清楚的看到，契丹是一個文化發達的定居民族，其文學、藝術、工業、城市建設都取得了極高的成就。而遷徙到中亞的西遼，又加快了漢文明在當地的傳播，有力的促進了歐亞大陸中部的文明進程。而耶律大石，既是契丹的民族英雄，更將一種偉大的精神刻入全人類的史冊，使每位後人都為這段歷史而感動。

正是：

雄圖畫天山，萬里起雲煙。

祖宗泉下知，應嘆後人賢。

結束語

宋皇陣圖催戰雲，遼後鑾駕帶軍旗。
漢家神弩蔽煙塵，契丹駿馬絕萬里。
潘美曹彬李繼隆，休哥斜軫蕭撻凜。
烈酒青書將軍血，多少英魂入塵兮。

忽忽一百六十年，宋、遼，兩個當時世界上最強大的超級大國毗鄰而居，對於燕雲十六州的爭議國土，他們先是以慘烈的戰爭企圖強行奪取，當發現對方的強大後選擇了和平，這無疑是正確的選擇，堪稱全世界人民的福祉。我們總結宋遼之戰，可以明顯的看到，面對強大的契丹帝國，宋帝國並不落下風，總體而言還占有一定優勢。以往漢唐帝國要對抗游牧部落，必須要擁有大量的戰馬以騎制騎，而宋軍則透過科學的裝備、陣型和指揮體系，開創了以步制騎的新時代。強悍如鐵林軍，強大如戰神耶律休哥，也一次次敗在了宋軍的弓弩和大刀之下。

當然，契丹帝國也絕非任人踩躪的弱者，宋軍確實也打過一些敗仗。但一些人為了突出「弱宋」的說法，經常誇大宋軍的敗仗，隱匿勝仗。高梁河戰役和雍熙北伐經常掛在嘴邊，澶淵之役也被說成了敗仗，而對白馬嶺、滿城、唐河、徐河、威虜

軍之戰則選擇性失憶。《遼史》是著名的誇勝諱敗，對遼軍的敗仗一貫隱諱，這也成為很多人諷刺宋軍無能的很好理由。而神宗朝宰相張方平曾經有過一句名言：「凡與契丹大小八十一戰，唯張齊賢太原之戰才一勝耳。」這句話也被後世持「弱宋」觀點者所津津樂道，但我確實不知道張文定公為何會說出這句明顯不符合事實的話，本篇將宋遼雙方萬人以上的會戰全部記錄在案，雙方勝負比率如何，相信人人都已明瞭。戰鬥中的斬首級數不太能精確統計，但宋軍被俘或陣亡的副節度以上高級將領只有楊業、康保裔、王繼忠三人，而遼軍有明史記載陣亡的大王、宰相級的就有耶律敵烈、賀斯、耶律奚底、蕭撻凜、鐵林相公等人，節度使和被隱諱過去的尚不計其數，雙方勝負如何更是一目了然，那些常年誇耀契丹武力強於宋朝的人不過是欺負大家缺乏歷史知識而已。這種欺騙後人的說法，是對數十年浴血奮戰的兩軍將士們的極度不尊重，既汙衊了宋軍，同時也是對遼軍的辱沒！

　　現代流傳的說法是金滅遼，但事實上，金只不過是宋朝扶植起來的一個小部落，整個滅遼的戰略還是由宋帝國主持。而且攻滅遼軍的主力仍然是宋帝國的陝西軍，金軍的裝備和培訓其實也都是宋帝國提供，以他們當時的實力或許可以襲擾邊境，但並不可能滅亡龐大的遼帝國。關於宋金夾擊遼國的史料細節上有不少問題，宋軍會莫名其妙的敗，金軍會莫名其妙的勝，其理由經常是「宋軍軟弱，金軍剽悍」。這種理由唬弄小孩

結束語

可以,但做為歷史定論卻難以服人。須知陝西軍經過和西夏帝國百餘年更為殘酷的戰鬥,其能力甚至超過了宋初和遼軍鏖戰的河北軍,劉延慶那種看見對岸火光一起就燒營逃遁,然後十萬大軍自相踐踏而死的說法實在令人難以置信!

當然,滅遼並不是一個正確的選擇,其利弊在當時就有很多人直接指出,後來直到明清也不斷有人在深刻檢討。政治是充滿智慧的複雜博弈,而不是簡單的口號,收復幽燕固然重要,但也必須計算成本。滅掉一個兄弟般友愛的文明帝國,扶植起一個豺狼般的漁獵部落,這也只有宋徽宗這種藝術家才做得出來。蒙古草原上的游牧部落一直是中原王朝的主要威脅,而遼帝國做為這片草原上第一個文明帝國,很好的把星羅棋布的部落整合在一起,至於怎麼保持每一個部落的穩定,這個問題完全可以外包給遼帝國解決,宋帝國只需要保持住遼帝國的穩定即可。然而宋徽宗卻出兵去把他給滅了,原來被遼帝國封印住的游牧部落們又煥發了生機,最後終於培育出了毀滅一切的新品種:蒙古。

退一萬步講,即使女真的崛起已經不可避免,宋帝國也絕無幫他滅遼的道理,完全可以採取平衡雙方勢力,使其互相牽制的辦法。此法在國際上極其常見,漢朝對南北匈奴,唐朝對東西突厥,明朝對韃靼、瓦剌,英國對印巴,英法對東西德國,美國對南北朝鮮,屢試不爽。宋朝可先扶植金國崛起,但之後又幫助遼國壓制它,快要滅亡的時候又把他扶起來,總之

始終保持二者的相對均衡，皆無力南侵，還可從中漁利。

　　更不可思議的是，宋徽宗當時是放棄了滅絕西夏的大好機會，轉頭去滅遼，須知西夏占據了東西方商路，嚴重阻礙了宋朝的財路。宋朝花了百年心血打壓這個國家，即將成功的最後一刻，徽宗卻突然放棄攻勢，轉頭伐遼，著實令人長嘆！而宋夏戰爭比宋遼戰爭更加殘酷激烈，這也就是我們下一篇要講的主要內容。

第三篇
駕長車踏破賀蘭山缺

第一章
艱難崛起的西夏帝國

■ 亂世中頑強崛起的党項部族 ■

在岳飛的〈滿江紅〉中有一句「駕長車踏破賀蘭山缺」，有些後人不太理解，認為南宋的主要對手是起源於東北的金國，與西北的賀蘭山何干？其實這句詞體現了宋軍的一個傳統，那就是與以党項族為主體的西夏帝國之間的百年戰爭。遼帝國雖然強大，但是宋遼戰爭只持續了二十餘年，而宋夏戰爭則持續了百餘年，其慘烈和複雜程度更甚宋遼戰爭。宋軍的文藝作品、軍歌大多以反映宋夏戰爭為題材，「踏破賀蘭山缺」正是宋軍一句常見的口號，岳飛做為兩宋交替時期的軍人，秉承了這種傳統。本篇要講到的就是這百餘年比宋遼爭霸更加激烈的宋夏戰史。

党項族，古羌族的一支。古羌族是一個非常古老的民族，是漢藏語系民族的祖先，起源於青海東部、甘肅、寧夏、四川西北部一帶。早在傳說時代，古羌族的有些部落進入中原，其中以神農氏炎帝和軒轅黃帝部落為代表。這一支採取了獨特的

第一章　艱難崛起的西夏帝國

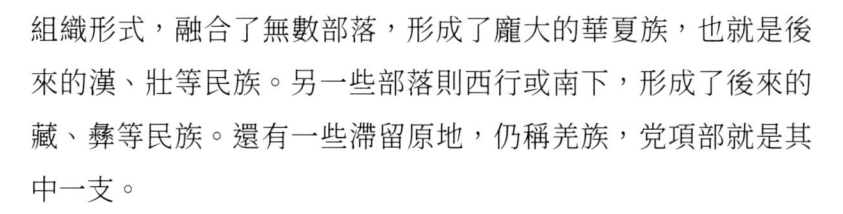

組織形式，融合了無數部落，形成了龐大的華夏族，也就是後來的漢、壯等民族。另一些部落則西行或南下，形成了後來的藏、彝等民族。還有一些滯留原地，仍稱羌族，党項部就是其中一支。

党項諸部的核心是平夏部，最初的首領叫拓跋赤辭。拓跋是一個很典型的鮮卑族姓氏，故也有後人提出党項實為鮮卑的一支。党項部曾歸附於慕容鮮卑的吐谷渾王國，有可能就在此時被賜了一個鮮卑姓氏。唐太宗時党項歸附於唐朝，又賜姓李。黃巢之亂後因收復長安有功，唐僖宗授予拓跋思恭（李思恭）為太子太傅、夏國公、定難軍節度使，轄有夏（今陝西橫山）、銀（今榆林）、綏（今綏德）、宥（今靖邊）、靜（今米脂）等五州之地，形成一個穩定的領主勢力。這一塊地方非常險要，只有三條路可以從陝西進入中原，都是駝馬不能並行的小路，非常容易形成割據，所以三百餘年來拓跋李氏占據此地，強大如唐帝國也未能將其收服。

宋朝建立時，定難軍節度使李彝興遣使入朝，並多次協助宋軍作戰。太平興國五年（西元980年），李彝興之孫李繼捧嗣為定難軍留後。恰逢宋太宗削奪藩鎮，許多藩鎮都被取消了世襲領主權，李繼捧無奈獻出党項平夏部占據了三百餘年的夏、銀、綏、宥、靜五州。理論上講，西夏五州現在也是規範的郡縣，由朝廷派員管理。但事實上，當地的群眾基礎畢竟不能和內地相比，老百姓仍然認為自己是封建領主的私有部民而不是

國家公民，當地的酋長很容易煽動本部部民反對朝廷。朝廷派來的知夏州尹憲有點教條主義，直接用內地的一套來管理夏州，引發不少民族矛盾，而他又屬鷹派人物，常常強硬鎮壓，結果激化了部民的反抗情緒，這就給了一些野心家機會。被削奪世襲領主地位的拓跋家族中，總有一些野心勃勃的傢伙，他們不羨慕宋廷賜予的高官厚祿和東京繁華安逸的生活，卻念念不忘祖傳的基業。當然，為了他們的家族事業，必然要將無數正接近於現代社會邊緣的少數民族群眾綁架在他們的戰車上，李繼遷，就是其中的代表人物。

■ 不屈的分裂分子李繼遷 ■

李繼遷，生於乾德元年（西元963年），銀州防禦使李克儼之子，很小就以智勇雙全聞名於氏族中，12歲便被授予管內都知蕃落使，主管境內的少數民族部落事務，這也為他後來能煽動諸部的反叛打下基礎。李繼捧獻土入朝，氏族內多有不服，其中尤以19歲的李繼遷最為激動。宋使來宣他們入朝時，他與弟弟李繼衝、漢族謀士張浦商議，表示拓跋氏占據西夏五州三百餘年，不能拋棄祖宗基業。張浦指出如果入朝則再難重返，但現在起事也難成功，只能暫時先逃到漠北，再逐漸連繫各部酋長，徐圖復興。

於是李繼遷帶著家屬和親信數十人逃出銀州城，來到地斤

第一章　艱難崛起的西夏帝國

澤（今內蒙古自治區伊克昭盟鄂托克旗東北的巴彥淖爾湖），聚集當地党項民眾，拿出祖先拓跋思忠的畫像，開展政治煽動演說。拓跋思忠是拓跋思恭之弟，曾在協助唐朝鎮壓黃巢起義的戰鬥中犧牲，得到唐僖宗的大力表彰，是党項族的一個英雄典範。當李繼遷以他做為煽動時，在党項部民中引起強烈反響，不少人和李繼遷一同淚流滿面，紛紛表示願意追隨他復興拓跋氏的家業。這些部民缺乏公民意識，完全把自己當作封建領主的私有財產，成為了分裂割據分子的利用對象。從此，李繼遷開始了他漫漫的獨立道路。

但李繼遷顯然還是太年輕缺乏經驗，在剛剛聚攏了一幫人之後，立即向夏州發起了進攻，結果宋軍根本沒正眼看他，直接把他當作普通的小股叛眾襲擾鎮壓了，李繼遷又退回地斤澤。自尊心受到極大傷害的李繼遷終於清清楚楚意識到，憑他現在的實力還遠遠不能和大宋帝國相抗衡，於是遣使入貢，爭取時間發展壯大。但他非常不老實，很快又進攻葭蘆川（今陝西佳縣）等地的宋軍，他的對手是田欽祚、袁繼忠、荊嗣這些名將，他怎麼可能會是對手，所以均大敗而回。不過也正因為如此，他始終沒有引起宋人的重視，一直都在暗中壯大自己，很快地就擁有了兩萬餘人的作戰部隊。這時宋廷開始採用招攬的政策，要求五州官員以錢糧優待的政策，招引外逃的党項部民歸業，很多部民因為生活沒有出路而響應，李繼遷的部下也有一些動搖。李繼遷實在坐不住了，要出兵攻打銀、夏。張浦執

拗不過，只好退一步講：「朝廷在銀、夏重兵把守，確實無法攻打，但是宥州有橫山做為屏障，我們可以聚集諸部攻打再據險堅守，做為復興祖業的基地。」於是李繼遷糾集了附近的一些部落攻打宥州，結果又沒有成功，再次逃回地斤澤。

雖屢戰屢挫，但李繼遷有私有部落這個後盾，仍在頑強奮鬥。他在地斤澤繼續積蓄力量，並派出李繼衝四面招攬蕃部來歸。不久咩嵬部酋長，叫做魔病人乜崖素這麼一個好名字的，他糾集南山諸部來投靠李繼遷，李繼遷的力量突然壯大了許多，於是策劃了一起攻打夏州西北王庭鎮的計畫。李繼遷率數萬騎閃擊王庭鎮，當地守軍猝不及防，尹憲在夏州也來不及救援，被李繼遷俘獲牛羊駝馬上萬。這是李繼遷取得的首場勝利，極大的鼓舞了士氣，但同時也暴露了實力，引起尹憲等人的重視。

尹憲和都巡檢使曹光實商議了李繼遷的情況，認為是一個不小的威脅，應該及時剷除，於是派人偵得了李繼遷在地斤澤的準確位置，制定了一整套作戰方案後，派出數千精騎直搗巢穴。這一下李繼遷可知道厲害了，被斬首五百級，焚毀四千餘帳，李繼遷和李繼衝棄眾而逃，妻子和老母親都被宋軍俘獲，遭受了最慘痛的一次失利。

但李繼遷還是不認輸，又將敗眾聚攏在夏州北部的黃羊坪，以復興祖業激勵眾人。周圍的蕃部確實都是李氏世代部民，對他很有認同感，又紛紛依附於他，其中野利氏酋長還將女兒嫁

第一章　艱難崛起的西夏帝國

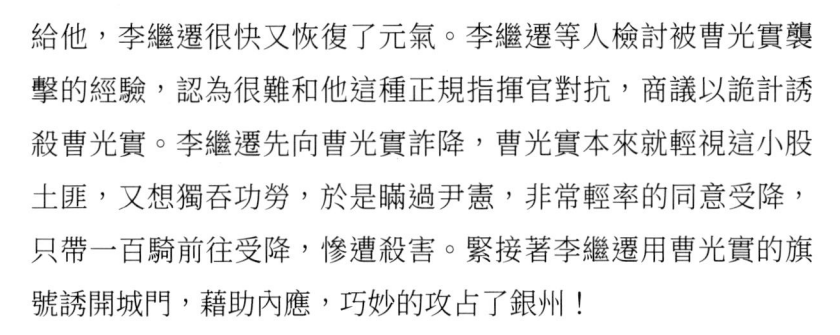

給他，李繼遷很快又恢復了元氣。李繼遷等人檢討被曹光實襲擊的經驗，認為很難和他這種正規指揮官對抗，商議以詭計誘殺曹光實。李繼遷先向曹光實詐降，曹光實本來就輕視這小股土匪，又想獨吞功勞，於是瞞過尹憲，非常輕率的同意受降，只帶一百騎前往受降，慘遭殺害。緊接著李繼遷用曹光實的旗號誘開城門，藉助內應，巧妙的攻占了銀州！

這是李繼遷起事以來占領的第一座城市，忠於李氏的酋長們很是激動，前來歸附的部落更多。有人建議李繼遷可以自稱定難軍節度使、西平王，號令蕃部。但張浦非常冷靜，指出現在剛得到一座城就稱王太急切，現在應該建立指揮體系，並給各部酋長預設官職，激勵大家各自為戰，使朝廷疲於應付。於是李繼遷自稱都知蕃落使、權知定難軍留後，張浦等人各領官職，預署折八軍、折羅遇、折御乜、嵬悉咩等酋長為並、代、豐、麟州刺史，勾勒了一個獨立國家的雛形。

緊接著李繼遷又帶兵焚毀了處於戰略中央的會州要塞，這次引起了宋廷高度重視，遣知秦州田仁朗、西上閣門使王侁、宮苑使李繼隆會剿，傳檄麟、府、夏等州以及日利、月利等部落配合作戰。李繼遷絲毫不懼，又圍攻河西三族寨，寨主折御乜本來就想投靠李繼遷，於是殺死監軍投降。王侁就是上一篇說到逼楊業送死的那個小人，他借三族寨失利彈劾田仁朗，宋太宗果然大怒，召回田仁朗問罪。田仁朗解釋道：「曹光實意外被殺，他的舊部現在士氣很低落，還需要增派援軍才能防守綏

州，三族寨離綏州又那麼遠，確實沒法救援。但是現在我已經定下了擒住李繼遷的計策，就是要懷柔羌人，或者以厚利使各部酋長打擊他。」太宗沒有殺他，但是削職流放，王侁成功坐上主將的位置。

王侁的戰略思想與田仁朗正好相反，是要以優勢兵力打擊李繼遷以立軍功。果然宋軍主力攻打銀州，李繼遷不是對手，喪師數千，棄城而逃。王侁立下一個收復銀州的大功，但是離田仁朗最初定下的戰略卻越來越遠。李繼遷雖然敗走，但是嘯聚沙漠，只等宋軍兵鋒稍減即可利用拓跋氏在羌人中的群眾基礎東山再起，終究是可以重立祖業的，只有田仁朗的懷柔政策，將羌蕃部民轉化為國家公民，才是消除割據的根本之策。李繼遷逃走後又糾集一些忠心於他的部族繼續抵抗，但他們與宋帝國禁軍完全不是同一個量級，很快，宋軍擊破了幾十個部族，125 個部族投降。王侁意氣風發，卻不知道他這樣做已經給國家留下了重大隱憂。

■ 歸附契丹，三足鼎立 ■

李繼遷遭到宋軍主力的強勢鎮壓後，不得不考慮依附於更大的勢力來對抗宋廷，他選擇了契丹。雍熙三年（西元 986 年）春，李繼遷派張浦帶了很多錢財去向契丹投降。由於拓跋李氏歷史上長期追隨中原王朝與契丹作戰，所以蕭太后陷入猶豫。

第一章　艱難崛起的西夏帝國

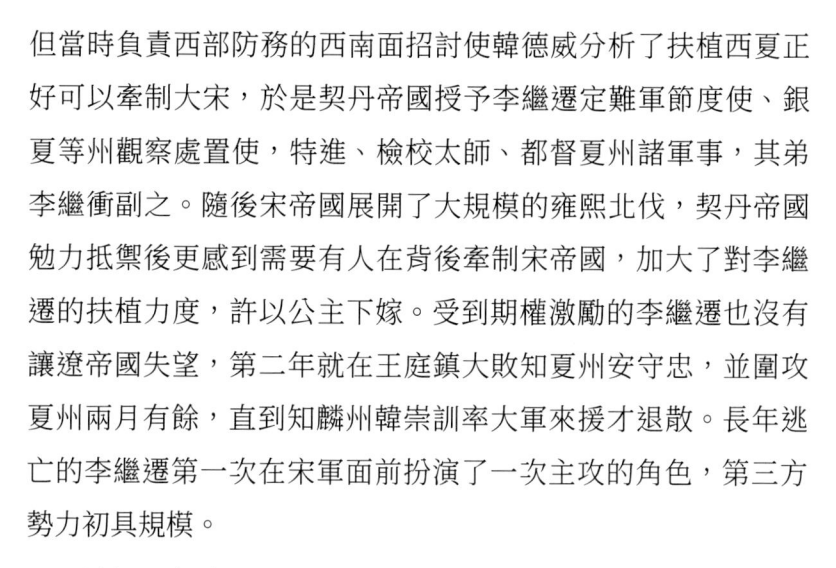

但當時負責西部防務的西南面招討使韓德威分析了扶植西夏正好可以牽制大宋，於是契丹帝國授予李繼遷定難軍節度使、銀夏等州觀察處置使，特進、檢校太師、都督夏州諸軍事，其弟李繼衝副之。隨後宋帝國展開了大規模的雍熙北伐，契丹帝國勉力抵禦後更感到需要有人在背後牽制宋帝國，加大了對李繼遷的扶植力度，許以公主下嫁。受到期權激勵的李繼遷也沒有讓遼帝國失望，第二年就在王庭鎮大敗知夏州安守忠，並圍攻夏州兩月有餘，直到知麟州韓崇訓率大軍來援才退散。長年逃亡的李繼遷第一次在宋軍面前扮演了一次主攻的角色，第三方勢力初具規模。

端拱元年（西元988年），李繼遷假稱投降，趙普覺得這個打游擊戰的人很難纏，於是提議恢復李繼捧的地位，讓他去招降李繼遷。宋廷詔李繼捧復為夏州刺史、定難軍節度使、銀夏綏宥靜等州觀察處置押蕃落等使，和遼帝國給李繼遷的職務基本類似，並賜姓名「趙保忠」，還將五州的財政大權下放給了他本人，算是宋朝地方官員的一個破例。（這位趙保忠，也就是李繼捧，以及李繼遷、李繼衝都還會被賜予趙姓，並且反覆改名，為閱讀方便，本書統一稱其李姓名字）。宋廷對李繼捧寄以厚望，但李繼捧回到西北後就與李繼遷暗通款曲，表面上分事宋遼，實則左右逢源。宋遼都害怕自己養的狗咬不過對方，比賽著扶植親近自己的這一個，兩個超級大國就這樣，把原本即將消失的拓跋李氏勢力重新培養起來。

接下來，李繼捧兄弟分別向各自的主子大報軍情，其實都是兄弟打假仗，你贏我一場，我贏你一場，輸了就要主子增撥物資，贏了就邀封賞。李繼遷甚至向遼帝國奏稱自己穿越銀、夏，攻克了遠在陝西境內由折家世守的麟州，遼帝國剛剛遭遇徐河慘敗，竟也不察真假，加封李繼遷為夏國王，督促其繼續進兵牽制。

淳化二年（西元 991 年），商州團練使瞿守素帶兵來援夏州，李繼遷恐不能敵，經由繼捧降宋，授為銀州觀察使，賜名「趙保吉」；其弟李繼衝授綏州團練使，賜名「趙保寧」；其母罔氏當年被曹光實俘獲，封為西河郡太夫人，留居京師。但這個趙保吉，也就是李繼遷仍然很不老實，瞿守素還是帶兵攻打了他，他棄守銀州，又奔入地斤澤。但真正感到威脅的恰恰是李繼捧，瞿守素收服了附近不少党項部落，讓李繼捧覺得宋廷的控制越來越強，於是連繫上重新成為游擊隊長的李繼遷，向契丹投降。契丹大喜，許以永鎮夏州，封西平王。李繼捧的最終叛變令趙普很沒面子，趙普一生以長遠的戰略眼光著稱，對現代化國家體制的形成做出了重大貢獻，但對党項的處理成為他一生中的瑕疵。李繼遷也藉助遼軍重新占據銀州，而且對韓德威不甚恭敬，韓德威大怒，曾帶兵進攻銀州，但畢竟遠離本土，也拿他沒有太多辦法。

隨著李氏兄弟各自的實力不斷增強，兄弟間的好日子也到頭了，頻頻發生火併。偏巧此時宋廷派出最強戰將李繼隆前來

第一章　艱難崛起的西夏帝國

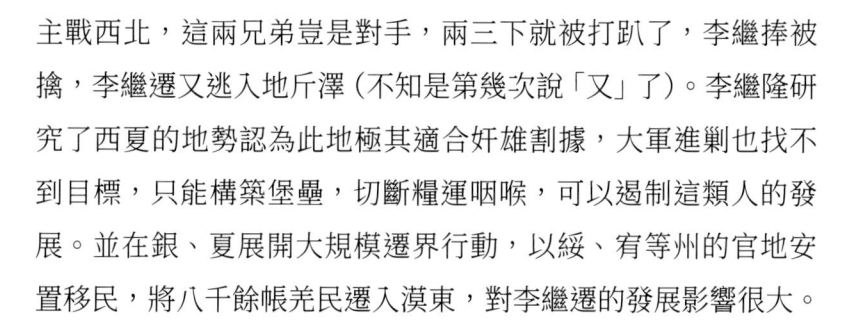

主戰西北,這兩兄弟豈是對手,兩三下就被打趴了,李繼捧被擒,李繼遷又逃入地斤澤(不知是第幾次說「又」了)。李繼隆研究了西夏的地勢認為此地極其適合奸雄割據,大軍進剿也找不到目標,只能構築堡壘,切斷糧運咽喉,可以遏制這類人的發展。並在銀、夏展開大規模遷界行動,以綏、宥等州的官地安置移民,將八千餘帳羌民遷入漠東,對李繼遷的發展影響很大。

李繼捧被擒後,党項成了李繼遷一個人的舞臺,他曾嘗試攻打這些堡壘,但是沒有成效,於是又向宋朝投降,遣張浦入貢,他的降、叛都是隨時隨地隨意發生。太宗聽說張浦是李繼遷的謀主,於是給他封官,留居京師。李繼遷丟失了最重要的智囊,曾請契丹出面把張浦要回來,但太宗沒有理會。李繼遷又諜知府州觀察使折御卿病重,約契丹西南面招討使韓德威來攻。府州吏民和家人都請折御卿保重身體不要親自出戰,但折御卿忠心耿耿,泣道:「為白太夫人,勿念我,忠孝豈兩全?」堅持帶病出征。韓德威見到他還能上馬趕緊退去,李繼遷也只好退兵。但回來之後折御卿旋即病重去世,年僅38歲。太宗知道後非常傷感,贈侍中,以其子折唯正知府州事,充洛苑使,世鎮麟、府,做為朝廷的右臂。折御卿就是折德扆的兒子,也就是楊業妻折氏(佘太君)的弟弟。折家也是西北羌族首領,被特許以私家勢力鎮守西北,終北宋一朝167年,忠心耿耿,從無反叛自立之意。每次朝廷需要用兵,折氏都奮勇作戰,立下戰功無數,成就了「折家軍」的赫赫威名。府州折氏和夏州李氏

的初始情況非常類似，但卻走上了完全不同的道路。

李繼遷雖然在對宋作戰中非常不利，但對諸蕃部作戰卻連連獲勝，極大的收攏了羌蕃諸部人心，實力越來越強，最後能集結數萬兵馬圍攻靈州，向朝廷索要被羈押的張浦，併成功劫走四十萬石軍糧，使靈州城陷入絕境。供奉官（宦官）竇神寶非常勇敢，堅守靈州不失。靈州即今甘肅省靈武市，一座易守難攻的堅城，是控制陝西到河西走廊的最大要塞，宋廷為之震動，決定派大兵圍剿。詔以靜難軍節度使李繼隆為靈、環等十州都部署，總領全軍，出環州，侍衛步軍都虞侯、容州觀察使丁罕出慶州，殿前都虞侯范廷召出延州，殿前都指揮使王超出夏州，西京作坊使、錦州刺史張守恩出麟州，五路進援靈州並會剿李繼遷。

李繼隆是出了名的「將在外君命有所不受」，他違詔沒有立即救援靈州，而是圍魏救趙，直接攻打平夏部的核心。太宗得報大怒，遣引進使周瑩持手詔前往詰難。但李繼隆堅持指揮權，與丁罕合兵後繼續進軍，結果行軍十餘日連李繼遷的影子都沒找到，又找不到水源，只好退迴環州。張守恩一路遇到李繼遷主力，孤軍不敢出戰也退回。這下李繼隆才知道圍剿土匪跟對弈耶律休哥不是那麼一回事，羞憤難當，暴跳如雷。所幸王超、范廷召兩路合兵後捕捉到戰機，王超之子、年僅17歲的王德用，率五千精兵深入沙漠，大破李繼遷，俘獲軍主、指揮使等27人，但終因水源匱乏退兵。這麼多宋軍在帝國頭牌名將李繼隆的帶領下，浩

浩蕩蕩五路出兵，在沙漠中打了不少轉，最後卻無功而返。李繼隆在和戰神耶律休哥的正面對抗中大顯神威，面對李繼遷這個游擊隊長卻找不到頭緒，可見深入沙漠剿匪的難處。

不過李繼隆畢竟藝高人大膽，李繼遷部將史乩遇率兵駐紮在橐駝口西北雙雉，以斷絕吐蕃諸部到陝西的通路，被熟藏族蕃官乩遇報告給李繼隆。李繼隆派副都部署劉承蘊、田敏出擊，史乩遇來不及逃走，被陣斬。宋軍斬首數千級，俘獲駝馬萬計，取得圍剿李繼遷以來最大的勝利。李繼遷又試攻保全軍、靈州等城不勝，見勢不妙立刻又投降。太宗已經病重，接受其投降，恢復「趙保吉」的姓名以及定難軍節度使等職務並遣返張浦。李繼隆深知他的投降是毫無意義的，但確實無法在正面戰場上抓獲像泥鰍一樣滑膩的李繼遷，被迫考慮如何防禦這股來去如風的馬匪。經過考察研究，李繼隆認為保障靈州確實很困難，但朝廷堅持要守，保障其糧運就是關鍵。原來從陝西經陸路向靈州運糧，既耗費又無保障，於是李繼隆力排眾議要求重建古原州（今寧夏省固原市）以保障水路運輸，並做為靈州的犄角。此城即為鎮戎軍，即將成為下一位名將的起點。

■ 奪取靈州、西涼，初備國勢 ■

靈州，即今寧夏省靈武市，有「塞上江南」的美譽。宋代靈州是連線陝甘的重要據點，可以控制從陝西到甘肅的東西走

廊，其城據高崖和黃河而建，是一個天然堡壘，易守難攻。然而對於宋帝國而言非常不利的是：從關外運輸物資和援軍到靈州相對容易，而從關中陝西到靈州則困難得多，李繼遷在實力很弱的時候就經常偷襲運往靈州的糧隊，正因如此，宰相張齊賢、李沆等均認為靈州終究是守不住的，耗費無數還不如及早放棄，但在宋真宗的堅持下仍堅守多年才丟失。後人普遍認為宋帝國為支援靈州，運糧而死的民夫就有數十萬，是李繼遷故意留下這座孤城，要盡量消耗朝廷的財力後再取。

宋真宗繼位後，雖然也派出張齊賢等名將前來主持西北軍務，張凝還創造過斬首五千餘級的大勝。但這些都不是最重要的，因為李繼遷需要的不是勝仗，而是時間和空間。咸平年間，李繼遷抓緊時間發展，將許多蕃羌部整合在一起，實力越來越強，足以藉助沙漠地勢抵抗宋軍進剿。到咸平四年（西元 1001 年），西北諸部族都感覺到李繼遷的威脅，西州回鶻、吐蕃均主動向宋廷申請討伐李繼遷。宋廷詔令西州回鶻和吐蕃六穀部隸李繼和討伐李繼遷。但李繼遷現在實力很強，不但沒有受困，還成功拔除了靈州周邊的堡寨。

咸平五年（西元 1002 年）春，澶淵之役爆發前夕，李繼遷敏銳的捕捉到戰機，集結全部兵力（可能有十萬以上）大舉圍攻靈州。當時城內兵力只有五千左右，但由李繼隆的摯友名將裴濟任知州，指揮部眾百般抵抗。李繼遷一時也奈何不得，只好用大兵圍困，斷絕補給，準備將裴濟困死。裴濟堅守數月始終

第一章　艱難崛起的西夏帝國

不見救兵,以血書向西面都部署司求援。但李繼遷把守好瀚海要道,王超的救兵無法前進。誠如張齊賢等人所言,只要李繼遷自己積蓄夠了力量,靈州是無法救援的。最後,裴濟盡忠死節,贈為鎮江節度使。這位曾在河北戰場上與耶律休哥當面血戰的名將,被馬匪困死在沙漠中。

攻取靈州後李繼遷非常興奮,因為他受封西平王,所以將靈州改為西平府,並準備在此建都。有人認為靈州畢竟離陝西太近,容易受到攻擊,但是李繼遷卻說:「西平北控河、朔,南引慶、涼,據諸路上游,扼西陲要害。若繕城浚壕,練兵積粟,一旦縱橫四出,關中將莫知所備。且其人習華風,尚禮好學。我將藉此為進取之資,成霸王之業,豈平夏偏隅可限哉?」靈州對於宋廷而言是一個孤懸關外的無底洞,而對於關外的党項人卻是一個攻防兩利的絕佳堡壘,而且李繼遷打定主意要透過靈州吸收漢文明,早有建立偉大帝國的長遠打算。

奪取靈州後李繼遷乘勝攻打麟州,卻被知州衛居實擊退,又揚言要攻打環慶路,宋帝國連忙部署防禦,其實中了聲東擊西之計。李繼遷趁機集中兵力,攻占吐蕃的西涼府(今甘肅省武威市),改為涼州。宋廷在此經營近十年,將西涼府建設成為蕃羌諸部的經濟中心,非常發達,當時有「天府之國」的美譽,號稱「畜牧甲天下」。得到涼州使平夏部的實力得到了質的飛躍,又將兵鋒指向潘羅支的六穀部,潘羅支主動請降,李繼遷認為是自己奪取涼州所以威震蕃部,於是暫停攻勢,準備受降。潘

189

羅支抓緊時間，集結全部歸附於宋帝國的吐蕃部數萬步騎，大敗党項部。李繼遷身中流矢，負重傷逃回西平，不久後身亡，潘羅支收復西涼。

李繼遷死時將兒子阿移託孤給張浦等人，請他們盡力輔佐，並誠懇的說：「我死後你們一定要上表朝廷請降，一表不聽就上百表，直到受降為止。我非常艱難的占據了靈、夏等地，以我們的力量，不可能與宋、遼相抗衡，但只要諸位盡力輔佐，還是可以保住這塊基業。」說完便死去，時年41歲。同年，被羈留京師的趙保忠（李繼捧）也病卒，其子被宋廷錄用，拓跋氏的這一支被融合為普通的漢族百姓。

景德元年（西元1004年）一月，李繼遷之子阿移繼為定難軍留後（代理節度使）。阿移為李繼遷妻野利氏所出，漢名德明，現在很多人稱其為「李德明」，並稱其子為「李元昊」，其實是錯誤的，他們家當時已經姓趙了，元昊之後才再改回李姓。根據李繼遷定下的戰略規劃，趙德明的任務是盡量恭順的對待朝廷，爭取時間和空間往西發展壯大，「西掠吐蕃健馬，北收回鶻銳兵，然後長驅南牧」。當時回鶻和吐蕃帝國都已衰落，部眾成為零散的部落，如果將他們成功整合，那將是一個非常可怕的強大帝國！但是，這個戰略卻遭到了幾位宋帝國名將的全力阻止，最終沒能成功。

李繼遷雖早死，但他奪取靈、涼後，平夏部在唐代所占有的領土已經全部收復。橫山山脈和周邊險惡的沙漠發揮了天塹

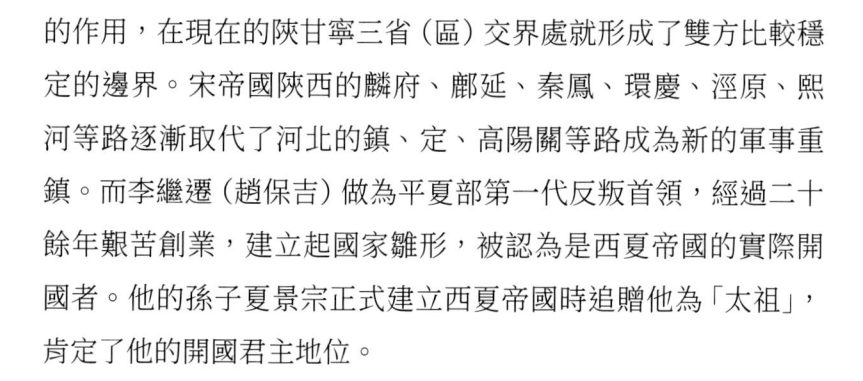

的作用,在現在的陝甘寧三省(區)交界處就形成了雙方比較穩定的邊界。宋帝國陝西的麟府、鄜延、秦鳳、環慶、涇原、熙河等路逐漸取代了河北的鎮、定、高陽關等路成為新的軍事重鎮。而李繼遷(趙保吉)做為平夏部第一代反叛首領,經過二十餘年艱苦創業,建立起國家雛形,被認為是西夏帝國的實際開國者。他的孫子夏景宗正式建立西夏帝國時追贈他為「太祖」,肯定了他的開國君主地位。

第二章
天風浩蕩賀蘭雪

■ 西掠吐蕃健馬，北收回鶻銳兵 ■

　　李繼遷死時，知鎮戎軍曹瑋等邊將上書要求趁機剿滅平夏部勢力。起初宋真宗詔令擬定會剿平夏部的方案，但當時正值簽訂《澶淵之盟》的關鍵時期，宋廷恐被契丹所利用，不願挑起戰端。趙德明雖然年幼卻非常厲害，剛剛嗣立就透過連繫六穀部內部的李繼遷舊黨殺死潘羅支，為趙德明報了殺父之仇。六穀部推舉潘羅支之弟廝鐸督為首領，宋廷封為六穀都巡檢使。但趙德明卻帶兵再次攻陷涼州，六穀部陷入低潮，於是會剿平夏部也只好作罷。

　　正如當年李繼捧兄弟兩面討好宋遼一樣，趙德明充分利用《澶淵之盟》簽訂後宋遼之間的冷戰關係，兩面討好。景德二年，遼帝國冊封趙德明為定難軍節度使、西平王。趙德明加緊向宋廷遞送降表，第二年，迫於壓力，宋廷終於冊封了同樣的職銜。這是平夏部第一次取得合法地位，趙德明倍感珍惜，加緊發展經濟，充分發揮地域優勢，透過鹽、馬、珠玉、藥材等

第二章　天風浩蕩賀蘭雪

優勢產業,並利用處於東西方國際貿易必經之路的便利,使經濟有了長足發展,但李繼遷定下的向吐蕃、回鶻兩個方面拓展的計畫卻因為曹瑋的存在,沒有完全順利的實施。

平夏部的勢力範圍剛好控制住中原、青藏高原、河西走廊(通往西域平原)的結合部,各個城市都有山河做為屏障,不易攻取,尤其是從中原進軍非常困難,這也是唐代時期此地能夠形成事實獨立的基礎條件。在唐代,吐蕃帝國和回鶻汗國都是很強大的國家,一個打得大唐帝國送公主,一個到長安來自助劫掠,但是到宋代已經分崩離析成許多個小部落。如果現在誰能夠把他們整合起來,則相當於是一個吐蕃和回鶻的合體,將會更加強大。現在平夏部處於發展整合階段,確實有實力將他們各個擊破,形成統一的帝國。那樣的話,鄰近的漢文明和阿拉伯文明都將很難招架。

回鶻曾是唐帝國的鐵桿盟友,安史之亂後國勢達到頂峰,但晚唐時期遭到黠戛斯人的攻擊而衰落,並分成多個小部落,散布在河西走廊和西域各地,最大的有高昌、甘州、蔥嶺三部。唐代回鶻屬於典型的阿爾泰突厥語系國家,宋朝建立後回鶻諸部卻紛紛選擇向宋帝國靠攏,成為漢語系民族,並獲得封賞,成為宋帝國的名義國土。平夏部事實獨立後就要開始收取他們的土地和部眾了,其中以甘州(今甘肅省張掖市)為核心的甘州回鶻,或稱河西回鶻首當其衝。

趙德明多次進攻甘州回鶻均以慘敗告終,回鶻可汗夜落紇

主動出擊，卻讓趙德明損兵折將。經過連續失敗後趙德明調整戰略，暫停主動進攻，斷絕其與中央和吐蕃的連繫，準備長期圍困。經過約二十年的圍困，甘州回鶻實力大減，平夏部的實力卻有了長足進步。宋仁宗天聖六年（西元1028年），趙德明和夜落紇都已經是老頭子了，這時趙德明派出他24歲的兒子趙元昊帶兵攻打甘州。這一次實力懸殊，趙元昊一舉攻克，夜落紇倉皇出逃。甘州回鶻是回鶻諸部中最強大的一個，它的滅亡引起回鶻震恐，瓜州回鶻首領賢順率部歸附趙德明，其餘小部落紛紛跟進。明道元年（西元1032年），趙德明聲東擊西，聲言要入寇環慶路，朝廷連忙調集兵力警備。趙元昊趁機率主力進攻涼州，禁軍和蕃軍都不及救援，平夏部再次攻取涼州。至此，甘、瓜、涼州都被平夏部所取，當初漢武大帝（劉徹）攻占這些地方，號稱斷掉了匈奴的右臂，可見其戰略地位之重要，如今被平夏部取得，可謂增一強臂。當然，他的另一強臂卻沒能按計劃奪取。

■ 父子兩代配享太廟的名將世家 ■

宋初四大名將，前文已經介紹了三位，這第四位正是曹彬之子曹瑋，父子兩代配享太廟，同列四大名將。曹彬共有七個兒子，均至高官，其中長子曹璨、第三子曹瑋、幼子曹琮從軍，立下無數戰功，於《宋史》有傳。曹彬臨終前真宗前往探

第二章　天風浩蕩賀蘭雪

視,問及後事。曹彬答道:「我的兩個兒子曹璨、曹瑋可為大將,繼續為國家效力。」真宗又問兩者孰優孰劣。曹彬思考了一下說:「曹璨更像我,但曹瑋更優秀。」曹瑋確實從小就體現出過人之處,令其名將父親也不得不折服。

宋遼簽訂《澶淵之盟》,平夏部發展最為迅速之時,曹瑋已累官至知鎮戎軍,來到這個李繼隆主持修築的突前堡壘。李繼遷卒時曹瑋曾積極要求趁機剿滅平夏部勢力,但趙德明狡計堅請投降,又利用契丹帝國的牽制免於大禍,留下後患無窮。

曹瑋到任前,長兄曹璨已經在西北戰鬥過一段時間。誠如曹彬本人所言,曹璨比較像他,作風非常文明,也很仁厚,但曹瑋則不太像父親的風格。曹瑋剛到涇原軍主持工作時,巡視工事發現一位老將沒有嚴格按照規定設定擋箭牌,於是要按軍法處斬。眾人紛紛求情免死,表示這位老將久在邊關,對夏作戰非常有用。但曹瑋表示軍法就是軍法,沒有商量的餘地,將其斬首,一時全軍駭然,見識到這位青年將軍的鐵腕治軍風格,與其父親大不相同。一位山東名士賈同造訪曹瑋,住在外舍,曹瑋正好要去巡邊,於是到外舍來接他一道前往。賈同見他一人前來,奇道:「你帶的兵呢?」曹瑋只答道:「已具。」賈同和他一道出門來,卻見三千甲士環列周圍,人馬俱寂靜無聲,故而他剛才在舍內完全沒有聽見!回來之後賈同對人說:「曹瑋必成名將。」曹瑋沒有繼承其父親的風格,然而卻自成一家,以很淺的資歷,快速在西北軍中樹起威望,帶出一支比長年奮戰在

宋遼戰場上的河北軍更加強硬的鐵軍。

曹瑋在陝西加強當地的軍隊建設，以往宋軍作戰主要依靠禁軍，廂軍、蕃軍和民兵都只能做為輔助。但曹瑋在陝西大力開發民兵弓箭手，弓箭手平日是普通百姓，官府發放田地，自己供養自己，但要勤練射箭，遇到戰事就召集起來助戰。弓箭手一般不用於正面拚殺，主要在禁軍陣後提供火力支持，性價比極高，作戰非常勇猛，後來成為陝西軍不可或缺的一部分。而蕃軍指揮系統以往都比較混亂，曹瑋進行了大力整治，對他們的編制、軍銜、軍餉等都實施制度化、正規化，極大提高了蕃軍的戰鬥力，這些都是曹瑋為建設陝西軍所作出的重大貢獻。

曹瑋第一次的戰功是發生在咸平五年，時任涇原副部署，襲破康奴族的戰役。康奴族是活動在靈州附近的一個部落，族性狡黠又熟悉地形，經常引導李繼遷襲擊運往靈州的物資，李繼隆也吃了他們不少苦頭。曹瑋和部署陳興經過嚴密的策劃，帶兵潛行到康奴族的聚集地，將其一舉殲滅。李繼遷得到消息來救援的時候，曹瑋已經帶兵安全撤走。遺憾的是，曹瑋剛剛嶄露頭角，李繼遷就死了，兩人沒有什麼面對的機會。

■ 十萬胡塵一戰空 ■

趙德明假裝投降的計策得逞，曹瑋知道已經失去剿滅平夏部的良機，現在就要防止其坐大，最關鍵就在於不能讓他吞併

第二章　天風浩蕩賀蘭雪

回、蕃，也不能讓這些部族強大起來成為新的敵人。回鶻確實無法救援，相當程度上只能坐視趙德明將其吞併，而打擊有獨立野心的李立遵則是保衛吐蕃的關鍵。

平夏部與吐蕃是世仇，趙德明不斷襲擾六穀等蕃部，但曹瑋派兵保護這些部落，趙德明一直不便下手，保證了蕃部對朝廷的忠誠。趙德明每次帶兵襲擾蕃部，看到曹瑋的旗號，雖然怨恨卻也無可奈何。曹瑋的存在阻止了青海、甘肅一帶的小部族歸附平夏部，而南方更多強大的吐蕃部族雖然暫不會歸附平夏，但如果他們要與朝廷為敵也非常麻煩，真正的考驗還在於此。

唐代的吐蕃帝國瓦解後，吐蕃諸部散落在青藏高原上，河湟地區（青海、甘肅的黃河、湟水流域）的一位首領李立遵（郢成藺逋叱）一直有志於恢復。他打聽到一位名叫欺南陵溫逋的人是吐蕃贊普達瑪歐松的後裔，於是將其挾持到宗哥城（今青海省平安縣），尊為贊普，號唃廝啰（亦作唃廝囉），立文法（吐蕃的政權立法儀式），號稱全藏的領袖。李立遵自為論逋，相當於太師。這個政權史稱青唐羌政權，占據青海、甘肅和四川交界的大片領土，有黃河、湟水、瀚海（青海湖）等眾多山川湖泊形勝之處，農牧業比較發達。事實上名譽首領唃廝啰非常親宋，但話語權更大的李立遵則一心想恢復吐蕃帝國，如果讓他成功將是不亞於平夏部的勁敵。

最初李立遵對朝廷比較恭順，曾主動請纓會剿李繼遷，但

第三篇　駕長車踏破賀蘭山缺

隨著實力的增長開始狂妄起來。大中祥符八年（西元 1015 年），李立遵向朝廷上表，要求冊封為贊普。曹瑋上疏道：「贊普就是可汗的意思，李立遵一句話就得到了，唃廝囉怎麼辦？他以後還會有更多要求，以至不能制約。」最後宋廷決定封李立遵為保順軍節度使，和廝鐸督平級。這個封賞本來已經很高，但李立遵還是不滿，開始陰謀背叛朝廷，謀求名義上的獨立。他先是指使唃廝囉的舅舅賞樣丹與廝敦準備立文法起事，但這位廝敦是曹瑋的好友，曹瑋讓他去取賞樣丹的首級，果然很快就辦到了。廝敦又獻出了他自己的封建轄領南市城，曹瑋上表封廝敦為順州刺史。廝敦的轄領南市城緊鄰陝西，這可能是他親宋的主要原因。殺死賞樣丹後曹瑋又帶兵閃擊私立文法的廝雞波、李磨論兩部，將其消滅。李立遵尚未親自出兵就被拔去爪牙，大怒，集結三萬餘精騎，準備大舉進犯，曹瑋也集結秦鳳路兵馬與李立遵開戰！

李立遵很狂妄的宣稱要在秦州城下與曹瑋決戰，但曹瑋根本不予理會，率參謀部考察研究後決定以六千騎兵在三都谷（今甘肅省甘谷縣以西）迎戰。不久李立遵的大部隊來到谷口，偵察兵連忙向曹瑋報告，曹瑋正在吃飯，聞報後不慌不忙繼續吃。偵察兵又多次報告敵軍越來越近，直到在指揮部中都能看見敵軍旗號時曹瑋才放下餐具出兵列陣。曹瑋在軍中遙見一位吐蕃將軍騎白馬在陣前往來指揮，問左右誰最善射，左右均答李超。曹瑋問李超：「你需要帶多少騎可以射殺那位蕃將？」李超

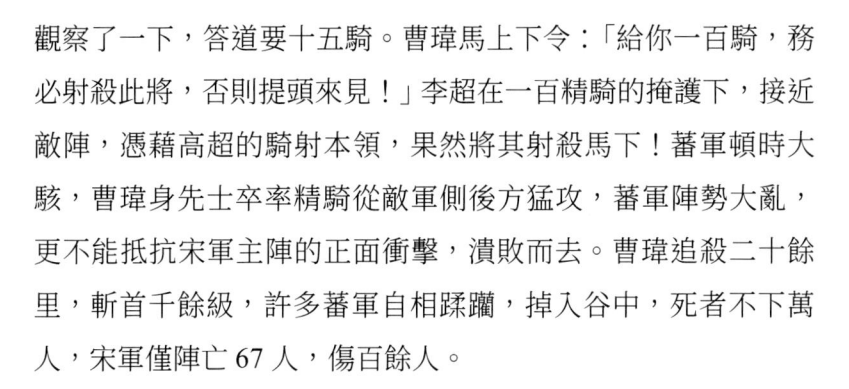

觀察了一下，答道要十五騎。曹瑋馬上下令：「給你一百騎，務必射殺此將，否則提頭來見！」李超在一百精騎的掩護下，接近敵陣，憑藉高超的騎射本領，果然將其射殺馬下！蕃軍頓時大駭，曹瑋身先士卒率精騎從敵軍側後方猛攻，蕃軍陣勢大亂，更不能抵抗宋軍主陣的正面衝擊，潰敗而去。曹瑋追殺二十餘里，斬首千餘級，許多蕃軍自相踐躪，掉入谷中，死者不下萬人，宋軍僅陣亡67人，傷百餘人。

三都谷之戰後，李立遵還沒來得及跑回去，曹瑋已經派兵襲擊了宗哥城和吹麻城（今甘肅省積石山縣），殺死正在立文法的酋長甘遵、魚角蟬。另一位酋長馬波叱臘在宗哥城北的野吳谷構築防禦工事，曹瑋派二百神武軍冒著箭雨斬斷柵欄，宋軍湧入，控制了李立遵的老巢。在用兵如神的曹瑋面前，李立遵還沒正經八百指揮作戰，一下子就已經全線潰敗。繼而河州、洮蘭、安江、妙敦、邈川、黨逋諸城皆納質為熟戶。熟戶就是漢化的公民，不再由世襲領主所私有。曹瑋又修築捘岊曪城堡（遺址今已尋不得），完全控制住河州一帶的蕃部。

三都谷之戰對宋帝國的蕃漢關係具有至關重要的意義，此戰前李立遵本有恢復吐蕃帝國之意，戰後唃廝囉、李立遵以及吐蕃諸部均忠於朝廷，不再反叛，更沒有歸附西夏，極大的保障了青藏高原的和平穩定，是宋帝國最成功的一次地緣戰略行動。

曹瑋也因為他的卓越貢獻成為李繼隆之後的又一位旗幟性

名將,深受宋軍景仰,多年後,大將葛懷敏曾被賜穿曹瑋的戰甲以示榮耀。曹瑋做為曹彬之子,風格與其父大不相同,以沉著和勇猛著稱,也贏得了蕃、羌諸部甚至契丹帝國的共同尊重。唃廝啰在與人交談中只要一聽到曹瑋的名字,就會以手加額,向他所在方向行禮;契丹使者從他的轄區前路過,也要緩行而過。平定李立遵後,曹瑋因功遷宣徽北院使、鎮國軍觀察留後、簽署樞密院事,是第一位破例以樞密院長官兼任節度藩鎮的武將。宋仁宗天聖八年(西元 1030 年),彰武軍節度使曹瑋卒,享年 50 歲,贈侍中,諡武穆,配享仁宗廟庭。

十萬胡塵一戰空,並不是指將胡人全部屠殺,而是要滌蕩胡塵,用文明觀念將私有部民轉化為國家公民。曹瑋透過對吐蕃諸部的恩威並施,贏得他們的真誠尊重,避免了被平夏部收取,在其已經獲取回鶻右臂的情況下,斬斷其左臂,無愧為一代名將。

■ 凡易五姓,終建帝國 ■

天禧六年(西元 1022 年),宋真宗駕崩,享年 54 歲,共在位 24 年。由第六子趙禎繼位,即為偉大的宋仁宗。

明道元年(西元 1032 年),遼帝國加封趙德明為尚書令、夏國王,鼓勵其獨立。迫於壓力,宋廷也加封趙德明為夏國王,承認了其封建割據的合法性。

第二章　天風浩蕩賀蘭雪

就在這一年，趙德明卻突然死了，宋廷追贈為太師、尚書令、中書令，以國王禮儀服喪。其「太子」趙元昊嗣位，授特進、定難軍節度使、夏銀綏宥靜等州觀察處置押蕃落使、西平王。李繼遷是一個厲害的游擊隊長，他的兒子趙德明則是一位高明的政治家。李繼遷草創出一塊割據勢力後，趙德明頂住宋遼兩個超級大國的壓力，利用地勢頑強發展自己，統領平夏部近三十年，完成了從一個沙漠部落向漢式帝國的轉變。雖然他本人在世時沒有稱帝，但事實上，為其子趙元昊建立西夏帝國打下了基礎。

趙元昊嗣位後加緊了獨立的程續，首先是去掉趙姓，取名「嵬名囊霄」。嵬名是党項大族的姓氏，自古只有君主賜臣姓，囊霄以君主跟隨臣下的姓氏，也算是一奇。三國時代的軍閥呂布在亂世中為求生存，不斷依附新的主子，用了三個姓氏，被人蔑稱為「三姓家奴」。但西夏皇帝們可以告訴他：「您的姓還是少了。」平夏部歷經用過拓跋、李、趙、嵬名四個姓氏（或許之前還有一個姓氏，但不見史載），終於成就帝王之業。囊霄又自稱「兀卒」，即為党項語中單于、可汗的意思，後來發現「兀卒」譯為漢語不太吉祥，又改譯為「吾祖」，思考模式類似於韓國友人。明道二年，囊霄又認為「明道」年號犯其父「德明」的名諱，改元為顯道，從此使用自己的年號。

之後囊霄升興州為興慶府，按帝制建造宮室。又設立文武班，官制大致模仿宋朝，又為党項貴族設立了一些党項語的職

銜，如寧令、謨寧令、丁盧等。歸屬平夏部的各部兵力此時已經有五十餘萬之眾，囊霄對其進行整編，設立十二監軍司，以党項貴族擔任都統軍、副都統軍和監軍使，但在其下數十名指揮使卻由西夏朝廷直接指派，建立起一套略帶貴族私有色彩的的國有化軍制。在這十二監軍司中，除一個拱衛京師，四個主防西、北方向，其餘七個排布在宋夏邊境上，共有三十餘萬精銳部隊，對位宋帝國陝西都部署司屬下的麟府、鄜延、秦鳳、環慶、涇原、熙河等路以及吐蕃諸部。西夏國土面積不大，但兵力卻極多，集結和機動能力遠在宋、遼兩軍之上，經常能夠快速集結數十萬大軍趕赴戰場，是夏軍最大的特點。除了十二監軍司外，又設有十萬擒生軍，全部由漢族壯士組成，做為囊霄的直屬部隊。

　　規範的國家機構和強大的軍隊都要建立在民眾的基礎上，為顯示其民族獨立，囊霄下令推行党項族的傳統髮式和服飾，並禁止蕃部使用漢人習俗，要求蕃民三日內必須遵從，否則處死。囊霄又命謨寧令野利仁榮創造了党項文字，設立蕃字院和漢字院，設立蕃、漢兩種科舉，大力推廣党項文。之後又革除唐宋禮樂，創造了党項禮樂，人為的創造出一套民族文化來。囊霄為了獨立稱帝的野心，將這些少數民族百姓綁架在自己的戰車上，斬斷了他們融入現代文明的前路。

　　景祐五年（遼重熙七年，夏大慶三年、西元1038年），趙元昊經過六年的準備，正式稱帝，國號「白上大夏國」，史稱西

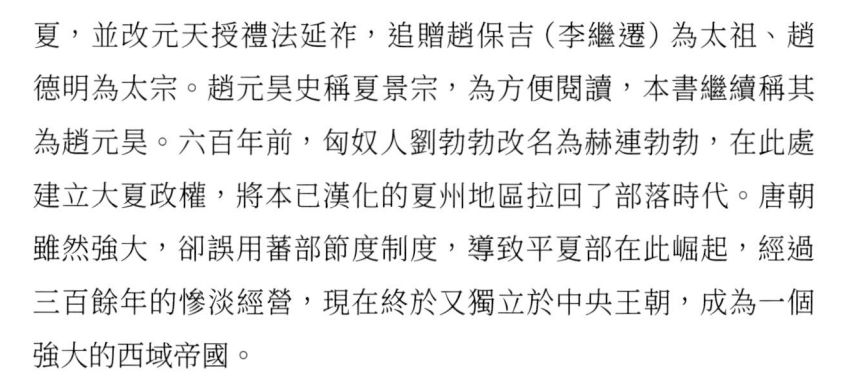

夏，並改元天授禮法延祚，追贈趙保吉（李繼遷）為太祖、趙德明為太宗。趙元昊史稱夏景宗，為方便閱讀，本書繼續稱其為趙元昊。六百年前，匈奴人劉勃勃改名為赫連勃勃，在此處建立大夏政權，將本已漢化的夏州地區拉回了部落時代。唐朝雖然強大，卻誤用蕃部節度制度，導致平夏部在此崛起，經過三百餘年的慘淡經營，現在終於又獨立於中央王朝，成為一個強大的西域帝國。

西夏位於宋、遼、阿拉伯等大國的中間，但地勢非常利於防守，並可以靈活出兵牽制襲擾這幾國。所幸的是他沒能占據吐蕃，否則從高原進攻四川，宋帝國更難防禦。西夏位處西域咽喉，既掌握了東西方國際貿易的商路，又控制住西域良馬這個重要的戰略資源，而揉合了中國和阿拉伯鍛造技術的西夏，冶金工業也堪稱一絕，其鋼鐵產量和品質都極高。那個時代所需的戰爭優勢條件都非常湊巧的薈萃於西夏，這也是這個不算很大的國家能夠在西元第二個千年伊始，這個地球人類競爭最激烈的時代，頑強挺立於大陸中央的重要原因。而奔波於亞歐大陸上的各國商人們必須通過西夏的國境，西夏趁機大收關稅，一度成為該國的財政支柱。漢民族一向以缺馬為難，在過去的兩千年中常常因此受制於他人，在宋朝尤其嚴重，主要就是因為西夏很好的控制了馬匹向關中的輸入。所以，西夏，這個國家才是北宋一朝的主要敵手，宋夏百年戰爭，遠比宋遼三十年戰爭更為慘烈。

■ 三川口：湯火平地赴人急 ■

趙元昊稱帝後準備以外國皇帝的身分向宋稱臣，當然沒有獲准，所以他需要對原來的宗主國用兵，迫使大宋承認其獨立地位。

趙元昊繼位後就經常襲擾鄜延、麟府等路，但一直沒有引發大戰。稱帝後趙元昊策劃了幾場大戰，第一個攻擊目標是陝西各路最北端的延州。當時主政陝西的是資政殿學士、振武軍節度使、鄜延環慶路經略安撫使范雍，趙元昊先與他講和，要求雙方都暫不動兵，老范信以為真。康定元年（夏天授禮法延祚三年，西元1040年），趙元昊快速集結東南面各監軍司數萬大軍進攻，首先用詐降計擊敗金明寨守將「鐵壁相公」李士彬，拔除延州外圍據點，然後直撲延州。到此時老范仍然相信趙元昊只是襲擾要塞，不會違約大舉進犯延州，於是把大部隊都派出支援其他要塞，城中只有數百軍士，現在可就大難臨頭了。范雍與鈐轄內侍盧守勤抱頭痛哭，派都監李康伯去跟趙元昊議和，李康伯寧死不從，堅請決戰！范雍只好傳檄附近的宋軍火速趕來救援。

最先接到檄令的是鄜延、環慶副都部署劉平，他本來按范雍的命令去救援土門寨，已率三千騎兵從慶州出發，此時又接到急令連忙回師。劉平部途中遇到鄜延副都部署石元孫部，兩路合兵不及萬人，比起趙元昊的十餘萬眾處於明顯劣勢。部下

第二章　天風浩蕩賀蘭雪

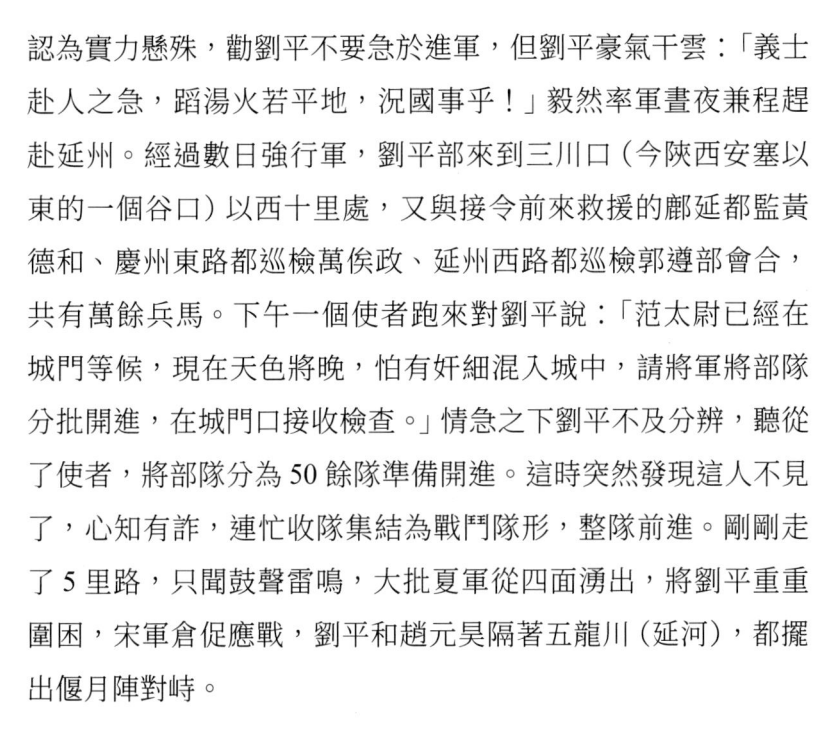

認為實力懸殊，勸劉平不要急於進軍，但劉平豪氣干雲：「義士赴人之急，蹈湯火若平地，況國事乎！」毅然率軍晝夜兼程趕赴延州。經過數日強行軍，劉平部來到三川口（今陝西安塞以東的一個谷口）以西十里處，又與接令前來救援的鄜延都監黃德和、慶州東路都巡檢萬俟政、延州西路都巡檢郭遵部會合，共有萬餘兵馬。下午一個使者跑來對劉平說：「范太尉已經在城門等候，現在天色將晚，怕有奸細混入城中，請將軍將部隊分批開進，在城門口接收檢查。」情急之下劉平不及分辨，聽從了使者，將部隊分為50餘隊準備開進。這時突然發現這人不見了，心知有詐，連忙收隊集結為戰鬥隊形，整隊前進。剛剛走了5里路，只聞鼓聲雷鳴，大批夏軍從四面湧出，將劉平重重圍困，宋軍倉促應戰，劉平和趙元昊隔著五龍川（延河），都擺出偃月陣對峙。

趙元昊兵力占優，首先發起進攻，令步卒渡河來攻。劉平令郭遵和御前忠佐龍衛都虞候兼鄜延巡檢王信率騎兵待敵軍半渡，從左右鉗擊。郭遵和王信都是罕見的猛將，尤其是郭遵，使一套鞭、槊，重九十斤，往來衝突，無人能當，夏軍力有不支。趙元昊在對岸遙望郭遵所向披靡，派出一員驍將指名要與郭遵單挑。郭遵怒吼一聲，縱馬直入，一鞭敲碎了夏將的腦袋。宋軍奮起神威，將渡河的夏軍擊敗，斬首近千級，夏軍渡河時又溺死數千。但夏軍後續部隊又不斷渡河前來，宋軍發揮弓弩優勢，將許多夏軍射殺在河中。夏軍拿出很多大盾牌掩護

第三篇　駕長車踏破賀蘭山缺

著渡河，劉平知道決戰的時刻到來了，親率宋軍大部快速衝上前與夏軍搏擊在一起。激戰中劉平耳、頸、腿均被流矢所傷，依然身先士卒痛擊敵軍，夏軍又損失數千人，暫時收斂攻勢。

日暮時，宋軍紛紛拿著戰利品去向劉平邀功，劉平慌忙道：「戰鬥正急，功勞先記著，打完仗一起算！」但在趙元昊的戰場上豈容你開這樣的玩笑，話音未落，夏軍輕騎兵就已經以最快的速度掠來，宋軍猝不及防，陣型退卻二十餘步。黃德和率本部兩千餘兵在後陣，見前陣退卻，連忙策馬逃遁！這下宋軍大陣潰敗，郭遵見大勢已去，抱定盡忠之念，一馬單騎揮舞大槊殺入敵陣。起初夏軍奮力抵抗，被殺得人仰馬翻。趙元昊急令用鐵鏈重重絞住他，竟被他一把大槊盡皆斫開！趙元昊又調大批弓箭手對準郭遵猛射，郭遵戰甲插滿箭簇，依然奮戰，最後戰馬倒地，夏軍蜂擁而上將其剁成肉醬，壯烈以身殉國！郭遵死後宋軍徹底潰散，不過劉平還是很頑強，讓親兵拔劍遮道，擋住了千餘名潰逃的宋軍，帶著他們漸次退到西南山下，結下七個營寨防禦。趙元昊將這七個營寨團團圍定，第二日指揮十萬大軍合擊，千餘宋軍根本不可能抵抗，劉平、石元孫均被擒。

趙元昊雖然在三川口全殲劉平部，但是也耗費了很多時間，宋軍抓緊這寶貴的數天時間，麟州都教練使折繼閔、柔遠寨主張岊（ㄐㄧㄝˊ）襲破浪黃、黨兒二族，斬其軍主敖保。並代鈐轄王仲寶帶兵直插賀蘭谷，在長雞嶺大敗夏軍守將羅遇，直接威脅到興慶府的安全。趙元昊只好全軍退卻，解除延州之圍。

第二章　天風浩蕩賀蘭雪

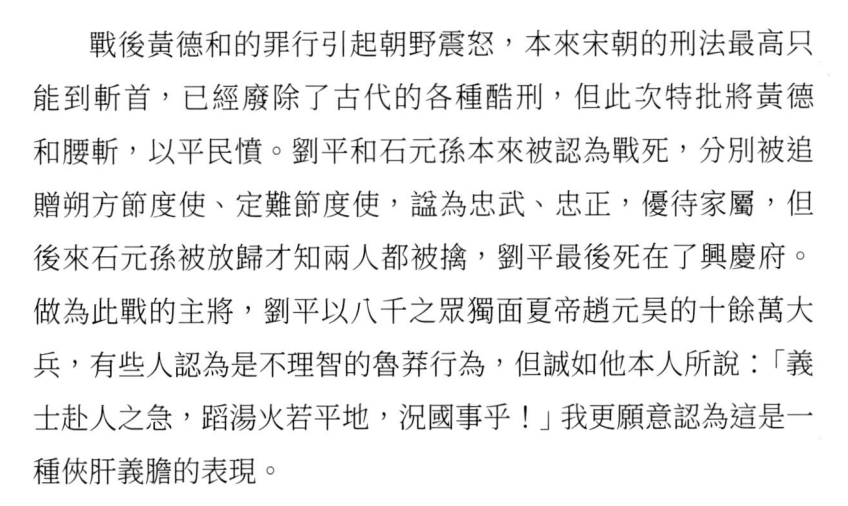

戰後黃德和的罪行引起朝野震怒，本來宋朝的刑法最高只能到斬首，已經廢除了古代的各種酷刑，但此次特批將黃德和腰斬，以平民憤。劉平和石元孫本來被認為戰死，分別被追贈朔方節度使、定難節度使，謚為忠武、忠正，優待家屬，但後來石元孫被放歸才知兩人都被擒，劉平最後死在了興慶府。做為此戰的主將，劉平以八千之眾獨面夏帝趙元昊的十餘萬大兵，有些人認為是不理智的魯莽行為，但誠如他本人所說：「義士赴人之急，蹈湯火若平地，況國事乎！」我更願意認為這是一種俠肝義膽的表現。

劉平其實不是一介武夫，而是中過進士的文人，但他本人武藝也非常高強，又熟讀兵書，一直有志於上陣殺敵，在朝中當到侍御史後外放至陝西前線帶兵。劉平這樣一位文武雙全的將軍，正是中國傳統儒家情懷和武士精神的完美結合，他和勇猛盡忠的郭遵都是中華民族非常值得推崇的形象。劉平犧牲後他的兒子劉銓被朝廷錄用，繼承父志，繼續鎮守陝西，後來在靖康之難中以知懷德軍職務殉國，可謂滿門忠烈。而石元孫是石守信之孫、石保吉之子，「石家軍」一直是頂在他頭上的巨大光環。結果此戰做了俘虜，多年後被放歸，諫院認為他被俘辱國，應該斬首示眾，宰相賈昌朝念其父祖功勳免死，屈辱的苟活了數年後死去，石家軍的無上榮光也就此湮滅。

三川口之戰是西夏第一次和宋軍的大兵團會戰，取得大勝，很多現代人對此津津樂道，又引為宋軍「軟弱」的論據。

然而事實上康定元年的軍事行動，還是以夏軍的敗退結束，劉平、石元孫、郭遵等將正是以自己的忠烈拖住了趙元昊的主力部隊，給友軍充分的時間突入夏境，挫敗了趙元昊的整體謀劃，他們應該是受到充分尊重的帝國忠臣而不應該被取笑。此戰之後，宋帝國派出了韓琦、夏竦、范仲淹等名將來到陝西主持軍務，新的大戰又即將爆發。

■ 好水川：將軍白髮征夫淚 ■

　　三川口戰役後，宋廷罷免了范雍的職務，重新組建陝西都部署司的管理團隊，任命忠武軍節度使、戶部尚書夏竦為宣徽南院使、陝西經略安撫招討使，全面主持陝西前線工作，又以益利體量安撫使韓琦為樞密直學士、陝西都轉運使范仲淹為龍圖閣直學士做為副使，協助其工作。但韓琦和范仲淹的戰略思想卻大相逕庭，韓琦主張出動大兵深入興、靈討伐趙元昊，范仲淹主張應該修築堡壘，採取守勢。兩人爭執不下，夏竦擺不平兩位副使，只好讓他們回朝辯論，朝廷也不知如何定奪，最後詔令一面修築堡壘，一面準備主動出兵。

　　首先是分管鄜延路的范仲淹屢次主動出擊，收復金明寨，並多次成功打擊夏軍重要的要塞和軍工廠，其中兩員小將部署葛懷敏和殿直狄青表現出色。尤其是狄青，後來率大軍討平廣西儂智高叛亂，成為北宋唯一一位武夫出身的樞密使。范仲淹

第二章　天風浩蕩賀蘭雪

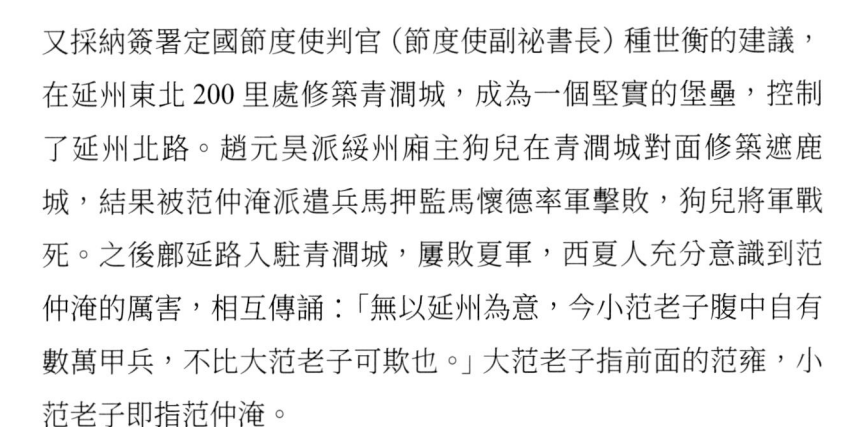

又採納簽署定國節度使判官（節度使副祕書長）種世衡的建議，在延州東北200里處修築青澗城，成為一個堅實的堡壘，控制了延州北路。趙元昊派綏州廂主狗兒在青澗城對面修築遮鹿城，結果被范仲淹派遣兵馬押監馬懷德率軍擊敗，狗兒將軍戰死。之後鄜延路入駐青澗城，屢敗夏軍，西夏人充分意識到范仲淹的厲害，相互傳誦：「無以延州為意，今小范老子腹中自有數萬甲兵，不比大范老子可欺也。」大范老子指前面的范雍，小范老子即指范仲淹。

　　主張防守的范仲淹主動出擊取得不錯戰績，韓琦分管的環慶路卻陷入防守。趙元昊派軍攻破三川寨，進圍鎮戎軍。最後在涇原軍的支援下，環慶軍才將夏軍擊退。頂住了趙元昊的第一波攻勢，環慶路開始反擊，趁趙元昊的精力都放在鎮戎軍方面，韓琦派出環慶部署任福率七千兵，從慶州出發，聲言巡邊，夜暮時來到柔遠寨，與當地蕃部宴飲，並戒令任何人不得離席，同時悄悄分派諸將行軍70里向慶州東北100里處的西夏堡壘白豹城出發。天明時宋軍有如神兵天降，出現在白豹城下，西夏守軍毫無準備，大驚失色。此時任福也趕至城下親自指揮，旋即攻破城池，收服蕩骨咩等41個部族。白豹城是靈州的屏障，環慶、鄜延兩路可以由此合兵進攻靈州，趙元昊不敢有失，連忙派兵急救，救兵到時宋軍已經撤走，又派騎兵追擊。任福派神木北路都巡檢范全伏擊，又斬首數百級。任福夜襲白豹城，一戰成名，升為龍神衛四廂都指揮使、賀州防禦

第三篇　駕長車踏破賀蘭山缺

使,成為夏軍所忌憚的名將。韓范兩路到陝西後都取得不錯戰績,當時流傳一首歌謠:「軍中有一韓,西賊聞之心骨寒。軍中有一范,西賊聞之驚破膽。」

面對一連串的敗績,趙元昊焦頭爛額,又使出求和的伎倆。范仲淹本主招撫,於是準備談和,但韓琦認為「無故請和,必定有詐。」要求趁機進攻。爭執不下又提交廷議,結果朝廷詔令韓琦的環慶路準備戰鬥,范仲淹的鄜延路按兵不動,夏竦直轄的涇原路也沒有出兵。果然,慶曆元年二月,夏軍開始襲擾懷遠城(今甘肅省平涼市)。韓琦忙令諸堡戒嚴,並調鎮戎軍駐軍從後方包抄,選派了一萬八千兵力,由任福率領,涇原駐泊都監桑懌為先鋒。臨行前,韓琦對任福等面授機宜,要求他們從後方包抄夏軍,一定不能遠離能夠供糧的營寨,如果不便作戰就據險堅守,千萬不能冒進,緩行至羊牧隆城(今寧夏省西吉縣),與駐守的涇州駐泊都監王珪合兵後出擊。任福一口答應,率軍出發。

任福出兵不久,其所部的鎮戎軍西路都巡檢常鼎、同巡檢內侍劉肅就在懷遠寨以南的張家堡遭遇夏軍,夏軍一觸即潰,丟棄不少物資敗去。任福見夏軍敗退,把韓琦的方案忘得一乾二淨,率輕兵猛追,日暮時追至六盤山下的好水川(大致在今寧夏省隆德縣以北),此地離羊牧隆城僅有五里,已乏食三日,人困馬乏,在川口紮營。其餘各部也漸次趕到,任福與桑懌在川口紮營,鈐轄朱觀、涇州都監武英率另一部在隔山相距五里的

龍落川駐紮,約好第二天合兵繼續追擊。這時他們連續行軍,已經非常疲頓,然而他們並不知道,他們已經墜入了趙元昊的佯敗誘敵之計。

次日清晨,任福率軍穿過川口,發現道旁有一些銀泥盒,盒中噗嗤作響。任福令人開啟盒子,旋即百餘隻白鴿從盒中飛出,盤旋於宋軍上空。這正是趙元昊放在這裡的信號,趙元昊坐在山頂,根據白鴿以判斷宋軍的位置,以大旗指揮,鐵騎四出,將宋軍團團圍住,竟有十餘萬眾!(白鴿之說據《西夏書事》,《長編》稱在此地遇夏軍大陣,不得不接戰。按理說離羊牧隆城僅有五里時還要停下來紮營的可能性確實不大,白鴿很可能是後人演義出來的故事)此時任福等方知中計,只好全力抵抗。任福先派桑懌抵住夏軍前鋒,自結大陣禦敵。然而不等大陣結成,又有不少伏兵殺出,很多宋軍被趕下山崖,桑懌、劉肅在亂軍中戰死。任福身中十餘箭,部將劉進勸他更換衣甲逃離,任福怒道:「吾為大將,兵敗,以死報國耳!」使一把四刃鐵簡,與其子任懷亮挺身衝入敵陣決鬥。士卒見狀也無不報定盡忠之念,隨任福決死,無一人逃亡,但畢竟寡不敵眾,全部為國捐軀。

夏軍全殲任福、桑懌部後,立即合圍武英、朱觀部,這時羊牧隆城內的王珪也率 4,500 軍出援,在朱觀的大陣以西結陣輔助,韓琦派出的渭州都監趙津也率 2,200 騎趕到。由於宋軍完成了陣形,所以夏軍沒有立即衝潰他們。然而趙元昊的用兵風

格非常堅決,一旦遇到戰機,哪怕損失再大也絕不放棄,夏軍向宋軍大陣發起了一輪又一輪的自殺式衝鋒,戰鬥極其慘烈。王珪隱約看見任福的旗號還沒有倒,準備出兵去救。軍校猶豫不前,王珪拔劍斬之,向東京方向叩拜道:「臣非負國,力不能也,獨有死耳!」策馬殺入敵陣,一條鐵鞭打得彎折,虎口盡裂,殺敵數百,戰馬三次中箭,三次換馬,最後只能步戰,猶殺敵數十,最後中飛矢而死。武英指揮大陣血戰多時,身受重傷,情知必敗,勸參軍事耿傅道:「我是武將該死,你是文官,沒有軍責,何須與我們共死?」耿傅聽後更加挺身在前,身中數槍而死。

耿傅在前一天就提醒任福、朱觀要按韓琦的方略持重緩行,任福等不聽,今日果然中伏大敗。夏軍前仆後繼,終於將宋軍東偏步兵陣衝破,整個大陣潰散,主將武英戰歿。朱觀率餘下的千餘士兵緩緩退到附近民兵營寨,藉助民兵弓箭手勉強抵抗,堅持到了涇原部署王仲寶率兵來援,倖免一死。宋軍共陣亡任福等指揮、軍校以上的數百人,士卒六千餘人。趙元昊又馬不停蹄進攻劉璠堡(今寧夏省海原縣),范仲淹遣環慶都監劉政率五千精兵救援,由於此前夏軍損失已經很大,於是退回天都山休整。不久趙元昊又出兵秦州,被曹彬幼子秦鳳路副都部署曹琮擊退。

好水川之戰趙元昊巧妙的引誘任福墜入其計,雖然代價比敗方更大,但夏竦主政陝西後趙元昊連遭敗績,此戰終於扳回

一局,尤其是誅殺西夏人最忌憚的名將任福,出了一口惡氣。西夏太師張元在邊境的界上寺牆上題詩道:「夏竦何曾聳,韓琦未足奇。滿川龍虎輩,猶自說兵機。」這裡的「滿川龍虎輩」就是指丟滿山川的宋軍屍體,非常得意。任福雖輕敵冒進,導致全敗,但全軍殉國,也讓朝廷非常感動,追贈武勝軍節度使、侍中,其餘陣亡將領均有追贈。《西夏簡史》稱韓琦、范仲淹因此敗也被貶官。這場大敗也極大的挫傷了宋軍的士氣,所以悲天憫人的范文正公才會寫出那篇最具悽美傷感情懷的邊塞詞〈漁家傲〉:

塞下秋來風景異,衡陽雁去無留意。四面邊聲連角起,千嶂裡,長煙落日孤城閉。

濁酒一杯家萬里,燕然未勒歸無計。羌管悠悠霜滿地,人不寐,將軍白髮征夫淚。

■ 定川寨:名將之花凋大漠 ■

好水川之戰夏軍大勝,但損失也很慘重,經過近半年的休整,慶曆元年七月,趙元昊又集結大軍出擊。夏軍先宣稱要進攻涇州,實則主攻麟州,但被高瓊之子、知并州高繼宣識破,先通知麟府軍戒備,又帶兵在麟州城下夾擊夏軍,趙元昊大敗而走。趙元昊隨後又繼續猛攻麟府地區的其他州寨,均未能取得實質性戰果,而范仲淹堅持穩妥的堡壘推進戰術,利用城堡

第三篇　駕長車踏破賀蘭山缺

控制了許多咽喉要地。隨著宋軍進攻前線的緩慢推進，局勢開始對西夏越來越不利。

雖然趙元昊與興平公主一向不和，但這時卻想到請小舅子遼興宗出面。遼帝國也明白，保持西夏在宋帝國西北的壓力非常重要，於是詔令南京留守司和西南面招討司集結大量部隊，號稱要出兵，並遣使重提關南十縣的領土問題。宋廷遣樞密直學士富弼為使，反覆交涉後宋帝國堅持寸土不讓，最後把歲幣從三十萬增加到五十萬了事。恰逢此時，三司（即戶部、鹽鐵、度支，是分管財經工作的部門）向朝廷提交了增置酒稅以彌補陝西軍費的議案，引起御史臺、諫院一片譁然，爭論許久才勉強通過。這半年時間給了趙元昊寶貴的喘息之機，不過等宋帝國解決掉這些麻煩後，趙元昊還是必須取得一場勝利才能保護自己。

閏九月，趙元昊召集夏軍總參謀部制定方案，張元提出宋軍精銳現在都集中在邊境，關中空虛，不如直接攻打渭州，宋軍必救，則可設伏將救兵殲滅。趙元昊集結十餘萬大軍分東西兩路，從劉璠堡和彭陽城合圍鎮戎軍。涇原路都部署王沿遣涇原路招討經略安撫副使葛懷敏率萬餘兵救援鎮戎軍。葛懷敏是大將葛霸之子，范仲淹曾派他深入敵境，襲擊夏州冶鐵務，原滿完成任務，後來提拔為高級軍官，每次參與參謀本部制定作戰方案時，都顯示出極高的軍事才華，宋仁宗曾賜穿名將曹瑋的戰甲，將其視為能夠接替曹瑋在宋軍中精神地位的希望之星。唯有范仲淹認為他是小聰明，不宜為大將。果然，這種成長在

第二章　天風浩蕩賀蘭雪

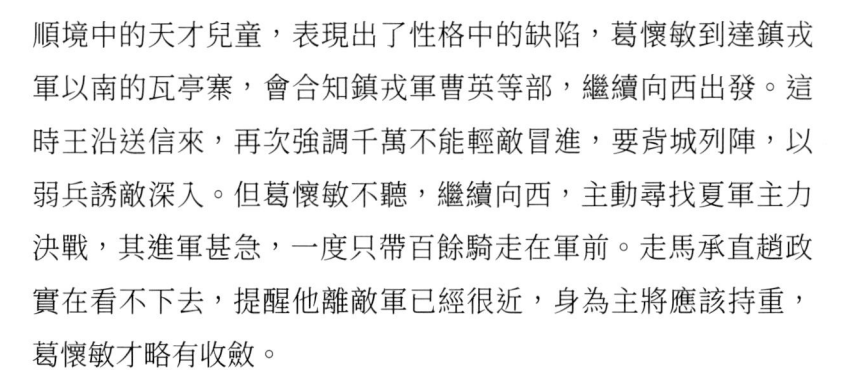

順境中的天才兒童,表現出了性格中的缺陷,葛懷敏到達鎮戎軍以南的瓦亭寨,會合知鎮戎軍曹英等部,繼續向西出發。這時王沿送信來,再次強調千萬不能輕敵冒進,要背城列陣,以弱兵誘敵深入。但葛懷敏不聽,繼續向西,主動尋找夏軍主力決戰,其進軍甚急,一度只帶百餘騎走在軍前。走馬承直趙政實在看不下去,提醒他離敵軍已經很近,身為主將應該持重,葛懷敏才略有收斂。

行軍三日後,偵騎捕捉到夏軍主力在鎮戎軍和劉璠堡之間的定川寨附近。葛懷敏提出天明立即出擊,涇原都監趙珣則提出:「現在敵軍以數倍之眾遠道而來,銳氣正盛,我軍應固守鎮戎軍,以利糧餉,再出奇兵斷其歸路,待敵軍銳氣衰竭再出兵掩殺,否則必遭屠戮!」但此時葛懷敏立功心切,堅持主動出擊,並制定了四路出擊的方案:延邊都巡檢使劉湛、向進出西水口,涇原路都監趙珣出蓮華堡,知鎮戎軍曹英、都監李知和出劉璠堡,葛懷敏自領軍出定西堡。夏軍本就人數占優,宋軍分兵後更處劣勢。趙元昊快速擊退前鋒劉湛部,又分別立營柵切斷宋軍各部的歸路,葛懷敏只好令各部入據定川寨。

然而這正中趙元昊下懷,因為他的目的本來就不是攻城,而是殲滅宋軍的生力量。他出動十萬大軍將這萬餘宋軍團團圍困,斷絕歸路又阻斷上流水源,準備困死宋軍。葛懷敏率兵出城列陣,環慶都監劉賀先率數千蕃兵出戰,失利後蕃兵竟四散而逃。葛懷敏、曹英又結陣禦敵,趙元昊親率精銳衝擊大陣,

葛懷敏倒還不賴，中軍巍然不動，趙元昊又轉而攻擊東偏陣的曹英。本來曹英可以抵禦，不料突然黑風大作，東偏陣潰敗，繼而全陣潰敗。宋軍一片混亂，相擁入城，差點把葛懷敏擠死。趙元昊大兵圍城，派人在城下對葛懷敏喊道：「你不是部署廳上點陣圖的嗎？你曉暢軍事，但現在入我圍困，還想往哪兒跑？」葛懷敏召集眾將商議，決定突圍回鎮戎軍，趙珣提出現在出城必遭伏擊，應該堅守以待援軍，葛懷敏又不聽。次日宋軍分前後軍呼應出城，結果前軍剛出城二里路就發現路已經斷了，被夏軍包圍，葛懷敏、曹英、李知和等四十餘將校和數千士兵戰死，趙珣被俘。而留在定川寨中尚未來得及出城的九千餘宋軍連同六百匹戰馬都做了俘虜。

趁此大勝，趙元昊又揮軍直抵渭州城下，在周邊大肆劫掠。知原州景泰率五千騎來援，趙元昊又使出佯敗誘敵的戰術，但景泰沒有冒進，而是搜出伏兵殺之，趙元昊遂大敗而去。

事實上在葛懷敏於定川寨被圍後不久，韓琦、范仲淹、龐籍、狄青等大將紛紛率兵出援，仁宗剛開始還說有范仲淹出兵，定川之圍不足為慮。誰知不等援軍到，葛懷敏已經全軍覆沒，震驚朝野。所幸范仲淹等路紛紛擊敗夏軍，趙元昊雖然一度臨近渭州，但還是全軍撤回。戰後廷議，雖然葛懷敏應該對戰敗負主要責任，但念及其以身殉國，仍然追贈為太尉、鎮西軍節度使，優待家屬，曹英等俱有追贈。王沿因誤用葛懷敏，降知虢州。

第二章　天風浩蕩賀蘭雪

■ 獨敗宋遼的大漠強者 ■

三川口、好水川、定川寨，號稱陝西三大敗，是趙元昊稱帝後與宋帝國交兵取得的最大戰果。當然，趙元昊發起這幾場戰役的目的都不是侵略宋地，而是想確保自身的安全，迫使宋廷承認其獨立。遭受這幾次大敗後，宋廷也重新審視對夏戰略，採納范仲淹立足防守、穩步推進的方針，同意與趙元昊議和。趙元昊提出願意向宋仁宗稱子，但拒絕稱臣，並要求賜歲幣。父子國可以是兩個分別獨立的國家，而沒有君臣關係，當初晉出帝就是只向遼太宗稱孫而不稱臣遭到滅國，宋廷則堅決要求趙元昊稱臣，和議又拖了很久。

在與宋廷談判期間趙元昊和遼帝國的關係也發生了變化，由於趙元昊不斷收容遼帝國西南方的呆兒族等部落歸順，還為了保護他們殺死遼軍招討使蕭普達、四捷軍詳穩張佛奴等大將，引起遼興宗震怒。更由於其稱帝欲與宋遼平起平坐的行為，遼帝國也於慶曆四年（遼重熙十三年、夏天授禮法延祚七年，西元1044年）五月興兵伐夏。遼軍分三路開進，皇太弟、齊天王耶律重元為馬步軍大元帥，率七千精騎為先鋒出南路；北院樞密使、韓國王蕭惠率兵六萬出北路，東京留守、趙王蕭孝友率軍跟隨；遼興宗親率中軍十萬騎出金肅城（今內蒙古準格爾旗）。趙元昊一邊上表請降，一邊堅壁清野準備迎戰。遼軍進入西夏境後竟然四百餘里無人跡，補給非常困難，一直推

進到賀蘭山以北才遇到左廂神勇軍司的伏擊。遼軍前鋒殿前副都點檢蕭迭里得陷入重圍,但奮力衝殺,待蕭惠援軍趕到,合力大敗夏軍。趙元昊繼續一邊請降一邊撤退,仍然是撤過之處寸草不留,遼軍戰馬無草料,愈發困難。趙元昊估算到遼軍最困難時向蕭惠發起突擊,恰逢風向有利,大敗蕭惠軍,又殺入蕭孝友營寨,擒駙馬都尉蕭胡睹等近臣數十人,繳獲不少遼帝器輦。此時趙元昊趁機向遼興宗請和,並歸還俘虜,遼興宗無奈,只好同意。

與遼帝國定和後,趙元昊趁機向宋帝國獻俘,誇耀武功,宋廷終於和他達成協議:冊封嵬名囊霄(趙元昊)為夏國主,賜歲幣20萬;趙元昊則既稱子又稱臣。趙元昊以西夏一隅,分別打敗宋、遼兩個超級大國,迫使他們同意議和,雖然名義上趙元昊仍要向宋遼稱臣甚至稱子、稱甥,但實際上已經獲得獨立建國的地位,不愧為沙漠中的頭號梟雄。

從陝西三大敗中我們可以看出,西夏已經脫離了游擊戰,組建起規範的國家機構和集團軍。趙元昊本人也非常善於用兵,利用宋軍將領輕敵心理,誘敵深入伏擊,三次全殲上萬人的宋軍部隊。而趙元昊自己也總結認為:陝西都部署司兵力不比西夏少,但分守24個軍州,每處的兵力就不多,自己最大的優勢就是能夠利用地利,集結十萬以上的大軍,以絕對優勢吃掉某部宋軍。

第三章
正式帝國對抗

■ 後趙元昊時代 ■

在幾次急攻受挫，承認西夏獨立建國後，宋帝國開始改用范仲淹的穩步推進戰略。而西夏在取得獨立地位後內部矛盾開始顯現，一些強大的氏族開始和趙元昊爭權奪利，均被趙元昊血腥鎮壓，其中甚至包括其生母衛慕氏、妻咩迷氏、兒子阿埋等至親！不過這種梟雄也有出昏招的時候，趙元昊為太子寧令哥娶妻沒移氏，但見其貌美竟然納為皇后，並廢掉野利皇后，與沒移氏終日遊樂，將國事全部委託給老皇后沒藏氏之兄沒藏訛龐。訛龐也是個很有野心的人，他知道寧令哥對趙元昊有廢母奪妻之恨，於是日夜挑唆他謀反。

慶曆八年（夏天授禮法延祚十一年，西元 1048 年）一月，寧令哥帶人刺殺趙元昊，一刀砍掉了元昊的鼻子，然後躲入訛龐家，訛龐卻以弒君罪捕殺了寧令哥及其母野利氏。第二天元昊流血過多而死，享年 46 歲，實際在位 17 年，廟號夏景宗。夏景宗崩後，沒藏訛龐復立其妹為太后，立趙元昊私生子寧令

第三篇 駕長車踏破賀蘭山缺

兩岔為帝，即為夏毅宗。夏毅宗後來又向宋稱臣，改名李諒祚。

趙元昊是不世出的奇雄，但不滿週歲的小諒祚要在宋遼的夾縫中求生存顯然很艱難，所幸宋帝國當時剛啟動慶曆新政，沒有趁機興兵，而是冊封了夏毅宗。但親征遭受賀蘭山之敗的遼興宗卻懷恨在心，趁機來討伐他的私生小外甥。

皇祐元年（遼重熙十八年，夏延嗣寧國元年，西元 1049 年）七月，遼興宗以西夏賀正旦使遲到為由，大舉興兵伐夏，仍以三路開進，自領中軍，以皇太弟耶律重元、北院大王耶律仁先為先鋒；以韓國王蕭惠為河南道行軍都統，趙王蕭孝友、漢王貼不副之；以敵魯古為河北道行軍都統，徵用阻卜部諸軍。蕭惠分明是上一次賀蘭山之戰的敗軍之將，這一次仍不汲取教訓，其軍隊戰船綿亙數百里，並且認定夏軍會去迎戰遼興宗親率的中軍，不會顧及他，下令全軍不必設防。訛龐抓住戰機從高處猛攻，蕭惠軍均未披甲，傷亡慘重，死者萬餘，蕭惠勉強逃脫。訛龐派三千精騎扼守賀蘭山口險要地勢防禦敵魯古部，遼軍前鋒強行攻堅，烏古敵烈部詳穩蕭慈氏奴、南克耶律幹里戰歿。但敵魯古大軍隨後趕來，奮力突擊，大敗夏軍。很奇怪的是遼軍居然在這個地方把夏毅宗的母親、大美女沒移氏給抓獲了，可能是沒藏訛龐擔心她威脅到沒藏太后的地位，故意把她丟在這裡的。遼軍算是戰勝，向宋廷獻俘，誇耀武功。

次年二月，訛龐開始反擊，遣大將窪普、乙靈紀、猥貨（此人名譯法參考自史料，非作者原創）進攻邊境金肅城，遼帝國

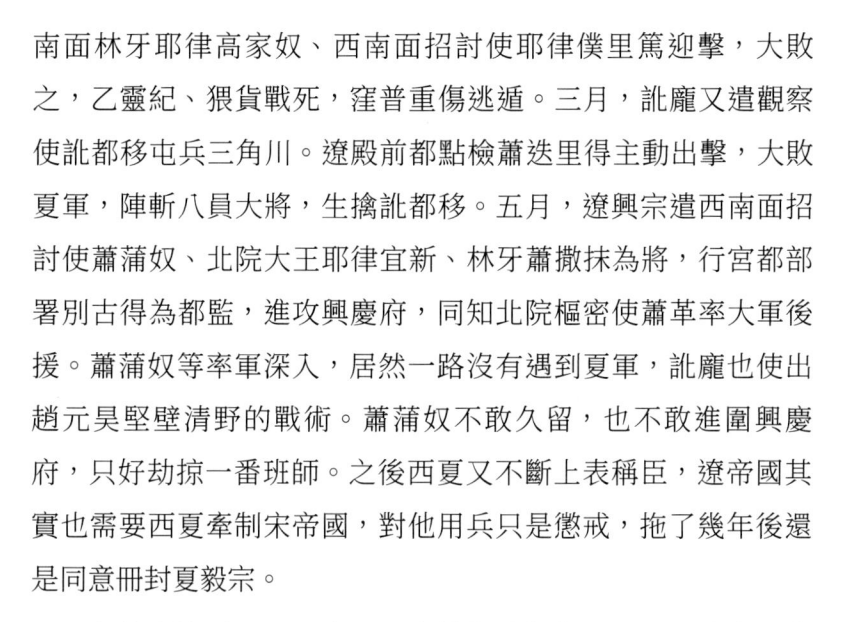

南面林牙耶律高家奴、西南面招討使耶律僕里篤迎擊，大敗之，乙靈紀、猥貨戰死，窪普重傷逃遁。三月，訛龐又遣觀察使訛都移屯兵三角川。遼殿前都點檢蕭迭里得主動出擊，大敗夏軍，陣斬八員大將，生擒訛都移。五月，遼興宗遣西南面招討使蕭蒲奴、北院大王耶律宜新、林牙蕭撒抹為將，行宮都部署別古得為都監，進攻興慶府，同知北院樞密使蕭革率大軍後援。蕭蒲奴等率軍深入，居然一路沒有遇到夏軍，訛龐也使出趙元昊堅壁清野的戰術。蕭蒲奴不敢久留，也不敢進圍興慶府，只好劫掠一番班師。之後西夏又不斷上表稱臣，遼帝國其實也需要西夏牽制宋帝國，對他用兵只是懲戒，拖了幾年後還是同意冊封夏毅宗。

之後宋遼夏三國間步入了十餘年的相對和平期，沒有發生大的戰役，但西夏一直處於沒藏太后及其兄沒藏訛龐專權的時代，隨著夏毅宗的成年，他們的矛盾也必然發生。嘉祐六年，又發生了一件非常神奇的事：手中一個兵都沒有的小孩兒夏毅宗與訛龐的兒媳婦梁氏私通，連繫外藩酋長，借兵誘殺了權臣沒藏訛龐！之後又公然迎娶梁氏為皇后！年僅14歲的夏毅宗完全靠自身努力奪回政權，尤其是他以一個14歲的小男孩，竟然能勾引到21歲的御姐人妻，無數後人佩服得無話可說。

夏毅宗親政後做了一些重要改革，廢除蕃禮，改用漢禮，雖然申請恢復趙姓沒有得到宋廷批准，但也明確了李姓。又大力改革軍制、官制，加強軍隊和官僚的國有化，使西夏帝國更

趨近於一個規範的漢式帝國。

嘉祐八年（西元1063年），偉大的宋仁宗駕崩，享年53歲，在位41年。宋仁宗雖然沒有創造過耀眼的武功，但卻創造了人類歷史上無人能及的文治巔峰。尤其是成功操作慶曆新政，使建國八十餘年的大宋王朝革除積弊，面貌煥然一新。而他的朝堂滿是韓琦、范仲淹、包拯、歐陽脩、司馬光、蘇軾這些完全來自平民階層的名臣，沒有一個門閥貴族，沒有一個富商巨賈，相信這是某些整天叫囂「民主自由」、「普世價值」的國家至今乃至以後很久都無法企及的。

宋仁宗三子均夭折，在韓琦的主持下，宋廷立其姪趙宗實繼位，即為宋英宗。治平四年（西元1067年），宋英宗病危，韓琦又果斷拍板，擁立皇太子趙仲針繼位，即為宋神宗。英宗享年僅36歲，在位4年。年僅20歲的宋神宗志氣高遠，滿心想攻滅西夏甚至大遼，宋夏對抗又步入了一個新階段。

■ 熙河開邊兩千里，欲發大戰百萬兵 ■

夏毅宗親政後向宋稱臣非常恭敬，宋夏之爭的重點轉移到對吐蕃諸部的經略上來。當初李繼遷定下收取回鶻、吐蕃的戰略，但由於宋廷較好的保護了吐蕃諸部而沒有成功，現在諸部前代首領去世，分裂成更小的部落，西夏的機會又來了。

第三章　正式帝國對抗

　　神宗即位之初，進士王韶便進〈平戎策〉三篇，提出剿滅西夏的關鍵在於經略吐蕃，現在吐蕃諸部雖然名義上歸附朝廷，但絕大多數仍處於部落政體，一方面實力不足以抵抗西夏，一方面忠誠度也難以保證，所以要逐漸取締他們的部落政體，建成普通的州縣。宋神宗和王安石採納了王韶的建議，任其為管幹秦鳳經略司機宜文字，準備經略河湟的計畫。王韶到任後首先採取招撫政策，當時青唐最大的部落是俞龍珂部，王韶僅帶數騎到其帳中招撫，言明利害，僅數日，俞龍珂部十二萬口全部歸附。有了這個示範效應，很多部落首領主動交出世襲政權，紛紛歸附。當然也有不願成為國家公民，要繼續當部落領主的人，招撫後第二步就是對不願意歸順的部落領主進行軍事打擊。

　　唃廝啰生有三子：瞎氈、磨角氈、董氈，他卒後董氈繼位，前兩位則獲取了分封土地，吐蕃河湟部一分為三，這也是封建領主制政權的常見模式。瞎氈的轄領在河州（今甘肅省臨夏市），離西使城很近，瞎氈卒後其子木徵認為難以自保，於治平三年（西元 1066 年）率青唐諸羌歸附西夏。但西夏剛得到河州又丟了綏州，左廂監軍嵬名山之弟嵬夷山暗中連繫宋帝國知青澗城種諤，種諤點集大兵突擊嵬名山的營帳將其擒獲，嵬名山無奈只好獻出綏州。夏毅宗得報後立即派出四萬大軍救援，種諤就用剛歸附的部隊背城列陣，大敗夏軍。延州東路巡檢折繼世與嵬名山合兵試攻銀州，夏軍又大敗。綏州做為平夏部最初

的五州之一，在西夏建國以後再次丟失。

同年，夏毅宗崩，年僅21歲，長子李秉常繼位，即為夏惠宗，年僅7歲，由其母梁太后攝政。梁太后任用其弟梁乙埋為國相，大肆提拔梁家子弟，掌控了西夏朝政。梁太后本身是漢族，但她執政後卻反對漢化，熙寧二年（夏乾道二年，西元1069年），以夏惠宗名義向宋廷上表要求恢復蕃禮並獲得批准。梁太后喜歡比自己小七歲的小弟弟，這種女人肯定是非常好戰的，她時常與宋交兵，曾遭到宋廷的經濟制裁仍不悔改，而且動不動就要集結三、四十萬大軍出動，卻又沒有什麼戰略規劃，每次都無功而返，還經常被董氈偷襲後方，給西夏的經濟增長和百姓生活帶來了災難性的後果。隨後宋軍發起反擊，種諤一度進攻甚急，連續攻克銀州周邊堡壘，夏軍毫無士氣，不能支撐，梁太后被迫向遼帝國求援。遼道宗遣使赴宋廷斡旋，並承諾發兵三十萬助戰，種諤才退回延州。

正面戰場暫息兵鋒後，宋夏雙方都加大對吐蕃的招撫力度。熙寧四年（西元1071年），王韶修復了古渭寨。古渭寨在今甘肅省隴西縣，即唐朝的渭州，安史之亂後被唐朝丟失，現又被王韶收回。熙寧五年，王韶進攻不願歸順的蒙羅角、抹耳水巴等部族，諸部在抹邦山（今甘肅省狄道縣東南）佔據地利準備抵抗。王韶的參謀們都認為地勢不利，不宜作戰，王韶卻說：「敵軍如果占據險要不出，我們只能徒勞而回，現在已經入了險地，就要去攻取險要！」下令「敢言退者斬！」宋軍登山逆戰，

蕃軍居高臨下，宋軍略有不敵。這時文官王韶身被甲冑親臨前線，宋軍士氣大振，終於擊潰蕃軍。木徵率兵渡洮河來援，王韶聲東擊西，留部將景思立、王存在抹邦山繼續虛張聲勢，自己帶兵突擊武勝（今甘肅省狄道縣），大破木徵部首領瞎夔等，守將瞎藥棄城夜遁，大首領曲撒四王阿珂出降。宋廷在武勝設鎮洮軍，後又改為熙州。

熙寧六年，宋軍攻取河州，周邊許多蕃部宣布叛宋獨立，王韶回軍鎮壓時木徵又趁機占據河州。王韶沒有立即進攻河州，而是破訶諾木藏城，穿露骨山，向洮州（今甘肅省臨潭縣）進軍。木徵忙分兵駐守河州，自率兵來援洮州，王韶在路上迎頭痛擊，趁勢收復河州，繼而分兵攻占熙、河附近的全部州縣。宋廷在該地區設定了熙河路，與陝西的環慶、鄜延、秦鳳、涇原合稱為「沿邊五路」，成為封鎖西夏的主要戰場。王韶帶兵五十四日，轉戰一千八百里，攻取五州，斬首近萬級，取締部落無數，收服蕃部三十餘萬帳，因功進為左諫議大夫、端明殿學士，次年又入朝升為資政殿學士。

王韶入京的間隙，木徵又趁機出兵，宗哥部首領鬼章以言語誘河州團練使景思立出戰。景思立非常輕敵，率六千兵出戰，鈐轄韓存寶、蕃將瞎藥苦勸不聽。景思立率軍進抵河州西北踏白城陷入重圍，激戰後景思立勉強突出重圍。景思立對自己的衝動非常後悔，本想自到謝罪被部將制止，但他死意已決，又返身殺入敵陣終於陣亡，木徵趁機率大軍圍攻河州。

景思立兵敗後王韶急忙趕回熙州，當時宋軍正聚集熙州堅守，王韶下令撤去城防，選兵二萬餘主動出擊。初時參謀部商議出兵方向，諸將都認為應先解河州之圍，但王韶說：「敵人敢來圍城，必然依仗有外援，如果我們立即去救，他必設伏以待，而且他們現在士氣正盛，不能硬拚。我們應該先去斬斷他們的外援！」於是率軍直撲定羌城（今甘肅省廣河縣）。宦官李憲派駐軍中，向全軍出示天子御賜黃旗道：「天子御賜此旗觀戰，如同陛下親臨！」宋軍士氣大振，大破守軍結河族，斷絕了西夏入援通道。木徵見自己的妙計全然被王韶識破，大驚失色，只好退保踏白城。此時宋軍士氣已振，圍攻踏白城，木徵見勢不可擋，率八十餘部酋長請降。鬼章、冷雞樸等酋長還集結大軍繼續頑抗，並一度將宋軍陷入險境。關鍵時刻李憲採用了正確的戰術：他深知貴族血統在部落中的地位，便讓木徵衣著盛裝來到陣前招降。蕃兵仰望木徵的容顏，鬥志全無，官軍趁勢反擊，陣斬冷雞樸，殺獲萬餘。此時董氈出面，青唐羌蕃諸部全部接受改制，成為正式的國家州縣。

熙寧年間，宋廷在河湟地區以武力鎮壓不願改制的部族，強行取締了世襲部族領主，將河湟地區改造為正式州縣，收復唐朝丟失的大片領土，保障了圍剿西夏的一個重要戰略方向，非常重要。而王韶和李憲這對文官和宦官的組合，在雪域高原立下戰功無數，拓地兩千餘里，是非常令後人神往的壯舉，他們也因此列入名將的行列。

第三章　正式帝國對抗

　　就在此時，中南半島上的交趾國李氏王朝在改用漢制以後也強大起來。當時宋帝國的主要兵力都集中在陝西，對南方毫無防備，而廣西本身還很不發達，人口很少，駐紮的廂軍和蕃軍也很少。熙寧八年（交趾國李朝仁宗太寧四年、西元1075年）底，交趾國太尉李常傑率八萬大軍入寇，初時宋廷沒有重視，但交趾軍分三路連續攻破欽州（今廣西省靈山縣）、廉州（今廣西省合浦縣），進圍邕州（今廣西省南寧市）。知邕州蘇緘動員所有廂軍，也只有2,800人。廣西軍雖然人少，但是使用了一些先進武器，尤其是使用了號稱「冷兵器之王」的神臂弓。這是最經典的一種弓弩，有效射程可達四、五百公尺。廣西軍利用神臂弓、火箭等武器守城，殺死交趾軍自以為很無敵的戰象十餘頭，並據城堅守。李常傑帶兵強攻，被殺一萬五千餘兵。

　　這下交趾問題才引起宋廷的重視，經廷議，命宣徽南院使、雄武軍留後郭逵為安南道行營馬步軍都總管，龍神衛四廂都指揮使、忠州刺史燕達副之，天章閣待制趙禼為隨軍轉運使，率十萬陝西軍救援廣西，並連繫交趾南方的占城、真臘二屬國夾擊。郭逵是三川口戰役中壯烈殉國的郭遵之弟，曾任陝西宣撫使，數敗夏軍，也是當世名將。然而援軍未及到達，熙寧九年正月二十三日，交趾軍攻陷邕州，蘇緘戰歿，邕州居民被大肆屠戮達十萬人。

　　交趾軍初和廣西廂軍作戰時肯定認為自己很強悍，遇到陝西軍才知道厲害，幾下就被打回本土。宋廷為示懲戒，命郭逵

第三篇　駕長車踏破賀蘭山缺

直取其國都。郭逵入其國境後攻克廣源州（今越南廣淵），又勢如破竹直逼交趾國都升龍城（今越南河內）。交趾軍在富良江集結四百餘艘戰艦，當時宋帝國海軍主力已從廣州出發，交趾軍認為海軍到前郭逵不會貿然發起進攻。郭逵便利用他們的輕敵心理，減兵誘敵，假裝撤退。李常傑果然中計，率兵渡江掩襲，宋軍伏兵盡出，大敗交趾軍。宋軍趁勢用重砲攻擊富良江中的交趾軍艦，步兵乘大筏渡江，將交趾軍主力全殲，陣斬李朝太子李洪真。李仁宗（李乾德）上表請降，撤去帝號，降封為交趾郡王。宋帝國終於比較圓滿的解決掉了吐蕃和交趾的問題，可以考慮集中力量，對西夏進行毀滅性一擊了。

學習管理科學與工程專業的同學都知道，宋代的丁謂被視為該相關專業的鼻祖。宋神宗在丁謂之後的時代，系統工程的思想已經初步運用，尤其是范仲淹、沈括等人治理陝西軍的時候，將很多管理科學運用到軍隊建設中來，宋軍的遠征和後勤保障能力有了質的飛躍，很多人認為用一次超大規模遠征，徹底蕩平西夏已經初具條件。

熙寧十年（夏大安三年，西元 1077 年），名義上已經親政的夏惠宗嘗試改蕃禮為漢禮，但遭到母黨反對沒有成功，成為和梁氏家族翻臉的導火線。

元豐四年（夏大安七年，西元 1081 年），夏惠宗圖謀向宋廷獻出黃河之南的土地，以爭取宋帝國的支持，恢復漢禮。但在他即將上表時被梁太后得知，並將其幽禁起來。鄜延路馬步軍

第三章　正式帝國對抗

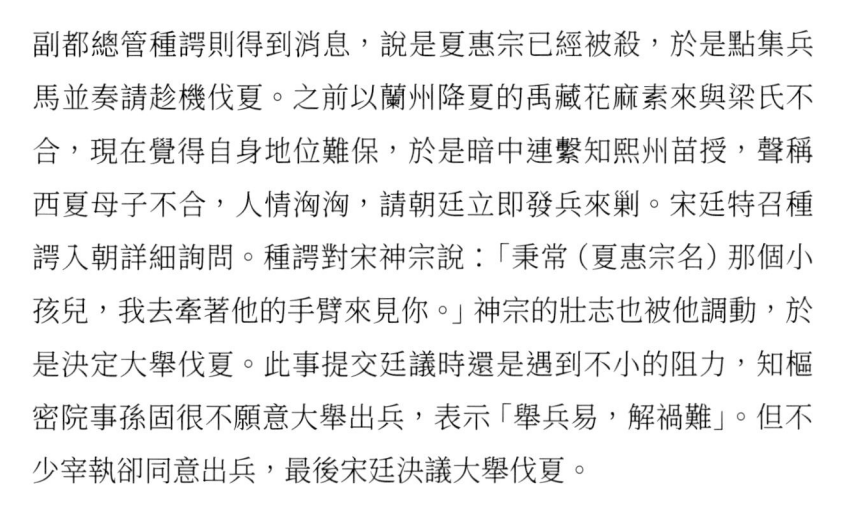

副都總管種諤則得到消息，說是夏惠宗已經被殺，於是點集兵馬並奏請趁機伐夏。之前以蘭州降夏的禹藏花麻素來與梁氏不合，現在覺得自身地位難保，於是暗中連繫知熙州苗授，聲稱西夏母子不合，人情洶洶，請朝廷立即發兵來剿。宋廷特召種諤入朝詳細詢問。種諤對宋神宗說：「秉常（夏惠宗名）那個小孩兒，我去牽著他的手臂來見你。」神宗的壯志也被他調動，於是決定大舉伐夏。此事提交廷議時還是遇到不小的阻力，知樞密院事孫固很不願意大舉出兵，表示「舉兵易，解禍難」。但不少宰執卻同意出兵，最後宋廷決議大舉伐夏。

出兵前，原涇原路副總管韓存寶帶兵征討四川瀘州地區的酋長乞弟叛亂，由於韓存寶逗撓不前導致進展很慢，朝廷將其處斬，另派環慶路副總管林廣抽調精兵征討。為彌補林廣帶走的兵力，朝廷在京師重新徵發了 12 個將的新兵補充到陝西軍中。以元豐兵制，一將大概八千到一萬戰兵，介於現在的加強旅和師級部隊之間的編制。宋神宗親自主持總參會議制定方案，方案議定由熙河路經制使李憲率熙河、秦鳳軍約 10 萬，進攻蘭州，西平節度使董氈派大將洛施軍篤喬阿公率蕃兵 3 萬隨同此路；環慶路都總管高遵裕率兵 87,000 人，會同蕃兵出慶州；涇原路副都總管劉昌祚率兵五萬出原州，隸屬於高遵裕，兩路會攻靈州；籤書涇原路經略司事王中正率河東路軍 6 萬出麟州，並密詔注意防禦遼帝國援軍，內地增派的 12 將新兵大多隨同此路；至於最初提議伐夏的種諤，率鄜延軍 93,000 人出綏德軍，

進攻米脂，奪取銀、夏，隸屬於王中正，麟府折家軍和一些蕃部數萬兵馬也附在此路；鄜延經略使沈括坐鎮延州，為各路軍提供總排程。

樞密院下發《五路對境圖》，按計劃，各路軍最終目的都是要會攻靈州，屆時由號稱代替神宗出征的宦官王中正統一指揮。只要攻克興慶府的外圍堡壘靈州，實際上也就攻克了西夏國都，西夏帝國就將滅亡，史稱「元豐五路伐夏」。夏帝國也進行了全國總動員，梁太后任命梁永能為大元帥，總領全軍。梁永能定下的戰略是兵分三股，一股正面抵擋，一股設伏，一股趁宋軍出擊，襲擾內地，調集了大量物資，派兵扼守各處險要，準備與入境的宋軍頑抗到底。

元豐五路伐夏，宋帝國共排程作戰部隊四十萬左右，由於地勢艱難，又有民兵和後勤部隊數十甚至上百萬，總兵力必然在百萬以上，堪稱人類冷兵器時代最大規模的軍事作業。這在漢唐時代，以這麼多的兵力來鎮壓蠻族部落，是不可能發生的事情，整個中國，甚至地球人類的冷兵器歷史上，只有宋夏帝國之間的這一次傾國大戰，才可能達到這樣的規模。

西夏，你這個海關帝國，你流冷汗了嗎！

正是：

漢家旌旗三十萬，一派軍歌裂穹川。

大漠高天雲路遙，必摧敵虜化飛煙。

縱橫千里的宦將李憲

李憲精通兵法，深得神宗信任，曾協助王韶征戰河湟，立下戰功無數，但由於他的宦官身分遭到群臣的歧視，一開始就很反對他帶兵，尤其是孫固，一直想殺他。本來李憲被任命為安南行營道副都總管，討伐交趾，但由於和趙禼不和，被孫固趁機撤掉職務，還差點被殺。五路伐夏，神宗派李憲帶領熙河軍，又遭到孫固等人的激烈反對。這或許是因為漢唐宦官執掌兵權的歷史教訓，尤其是唐朝的魚朝恩等大宦官可以掌握皇帝的生死廢立，給宋人留下了極大的心理陰影。但事實上宋朝的軍隊已經是完全國有化的軍隊，無論派誰做主將都不怕被他私有，而李憲本身的用兵能力也是毋庸置疑的。

八月底，熙河軍率先出發，直指蘭州西使城。禹藏花麻並不忠於西夏，帶蕃兵出城與熙河軍接戰，一觸即潰，直接逃到興慶府。梁乙埋派二萬餘騎進攻熙河軍，李憲列陣禦敵。西夏騎兵雖然厲害，且占據有利地形，但李憲公公的陣法水準也很高，而且現在宋軍開始動用神臂弓，夏軍更不是對手。激戰半日夏軍開始不支，前軍副將苗授率騎兵猛攻，夏軍再不能敵，紛紛敗逃。宋軍生擒首領三名，陣斬二十餘名，斬首兩千餘級，獲馬五百匹。守城的訛勃哆、廝都羅潘等人放棄抵抗，率兵萬餘投降，李憲輕鬆攻占西使城。

梁乙埋又派數萬兵馬前來救援西使城，趕到方知城已失，

退保龕谷城。西夏在龕谷儲存了大量物資,號稱「御莊」,是必須堅守的戰略要塞。李憲先向女遮谷(甘肅省榆中縣萬川河谷)中駐紮的夏軍進攻,夏軍占據背靠山澗的有利地形勉力支撐,與宋軍對射,但夏軍火力豈是神臂弓的對手,於半夜逃離,來不及帶走的就有屍首六百餘、馬數百匹。李憲又率軍進圍龕谷城,龕谷已失外援,不日攻克,俘獲大量物資。李憲又令新歸順的巴令謁等三族進攻鄰近的撒逋宗城,蕃兵奮勇作戰,旋即攻克。李憲上書朝廷,說蘭州地勢險要,可以控制附近大片地區,築蘭州城,並在城中設立都大經制司帥府,總領熙河、秦鳳、蘭州的蕃部。蘭州城築好後,夏軍馬上來攻打,隔河紮營,李憲派中軍副將王文鬱率死士渡河劫營,夏軍大敗而逃,被迫撤出蘭州地區。

攻占蘭州後,熙河軍逗留了一段時間,神宗比較急躁,屢次催促李憲繼續出發。李憲留下中軍正將李浩留守蘭州,自率大軍向天都山出發。梁太后聽說蘭州已被李憲攻取,令各部落放棄城池,帶著物資據山川險要堅守,但李憲一路襲破,勢不可擋。熙河軍推進至祁連山東端的屈吳山,旺家族大酋長禹藏郢成四率軍抵抗。李憲先派前軍佯敗,千餘夏軍中計來追,宋軍伏兵四起,將其全殲,又趁勢向夏軍大營進攻,斬首兩千餘級。禹藏郢成四率全族六個大首領請降,李憲讓他為先導,直搗天都山南牟宮。南牟是西夏從趙德明起歷代持續修建的行宮,極盡奢華,李憲認為西夏國主按帝制修建的宮殿違制,將

其付之一炬。西夏統軍使仁多㖫丁率大軍來救南牟,李憲陳軍於囉逋川,仁多㖫丁見宋軍早有準備,但也無奈,只能硬著頭皮衝陣,結果大敗,被斬首數千級後逃離。李憲又揮軍至滿丁川,大破嵬名統軍。

元豐五路伐夏中,李憲公公率熙河軍最先進攻,縱橫千里,斬首數萬,焚毀西夏南牟行宮,收復中唐以來丟失的大片國土,將戰略前沿推進到離靈州很近的地方,為以後圍困西夏創造了極其有利的條件。雖然李憲身為宦官,不少人持有偏見,但他制服河湟,收復蘭州的功績卻不容抹煞。李憲卒後追贈武泰軍節度使,諡敏恪,後改忠敏。《宋史》對他的評價是「憲以中人(宦官)為將,雖能拓地降敵,而罔上害民,終貽患中國云。」這其實很沒有道理,死死抓住人家的宦官身分,力圖抹殺功績,無故捏造了一句「罔上害民」,不知所謂。

■ 可憐無定河邊骨 ■

最初提議大舉伐夏的種諤最積極,本來議定八月底出兵,他按捺不住,八月初就從綏德軍出兵,大敗夏軍,斬首兩千餘級,提前暴露了戰略目標,引起西夏人的警覺。朝廷詔令他不可輕舉妄動,並要求他聽從王中正節制。八月底總攻命令下達後,種諤迫不及待進圍米脂,守將令介訛遇據城堅守,宋軍猛攻數日不下。這時傳來消息說梁永能大帥已率八萬精騎來援米

第三篇　駕長車踏破賀蘭山缺

脂,其中包括夏軍最恐怖的重甲騎兵:鐵鷂子。夏軍士氣大振,宋軍疲態顯露。種諤連忙穩定軍心,布置了圍城打援的戰略。宋軍圍著城挖壕溝,讓城裡的人出不來,然後在山川險要處設伏,在無定川口排下大陣禦敵。

無定川,黃河的支流,流經陝北在青澗城匯入幹流,曾是歷史上許多大戰的戰場。唐代詩人陳陶有一首著名的〈隴西行〉:「誓掃匈奴不顧身,五千貂錦喪胡塵。可憐無定河邊骨,猶是深閨夢裡人。」為此河平添了許多歷史的悲壯。現在,宋夏兩軍中又有無數男兒將要成為「無定河邊骨」。

不多時,梁永能的大軍在濃霧中現形,鄜延鈐轄高永能觀察了敵陣後對其弟高永亨說:「敵軍勢大,有些輕視我軍,我們占據山川地形,從兩翼合擊必能取勝。」第二日天明,大霧逐漸散去,高永能、高永亨從左右翼殺出,種諤親率中軍主力推進。鄜延軍經過大科學家沈括的調教,指揮系統更加先進,種諤在陣後以鼓聲和令旗傳令,如同電腦遊戲一般精確,很快就讓梁永能陷入苦戰。但梁永能手下畢竟有鐵鷂子這支超級騎兵,這支部隊人馬均被重甲,能夠抗擊神臂弓的遠射,騎士鎖在馬上,雖死不墮,而且全部採用西域良馬,速度極快,衝擊力極強,比遼軍的鐵林軍更加強悍。

所謂「滄海橫流方顯英雄本色」,鄜延第六將選鋒軍統制郭景修在高處觀戰,見鐵鷂子實在厲害,雖然主陣的神臂弓向他們進行了地毯式的射擊,但他們仗著裝甲堅厚,渾身插滿箭支

還在往來衝突。見前陣的裝甲步兵陷入苦戰，郭景修大喊一聲：「危矣！」率領選鋒軍千餘騎從高處衝下，直撲鐵鷂子。鐵鷂子和選鋒軍的重甲激烈的碰撞在一起，如同雲層中的正負電極相撞，發出陣陣驚雷，兩軍將士的鮮血如同傾盆大雨灑在黃沙塵土之間！在宋軍各兵種的密切配合下，漸漸將夏軍攻勢抵回，種諤見時機成熟，一聲令下，伏兵從山川中湧出，將夏軍攔腰截斷。宋軍發起了毀滅性打擊，夏軍前後不顧，紛紛敗逃。夏軍後陣瘋狂奔走，遭到高永能兄弟的追擊，遺屍數十里。而陷入包圍的前陣數萬人無路可逃，只能徒步蹈渡無定河，竟使河水斷流。宋軍趁勢掩殺，夏軍被殺溺者無數，「銀水為之赤」。無數夏軍的屍體就被河水沖走，連「無定河邊骨」都沒做成，直接化作「春閨夢裡人」。此戰鄜延軍斬首八千級，實際殺敵可能有五萬，生擒西夏樞密院都按官麻女阤多革等七員大將，另俘獲軍資無數。經此一戰，種世衡、種諤以及後來的種師道祖孫三代，在宋軍中樹立了「種家軍」的赫赫威名。

令介訛遇還要堅守，但夏軍士氣已潰，種諤祕密連繫東門守將，放開城門，訛遇只好率五十餘名酋長請降。進城後宋軍紀律很好，安撫了萬餘戶居民，並贈送冬衣。捷報傳到東京，宋神宗大喜，詔令鄜延軍可以不受王中正節制，種諤留令介訛遇守城，自率軍向銀、夏出發。知夏州索九思聽聞梁大帥慘敗，不敢與種諤接戰，早已逃遁。種諤又攻銀州，派官麻到城下勸降，守將遂降。

第三篇　駕長車踏破賀蘭山缺

　　這時梁永能卻另闢蹊徑，偷襲延州。他的戰術非常正確，因為現在留守的宋軍確實很少，他只要堅決進攻，不難攻克。能在危機時刻想到這樣的妙計，梁永能也無愧為一代名將，然而不幸的是，他這次面對了一位千年級的人物：沈括。沈括被譽為人類第二個千年最偉大的科學家（第一個是亞里斯多德，第三個是牛頓），其智力水準遠非常人可比。沈括兵少糧多，按常理應該據城堅守等待援軍，但沈括卻派鈐轄李達僅率千餘士兵前往拒敵，還帶了十萬人的軍糧，並聲稱自己有大兵即將開到。如果梁永能是宋代以前的蠻族軍頭，多半不分青紅皂白就把李達這點人給抹了，但他也是一位科班出身的正規指揮官，他透過詳密的諜報探明李達確實帶了十萬人的軍糧，不得不相信沈括的謠言，老老實實列陣迎戰。這時沈括又派出鈐轄焦思耀率最後三千人從側面突擊夏軍，李達趁機從正面鼓譟而進。夏軍本來心裡負擔就很重，此時被徹底嚇倒，敗退而去。沈括趁機進攻西夏邊境的浮圖城、磨崖寨，俘獲無數。沈括以數千弱兵智退梁永能數萬精兵，顯示了卓越的智慧與膽識。

　　另一方面，號稱代皇帝出征的王中正公公所率河東軍也開入夏境，河東離戰場略遠，所以較晚到達。戰略規劃河東軍與鄜延軍會合，經草原從北路攻取夏州，進而合圍靈州，剛從內地募集的新兵大多跟在此路。河東軍出塞後就遇到大霧，王中正號稱謹慎，原地駐紮，空耗了九天糧草。霧散後又沿無定川去追鄜延軍，不小心走進沼澤，死了不少人，耽誤不少時間。

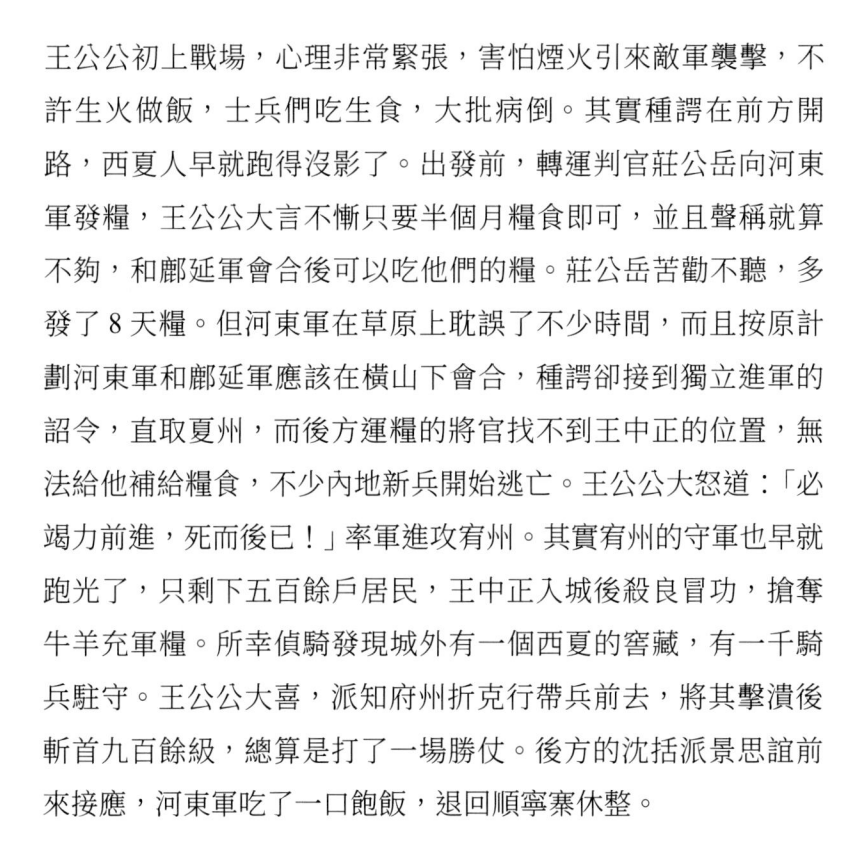

王公公初上戰場，心理非常緊張，害怕煙火引來敵軍襲擊，不許生火做飯，士兵們吃生食，大批病倒。其實種諤在前方開路，西夏人早就跑得沒影了。出發前，轉運判官莊公岳向河東軍發糧，王公公大言不慚只要半個月糧食即可，並且聲稱就算不夠，和鄜延軍會合後可以吃他們的糧。莊公岳苦勸不聽，多發了8天糧。但河東軍在草原上耽誤了不少時間，而且按原計劃河東軍和鄜延軍應該在橫山下會合，種諤卻接到獨立進軍的詔令，直取夏州，而後方運糧的將官找不到王中正的位置，無法給他補給糧食，不少內地新兵開始逃亡。王公公大怒道：「必竭力前進，死而後已！」率軍進攻宥州。其實宥州的守軍也早就跑光了，只剩下五百餘戶居民，王中正入城後殺良冒功，搶奪牛羊充軍糧。所幸偵騎發現城外有一個西夏的窖藏，有一千騎兵駐守。王公公大喜，派知府州折克行帶兵前去，將其擊潰後斬首九百餘級，總算是打了一場勝仗。後方的沈括派景思誼前來接應，河東軍吃了一口飽飯，退回順寧寨休整。

■ 靈州城下，功虧一簣 ■

熙河、鄜延兩路軍連戰皆克，高遵裕的環慶、涇原兩路也開入夏境。原州就在靈州正南方不遠，一直是夏軍重點防禦的方向。環慶、涇原本應同時出兵，但由於高遵裕遲遲不到，劉昌祚及其副使姚麟率涇原軍五萬餘人沿葫蘆川（黃河支流清水

第三篇 駕長車踏破賀蘭山缺

河）先期出發。梁乙埋親率十萬夏軍精銳扼守磨臍隘（在今寧夏省同心縣境內、清水河邊）險要地勢，宋軍諸將認為無法攻取，應該向東去韋州（今同心縣韋州鎮）與環慶軍會合。劉昌祚慷慨陳詞：「遇賊不擊，這是自保，是沒有軍紀！而且客場作戰，必須速戰速決，各位現在離開就能自保嗎？」於是召開參謀本部會議，制定了盾牌兵在前，神臂弓次之，弩兵再次，騎兵跟進，強渡葫蘆河奪取隘口的方案，並宣布此戰的獎金提高三倍。宋軍歡聲雷動，響徹山谷，夏軍聽到不知所措。

劉昌祚之父劉賀在定川之役中犧牲，他被錄為官，以勇猛善戰累官至西上閣門使，此次被任命為涇原路主將，身先士卒，手執兩盾先登，宋軍士氣大振。但西夏國相梁乙埋也親臨前線，冒槍頂矢，率夏軍苦戰。激戰了整整一個下午，宋軍神臂弓的火力實在太猛，夏軍漸漸不支，劉昌祚趁機令郭成率選鋒騎兵掛著響環從後陣衝出，夏軍聽到宋騎響聲大作，終於崩潰。梁乙埋督親軍再戰，又敗，宋軍追殺二十餘里，斬獲大首領鮓囉臥沙、監軍使梁格嵬等 15 級，小首領 219 級，生擒梁乙埋之姪吃多理等親將 22 人，斬首 2,460 級，獲銅印 1 枚。

攻取磨臍隘後，涇原軍繼續出發至賞移口，有兩條路可通靈州：一條直接向北通過黛黛嶺，一條往西北繞一點路到鳴沙州（今寧夏省同心縣）。諸將認為應該走黛黛嶺，但劉昌祚得到諜報稱鳴沙州的西夏「御倉」儲備了大量物資。宋軍攻取鳴沙州後果然掘到御倉，獲得糧食百萬石。涇原軍滿載物資來到靈州

城下,夏軍還在黛黛嶺等他,未料會出現在靈州城下,城門不及關閉,郭成率選鋒軍急趨,守軍不及拒,被斬首450級。然而正當涇原軍大隊準備攻入時,卻傳來高遵裕的軍令,讓劉昌祚立即停止進攻。

高遵裕的環慶軍動作最慢,十月十三日才從環州洪德寨出發。等到他出兵,韋州監軍司的夏軍都逃走了,高遵裕入韋州城,命好好招撫百姓。知環州張守約認為夏軍現在四出禦敵,靈州必然守備不足,可遣輕兵攜十日口糧奇襲,可惜高遵裕沒有採納。及至西夏各路兵敗,全線收縮,放棄外線,集中兵力防禦靈州,奇襲的機會轉瞬即逝。但高遵裕帶兵直接穿越了旱海(環州到靈州之間的沙漠),也算出其不意,沒有遇到抵抗就抵達靈州城下。高遵裕本身就是驕狂自大之人,而在出兵前神宗表示過不喜歡迂闊的劉昌祚,並授權高遵裕可以撤免劉昌祚的軍權,所以高遵裕非常輕視劉昌祚。在他進軍途中,聽說劉昌祚已經攻破靈州,慌忙奏稱是他派劉昌祚進兵攻克了靈州,上奏後才知道是誤傳,大大丟了臉面,心中更加忌恨劉昌祚。環慶軍抵達靈州後,劉昌祚來見高遵裕,高遵裕故意怠慢,劉昌祚隱忍不發。高遵裕問靈州如何,劉昌祚說:「差一點就打下來了,因為您的軍令停止進攻。」又說:「現在靈州是孤城,兩軍會合後十餘萬眾,加上民兵有三十餘萬,全力圍攻,不日可下。」但高遵裕不願劉昌祚分功,讓他帶兵巡營,號稱自己帶一萬兵壘個土山就可以攻克,還下令劉昌祚交權給姚麟,但姚麟

第三篇　駕長車踏破賀蘭山缺

沒有接受。

由於兩軍不合，而夏軍已經被逼到懸崖邊，無不奮力死守，靈州又確實是表裡山河的堅城，環慶軍連續攻城18日不克。18日中不斷有援軍趕到，劉昌祚將他們一一擊退。其中一次西夏名將仁多䔣丁率數萬兵來援，一名白馬將軍策馬突前，劉昌祚大喊：「誰能殺他！？」郭成率選鋒營衝出，立即將其斬於馬下！宋軍爭相發射神臂弓，劉昌祚也親自出陣發弩，命中仁多䔣丁手臂，敗退而去。劉昌祚把戰利品分了一部分給環慶軍，想調解與高遵裕的關係，但高遵裕異常傲慢的拿錢來買戰利品，涇原軍一片譁然，幾欲兵變，被劉昌祚制止。戰爭繼續拖延，環慶軍糧草已盡，劉昌祚又命從鳴沙州取領糧草供應環慶軍，但高遵裕還是不領情。他命劉昌祚砍伐樹木製造攻城器具，結果能找到的樹木都很細小，無法製作器具。高遵裕大怒，要斬劉昌祚，眾人苦勸得免。劉昌祚在軍前憂憤成疾，范仲淹之子范純粹當時任轉運判官，力勸高遵裕前往探視，終於改善了一點關係，但攻城始終沒有進展。高遵裕急切之下，甚至對著城上喊道：「你們怎麼還不投降！」西夏人肯定覺得他有病，答道：「你又打不下來，我們為什麼要投降？」

這時西夏收縮防禦的戰略取得成效，深入大漠的宋軍後勤部隊紛紛遭到襲擊，而部隊進攻也無法繳獲物資。李憲的熙河軍在取得不錯戰績後已經停止進軍，種諤的鄜延軍進抵鹽州（今寧夏省鹽池縣）後遇到大雪，凍餓而死的士卒數萬，被迫撤回，

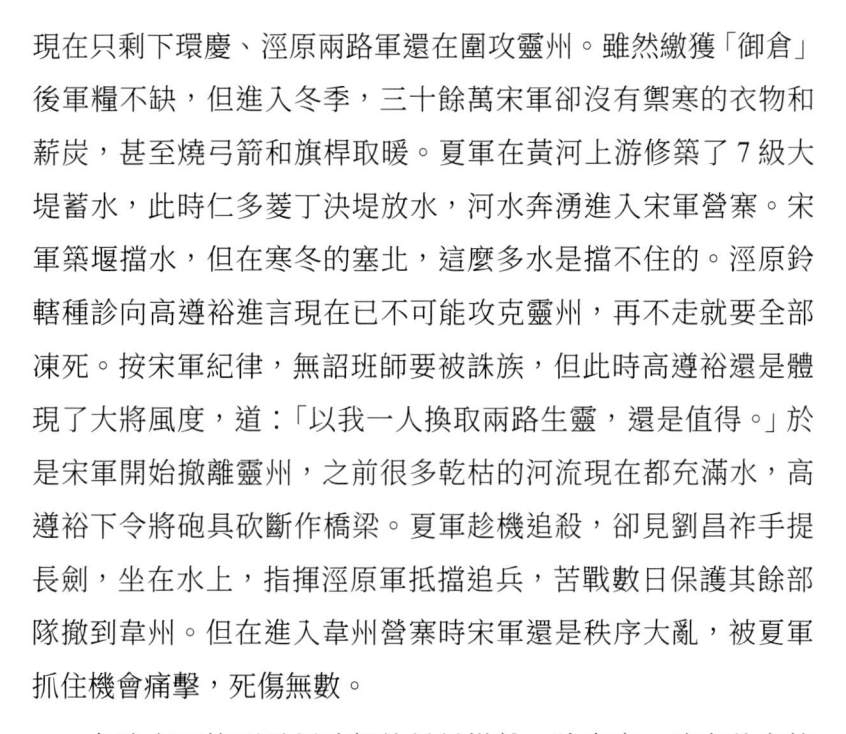

現在只剩下環慶、涇原兩路軍還在圍攻靈州。雖然繳獲「御倉」後軍糧不缺,但進入冬季,三十餘萬宋軍卻沒有禦寒的衣物和薪炭,甚至燒弓箭和旗桿取暖。夏軍在黃河上游修築了7級大堤蓄水,此時仁多菱丁決堤放水,河水奔湧進入宋軍營寨。宋軍築堰擋水,但在寒冬的塞北,這麼多水是擋不住的。涇原鈐轄種診向高遵裕進言現在已不可能攻克靈州,再不走就要全部凍死。按宋軍紀律,無詔班師要被誅族,但此時高遵裕還是體現了大將風度,道:「以我一人換取兩路生靈,還是值得。」於是宋軍開始撤離靈州,之前很多乾枯的河流現在都充滿水,高遵裕下令將砲具砍斷作橋梁。夏軍趁機追殺,卻見劉昌祚手提長劍,坐在水上,指揮涇原軍抵擋追兵,苦戰數日保護其餘部隊撤到韋州。但在進入韋州營寨時宋軍還是秩序大亂,被夏軍抓住機會痛擊,死傷無數。

各路宋軍接到靈州敗報後紛紛撤離,除李憲一路有秩序的安全撤回蘭州,其餘各路都是後勤不繼敗退的,損失非常大。尤其是王中正的河東軍軍紀全無,十餘萬人擁塞在延州城下,一度形勢非常危險。按理說這些都是逃兵當斬,而且現在作亂的危險很大,有人提議用督戰的河東十二將把他們全部屠殺。但是沈括非常妥善的處理了這件事情,首先將率先帶隊逃離的種諤部將左班殿直劉歸仁處斬,並宣諭全軍:士卒們都是千里迢迢為國效忠,理應受到撫卹。士卒們無不感激,在他的指揮下很有秩序的撤回關內。之後沈括又遣大將曲珍率軍出塞,聲

東擊西,擊退西夏追兵,不愧為最偉大的科學家。

宋神宗懊悔的對孫固說:「如果當初聽你的,就不會有今天的大敗。」遼帝國也遣使責備宋帝國侵略西夏的舉動。高遵裕、劉昌祚、王中正、种諤被貶官處理,李憲則因戰功被升官,董氈晉封為武威郡王,除了劉昌祚有點冤枉外,功過還算比較分明。

五路伐夏雖然功虧一簣,但百萬宋軍深入沙漠,表現非常英勇,攻占了蘭、銀、夏、宥等西夏重鎮,尤其是占據了西夏境內經濟最發達的米脂地區,更擊潰夏軍精銳不可勝數,兵臨靈州城下,最後因為後勤問題不敗而退,著實令人扼腕。

正是:

天風浩蕩賀蘭雪,劍氣如虹心如鐵。

一聲號令百萬兵,幾人歸來安陵闕。

■ 永樂城:血染疆場的臺諫官 ■

元豐五路伐夏失敗後,西夏收回了銀、夏、宥等不少領土,只有東路的米脂、南路的蘭州被宋帝國占據,形成了更進一層的橋頭堡。第二年,林廣擊敗乞弟,李憲上書再度伐夏,但朝廷決定採取更加穩妥的堡壘推進戰略,不再輕易使用大規模深入討伐。沈括、种諤經過實地考察後,提出在夏州、宥州之

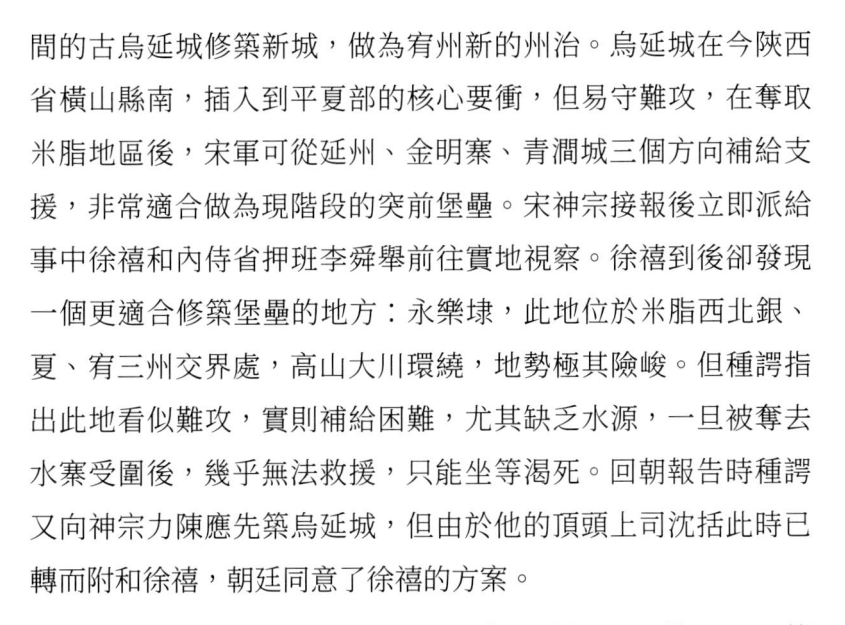

間的古烏延城修築新城,做為宥州新的州治。烏延城在今陝西省橫山縣南,插入到平夏部的核心要衝,但易守難攻,在奪取米脂地區後,宋軍可從延州、金明寨、青澗城三個方向補給支援,非常適合做為現階段的突前堡壘。宋神宗接報後立即派給事中徐禧和內侍省押班李舜舉前往實地視察。徐禧到後卻發現一個更適合修築堡壘的地方:永樂埭,此地位於米脂西北銀、夏、宥三州交界處,高山大川環繞,地勢極其險峻。但種諤指出此地看似難攻,實則補給困難,尤其缺乏水源,一旦被奪去水寨受圍後,幾乎無法救援,只能坐等渴死。回朝報告時種諤又向神宗力陳應先築烏延城,但由於他的頂頭上司沈括此時已轉而附和徐禧,朝廷同意了徐禧的方案。

徐禧回到延州,陝西都轉運司調集 23 萬民工,僅用 14 天築好永樂城,神宗賜名為銀川寨。徐禧、李舜舉等回到米脂,第二天就接報稱夏兵數千騎來攻永樂城,徐禧立即帶兵去救。事實上,徐禧一直在臺諫系統供職,剛從御史中丞(監察院官員)升為給事中(可以封駁聖旨的更高級御史),從未涉足軍旅。因為這次宋廷規劃了連續修築六個城堡的大工程,永樂城只是第一個,涉及資金量很大,所以派他這位高級御史來督察,並沒有讓他帶兵作戰。李舜舉勸他說打仗不關他的事,城堡已經修好,回京算了。但徐禧這人非常熱血,是一位軍事迷,常大言西北唾手可得,恨邊將不得力,此時朝廷將數萬禁軍、二十餘萬民兵交給他指揮,正是一圓沙場夙願的大好時機,毅然前往

第三篇　駕長車踏破賀蘭山缺

　　永樂城指揮防禦，宦官李舜舉不得不跟隨。但徐禧屬於那種典型的戰爭片影迷，其實一點都不懂軍事，他還怕沈括分功，將其哄回延州，獨自指揮永樂城大軍。

　　西夏雖剛經歷了五路伐夏的重創，但還是全國總動員，十丁抽九，集結了三十萬大軍，由統軍使葉悖麻、都監咩訛埋率領來圍永樂城。徐禧終於等到一個指揮千軍萬馬的機會，非常激動的說：「這正是我們立功的機會啊！」高永亨指出城小兵少不可守，應該趕緊退保米脂。徐禧大怒，欲以擾亂軍心處斬，眾人力求，免死下獄。夏軍很快圍定永樂城，夏軍主力除鐵鷂子還有不少步跋子來攻永樂城，步跋子是一種裝甲步兵，據說可以穿山越嶺，跋涉如飛。徐禧派名將曲珍率三萬餘兵在永樂城下背城列陣，夏軍則渡無定河來攻。高永能說要趁敵軍半渡而擊，徐禧「岸然捋其鬚」道：「王師不鼓不成列。」太雷人了！這句話的出處就是春秋時著名的宋襄公，《孫子兵法》上明確指出，敵軍渡河時應半渡而擊，宋襄公卻要施王者之仁，非要等對方列好陣才公平交戰，結果戰敗被俘。但這個故事一直被做為智障人士的反面教材，後人都引以為戒，為何到了宋朝還有人「岸然」的做為正理，確實很難理解。宋襄公之後一千七百多年都沒出過類似的人物，高永能做夢都沒想到，自己70歲馬上就可以善終時，還能遇上這種極品，氣得吐血，撫胸道：「我死得太不值得了」！

　　夏軍順利渡河後布置好陣型，徐禧派名將曲珍列大陣相對。

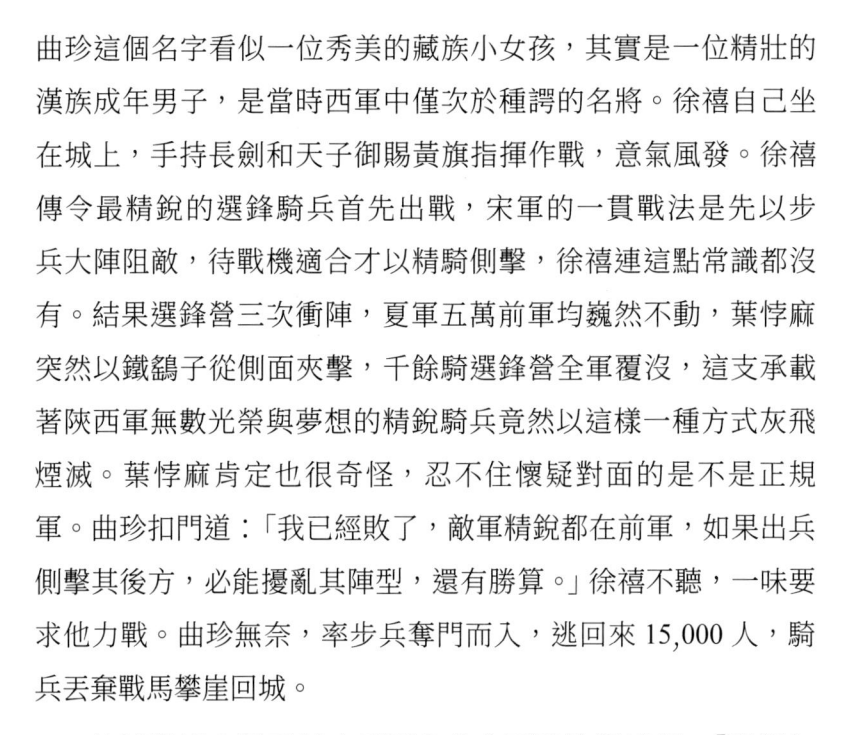

曲珍這個名字看似一位秀美的藏族小女孩,其實是一位精壯的漢族成年男子,是當時西軍中僅次於種諤的名將。徐禧自己坐在城上,手持長劍和天子御賜黃旗指揮作戰,意氣風發。徐禧傳令最精銳的選鋒騎兵首先出戰,宋軍的一貫戰法是先以步兵大陣阻敵,待戰機適合才以精騎側擊,徐禧連這點常識都沒有。結果選鋒營三次衝陣,夏軍五萬前軍均巍然不動,葉悖麻突然以鐵鷂子從側面夾擊,千餘騎選鋒營全軍覆沒,這支承載著陝西軍無數光榮與夢想的精銳騎兵竟然以這樣一種方式灰飛煙滅。葉悖麻肯定也很奇怪,忍不住懷疑對面的是不是正規軍。曲珍扣門道:「我已經敗了,敵軍精銳都在前軍,如果出兵側擊其後方,必能擾亂其陣型,還有勝算。」徐禧不聽,一味要求他力戰。曲珍無奈,率步兵奪門而入,逃回來 15,000 人,騎兵丟棄戰馬攀崖回城。

徐禧從沒在戰爭片中看到主角會面臨這種情況,「怒汗如雨」。夏軍趁機奪取水寨,斷絕了城內的水源。西夏將領毫不吝惜士兵的生命,蟻附攻城,傷亡也很慘重。徐禧每天揣著燒餅往來巡城,親自發弩殺敵,倒也英勇,士卒們在他的鼓舞下一直奮勇拚殺,甚至絞馬糞取水支撐,精神還是非常令人感動。諸將勸徐禧率軍突圍,但徐禧就像平時交了彈劾奏疏一樣頑固,非要死撐到底,宋軍渴死的人達百分之七、八十。完全斷水三日後,徐禧終於承認失敗,派景思誼講和。葉悖麻要求歸還米脂、蘭州,但這根本不是邊將所能決定的事情,景思誼

第三篇　駕長車踏破賀蘭山缺

被扣留。當晚天降大雨，新建尚未風乾的城牆浸水後被夏軍擂垮，夏軍趁勢發起總攻，宋軍已不能抵抗，全軍覆沒，徐禧、李舜舉、李稷、高永能戰歿，只有曲珍等數人倖免於難。

永樂城被圍時，沈括已傳檄各鎮救援，但確實路遠難走，而且支撐時間太短，未及援軍到達便已全部渴死，官軍及民夫死亡近二十萬。徐禧成為宋朝戰死沙場的最高級文官，李舜舉也成為極少數戰死的宦官。此戰是西夏遭到元豐五路伐夏重創後一場重要的自衛反擊戰，拔掉宋軍突前堡壘，重新確保了國土安全。消息傳回京師，宋神宗手持李舜舉的遺書當眾慟哭，數日不能勸。

永樂城之敗主要還是因為徐禧這位給事中大人的個人問題造成的，他做為一位臺諫官，不懂軍事卻偏偏是軍事迷，利用職務之便操弄軍機過癮，誤了軍國大事。很多生在承平時期的人都有這樣的毛病，看了些影視作品就把戰爭想得很簡單，經常誇口只要有「尚武」精神就可以縱橫沙場，總覺得別人都是腐儒和懦將。徐禧雖然戰敗，但朝廷慮其忠烈，還是追贈金紫光祿大夫、吏部尚書，謚號忠愍。中國自古以來講「文死諫，武死戰。」但宋朝言論自由，沒有死諫的機會，或許徐禧就是要去尋一個死戰，但他似乎沒有考慮，有十幾萬人命和國家大計要為他的這種豪情壯志陪葬。

當然，徐禧不懂軍事，他能夠壓倒名將種諤的意見修築永樂城，相當程度上是因為沈括的附和。沈括被譽為人類歷史

上最偉大的三位科學家之一，但客觀的講他人品不算好，官品更差，曾透過陷害大文豪蘇軾來博取新黨人士的歡心。修築烏延城本是他的主意，但給事中大人一說要修永樂城，他立即附和，無非是出於個人政治前途上的考慮，這恰恰是宋朝官場上的大忌。而且因為永樂城之敗，沈括做為鄜延經略使也難辭其咎，被降為均州團練副使。由於所有人都不欣賞他的為人，二十年再也沒能起復，這在宋朝官場上也非常罕見。不過正是利用這段閒置時光，沈括寫出了許多科學鉅著，其中包括舉世聞名的《夢溪筆談》，遺憾的是他的研究成果流傳至今的卻很少。紹聖二年（西元1095年）沈括去世，未獲追贈和諡號。

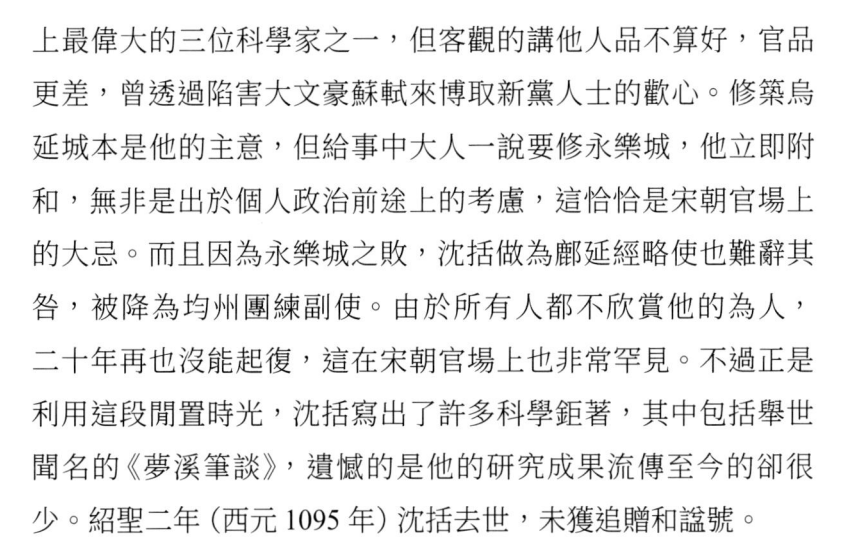

正是：

御史不知兵，卻愛弄軍機。

一人節義高，十萬生靈祭。

壯士不復回，徒留君王泣。

第四章
令人窒息的淺攻彈性防禦

■ 名將盡授首 ■

　　永樂城之役後,夏惠宗一度復位,但仍由梁氏攝政。蘭州、米脂是西夏的戰略要地和經濟重心,一心想要奪回。元豐七年(夏大安十年、西元 1084 年)一月,西夏傾全國之兵力,號稱 80 萬,圍攻蘭州。夏軍又使出自殺式進攻,但蘭州城防堅固,李憲指揮得當,夏軍十晝夜不克,糧盡而退,在城下堆積未搬走的屍體就有五萬餘具。四月,葉悖麻、咩訛埋領軍攻打安遠寨(今甘肅省甘谷縣安遠鎮),涇原總管劉昌祚出防,涇原第五將呂真率兵拒戰。面對這兩個在永樂城欠下纍纍血債的惡魔,宋軍將士無不氣血激昂,陣斬葉悖麻、咩訛埋。仁多菱丁率軍來援,涇原經略使盧秉遣副總管姚麟在路上伏擊,夏軍慘敗,鈐轄彭孫躍馬飛出,陣斬仁多菱丁!這位投奔西夏的吐蕃酋長,挽救了靈州,成為西夏第一名將,現在終於倒在了塵土之間。之後夏軍又連遭敗績,更慘的是,吐蕃董氈卒後,其繼子阿里骨嗣位,為向朝廷邀功,屢屢向西夏發起進攻,少有戰事的西邊也遭到宋帝國新扶植起來的的韃靼國進攻,西夏陷入四

第四章　令人窒息的淺攻彈性防禦

面楚歌的境地。就在這個當口，梁乙埋、梁太后相繼去世。

元豐八年（西元 1085 年）宋神宗駕崩，享年 37 歲，在位 18 年。第六子趙煦繼位，即為宋哲宗。元祐元年（夏天安禮定元年、西元 1086 年），夏惠宗駕崩，年僅 26 歲，在位 19 年均為母黨專權。夏惠宗崩後，年僅 3 歲的皇太子李乾順繼位，即為夏崇宗。

夏惠宗皇后是梁太后的姪女，也姓梁，現在也成了梁太后，我們暫且稱其為小梁太后。梁乙埋之子梁乞逋繼為國相，梁氏母黨專政的格局沒有改變，但梁氏家族和仁多家族的矛盾卻開始顯露。梁乞逋初掌大權便迫不及待要立軍功，派兵依次攻打蘭州、涇原、鄜延，無一勝績。元祐二年（夏天儀治平二年，西元 1087 年），梁乞逋與阿里骨合作，約定熙河路歸吐蕃，蘭州歸西夏。這位阿里骨是董氈的繼子，本是于闐人，對宋帝國的忠誠度較低，恰逢李憲調回京師，於是趁機聯夏叛宋，出兵 15 萬來攻。宋軍猝不及防，被夏蕃聯軍打敗，都監吳猛戰歿。聯軍大肆劫掠，但並未按預期收復國土，後來透過歸還永樂城的數百名戰俘，換回了葭蘆川等四寨，但重點地區始終沒能取回。梁乞逋又透過大量外交活動，與宋廷反覆計較國土問題，並不時派兵襲擾邊境。宋軍也時常深入夏境襲擊，梁乞逋又請遼帝國助兵，三方都陷入拉鋸戰。這時，又一位大文豪來到了陝西前線。

第三篇　駕長車踏破賀蘭山缺

■ 楊柳蘇章水龍吟 ■

燕忙鶯懶芳殘，正堤上柳花飄墜。輕飛亂舞，點畫青林，全無才思。閒趁遊絲，靜臨深院，日長門閉。傍珠簾散漫，垂垂欲下，依前被，風扶起。

蘭帳玉人睡覺，怪春衣，雪沾瓊綴。繡床旋滿，香球無數，才圓卻碎。時見蜂兒，仰黏輕粉，魚吞池水。望章臺路杳，金鞍遊蕩，有盈盈淚。

這是宋代文豪章楶（ㄐㄧㄝˊ）一首詠柳絮的〈水龍吟〉，另一位文豪蘇軾見到此詞，靈感大發，以同曲牌名詠楊花和之：

似花還似非花，也無人惜從教墜。拋家傍路，思量卻是，無情有思。縈損柔腸，困酣嬌眼，欲開還閉。夢隨風萬里，尋郎去處，又還被，鶯呼起。

不恨此花飛盡，恨西園，落紅難綴。曉來雨過，遺蹤何在，一池萍碎。春色三分，二分塵土，一分流水。細看來，不是楊花，點點是離人淚。

這兩首詞都成為千古名句，蘇章二人同曲相對也引為佳話，但是後人卻往往沒有記住章楶的另一重身分：軍事家。

章楶，字質夫，生於天聖五年（西元1027年），治平二年（西元1065年）進士，宋代著名文學家、軍事家。元祐六年（西元1091年），龍圖閣直學士章楶赴任環慶經略使，主持宋夏戰場前線工作。章楶首先提出軍事為政治服務的原理，指出元祐

第四章　令人窒息的淺攻彈性防禦

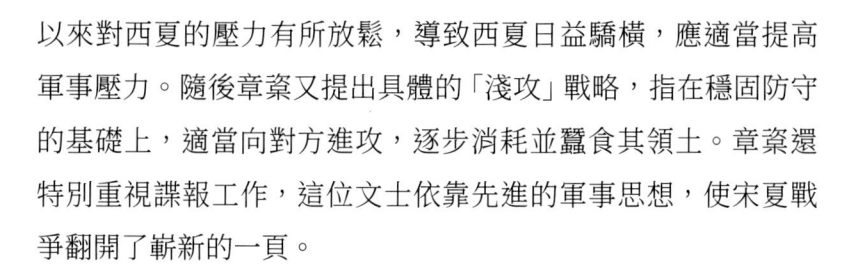

以來對西夏的壓力有所放鬆,導致西夏日益驕橫,應適當提高軍事壓力。隨後章楶又提出具體的「淺攻」戰略,指在穩固防守的基礎上,適當向對方進攻,逐步消耗並蠶食其領土。章楶還特別重視諜報工作,這位文士依靠先進的軍事思想,使宋夏戰爭翻開了嶄新的一頁。

「淺攻」戰術第一次嘗試出現在元祐六年十一月,章楶派環慶都監張存率兵主動進攻韋州,夏軍不備,被殺千餘人,章楶旗開得勝。

元祐七年二月,梁乞逋在鎮戎軍對面的沒煙峽修築城寨,做為進攻宋境的主要通道。三月,在韋州靜塞軍司集結三萬餘兵,準備進攻環慶。章楶透過諜報得知梁乞逋的動向,按照常理,他應該整頓城防,等待敵軍來攻,但他卻根據新的戰術思想實施新的作戰方案。章楶精確諜知夏軍分了很多個營寨,每寨只有八百人,於是遣鈐轄折可適率八千軍向韋州急擊。折可適一晝夜馳至,夏軍完全毫無防備,倉皇懼逃,折可適直入監軍司所,俘獲無數。折可適撤回時夏軍在後跟蹤,折可適於險要處設伏,夏軍又中伏大敗,死傷無數,圓滿完成淺攻任務。

六月,熙河路向前沿修築定遠城,梁乞逋集結數萬兵馬準備襲擊,章楶又派折可適率六千兵潛入,將正在集結的夏軍一舉擊潰。

章楶的淺攻戰術連續奏效,西夏大為震恐,為扳回不利局面,小梁太后集結數十萬大軍,親自來攻。夏軍初時號稱要攻

涇原，一夜之間便急行軍到環州。這本是妙計，但她們的動向卻完全在章楶的情報掌控之中。儘管宋軍只有數萬兵力，但章楶早已成竹在胸，設下天羅地網等她來鑽。章楶先派折可適、李浩各率萬餘兵馬應敵，並要求他們且戰且退，讓夏軍認為他們膽怯，直趨環州城，他們抓住時機迂迴到夏軍的歸路埋伏。環州城外百餘里都是沙漠，只有一個牛圈湖可作水源，章楶便事先在此湖中下毒。夏軍推進至環州，章楶早已備好守禦，夏軍圍城7日毫無進展，糧盡退兵。

夏軍退兵時取道環州西南的洪德寨，折可適已經在此埋伏，並透過不斷的情報掌握著夏軍準確動向。十八日凌晨夏軍大隊通過洪德寨，折可適先放過其前軍，待中軍到時，認準小梁太后旗號突襲。夏軍未料到這個小寨中會埋伏這麼多宋軍，頓時大亂。李浩接到情報後也率軍趕來，但沒有立即加入戰場，而是跟隨夏軍後隊，停頓休息。夏軍殿後部隊趕到後，鐵鷂子加入戰場，形勢發生了逆轉，折可適敏銳的撤回寨中休息。夏軍向洪德寨猛攻，宋軍百般抵抗，撒鐵蒺藜、發神臂弓，甚至動用了剛研發出的新武器：虎蹲砲。夏軍傷亡非常慘重，到午夜時開始不支。折可適判斷準確，開門出戰，而此時養精蓄銳一整天的李浩也發起總攻。夏軍再不能扛，徹底潰敗，除被陣斬之外，許多夏軍墜入山崖，更多的丟盔棄甲逃入鄉里。小梁太后幾乎被擒，最後丟棄儀仗更換服飾才勉強得脫，完全是《三國演義》曹操割鬚斷袍的女子版。此戰宋軍繳獲無數，包括銅印

24 枚和小梁太后的衣物、龍牌,但由於大批夏軍逃逸或跌入山崖,斬首級數較少,有人建議章楶多報一些級數,被章楶嚴辭拒絕。

洪德寨之戰的勝利一方面是因為折可適等宋軍將士的英勇善戰,更重要的是主帥章楶及其參謀本部強大的諜報網路和嚴密的作戰方案,不愧為彈性防禦的經典戰例。

■ 屍積平夏城 ■

洪德寨之戰小梁太后親自帶兵,不讓梁乞逋參與,梁氏家族內部也產生了裂痕。仁多䔲丁之姪仁多保忠敏銳察覺,與大首領嵬名阿吳、撒辰等合謀將梁乞逋捕殺。而章楶曾短暫調離陝西,利用這一小段間隙,小梁太后抓緊修築了沒煙峽、石門峽等要塞,一度將前沿推進至離渭州 30 里處。紹聖三年(夏天祐民安七年、西元 1096 年),章楶族兄章惇拜相,屬強硬派人士,停止和西夏商議邊界。小梁太后大怒,多次興兵寇邊,互有勝敗。十月,小梁太后集結 50 萬大軍進攻鄜延,但各州縣均守禦完備,只好進攻金明寨。夏崇宗母子親臨前陣,擂響戰鼓,數十萬夏軍將士無不氣激,洪水般湧入金明寨,將守將皇城使張輿和 2500 名宋軍全部屠殺。勝後小梁太后非常得意的向宋廷上表稱:「朝廷待我刻薄,本來要攻打鄜延,但因為我恭順,所以只取金明,未失臣節。」

回到陝西，章楶立即提出在石門峽的出口修築兩個城寨，以控制夏軍出入，獲得朝廷批准。西夏得知宋軍在峽口築城，由六路都統軍嵬名阿埋、都監妹勒都逋率領，集結十餘萬兵力來阻。章楶早已料到，派王文振率軍迎敵，出發前章楶強調主要任務是築城，不要貪戰，更不能遠出百里以外。王文振起初答應，但鈐轄苗履貪功，擅自帶兵出擊，在沒煙峽遭到伏擊，損失千餘騎。阿埋、妹勒趁機占據高地，監視宋軍築城，所幸熙河路派出左騏驥使姚雄率七千兵來援，宋軍繼續築城。夏軍準備了五日後發起突襲，數萬夏軍每人手持一把鐵鍬和一束草，如狂風暴雨般從高處衝下，冒著宋軍箭雨用草填平壕溝，衝過來用鐵鍬猛挖城牆。姚雄奮力迎擊，被流矢射中肩膀，卻更加勇猛，宋軍也都被他的氣概所激，無不力戰。由於夏軍有數萬鐵鍬兵，這種陣型也從未演練過，宋軍城內的射擊火力越來越猛，夏軍逐漸不支，只好退去。宋軍斬獲三千餘級，俘獲數萬，估計都是那些鐵鍬兵。宋軍自身傷亡也很大，陣亡三千人以上。宋軍共用了 22 天築好城寨，賜名平夏城。

平夏城築好後，陝西各路紛紛效仿，堡壘一層層推進到西夏境內，宋軍依託這些堡壘執行「淺攻」戰術，一年間累計斬首以萬計，西夏人節節敗退。宋軍城堡控制的範圍恰恰是西夏最肥沃的土地，現在都不敢去耕種，夏人憤怒道：「唱歌做樂地，都被漢家占卻，後何以堪？」西夏透過遼帝國斡旋，遼帝國又像以往一樣質問宋廷為何要入侵西夏，但宋廷完全不予理會，繼續「淺

第四章　令人窒息的淺攻彈性防禦

攻」。小梁太后必須奮起反擊，號稱要像永樂城之役一樣，拔掉平夏城。習慣了西夏人傾國集結的戰法，宋人也感覺到了大戰來臨前的緊張空氣，甚至一度傳言這次會有 150 萬夏軍來攻。

元符元年（夏永安元年、西元 1098 年）十月，西夏集結 40 萬大軍，出沒煙峽來攻平夏城。小梁太后親自帶兵進攻平夏，阿埋、妹勒、嵬羅、嵬名濟等大將分出打援，營寨綿亙百里。這一次夏軍動用了一種新式大規模殺傷性武器：對壘。這是一種巨大的裝甲車，可載數百人，可以一邊填埋溝壑一邊推進，並配備強大的砲石武器，堪稱陸地巡洋艦。章楶也早有安排，派驍將郭成駐守平夏，並傳檄各路前來救援，而且像往常一樣，清掃附近的補給點，預設伏兵在夏軍歸途伏擊。小梁太后又親自督戰，夏軍利用對壘晝夜猛攻，但宋軍的重砲、神臂弓也絕非易與，郭成從容指揮，夏軍戰死數千，傷者倍之，宋軍幾乎沒有損失。各路宋軍紛紛出擊，熙河將王愍攻擊羅薩嶺，西夏駙馬都尉嵬羅陣亡，夏軍被斬首千餘級，公主被擒。鄜延將劉安、張誠出擊梁樫臺，敗大首領咘心、嵬名濟。夏軍士氣開始低落，又圍困了 13 天，糧草漸乏，突然狂風大作。對壘都是高車，在前牛頓時代，結構力學畢竟不那麼完善，竟然有很多輛被強風吹壞，夏軍士氣大潰，狼狽敗退。自負貌美如花、國色天姿的小梁太后大哭到披頭散髮，儀態盡失。此時宋軍的伏兵才紛紛出擊，涇原總管王恩等將蟄伏十餘日終於等到此刻，痛擊敗退的夏軍，殺敵二萬餘。

平夏城一戰，西夏雖大舉集結，但章楶運籌帷幄，又一次教科書般的擊退敵眾，在殺敵數萬的情況下自身幾乎沒有損失，堪稱彈性防禦的一次完美戰例。

■ 梁氏家族最後的瘋狂 ■

從平夏城解圍後，夏軍雖然慘敗，但小梁太后還是動了一回腦筋，潛精銳部隊偷襲鎮戎軍。不過這點把戲耍不了章楶，援軍很快趕到，夏軍趕緊撤退，結果天降大雪，人馬凍死大半，偷雞不成反蝕一把米。

平夏慘敗後，西夏人士氣大挫，梁氏家族的威信也降到冰點，西夏許多大首領投奔宋廷，其中竟包括仁多䔖丁之子仁多楚清。仁多䔖丁死後其姪仁多保忠繼為都統軍，楚清雖位至御史中丞，但畢竟不如都統軍，於是心懷不滿，投奔了宋廷。而小梁太后向遼帝國請援，遼帝國沒能保護她，也引起她的怨恨，出言不遜。

十二月，阿埋、妹勒進駐天都山末端的西壽軍司，策劃明年開春後襲擊平夏城。然而章楶的情報網竟然精確獲知二人的具體位置甚至守禦鬆懈的時間！章楶先派部隊多次淺攻，均不超過百里範圍，讓阿埋、妹勒進一步放鬆警惕，判斷宋軍只攻到這個程度，於是放心居住。此時章楶突然展開斬首行動！派郭成、折可適率二千輕騎（《西夏書事》稱萬餘騎，應該沒有那

第四章 令人窒息的淺攻彈性防禦

麼多騎兵)銜枚疾進,直奔其中軍帳。阿埋、妹勒正在睡覺,完全沒有料到宋軍會直插此處,只好束手就擒,宋軍俘獲部族三千餘人,牛羊十萬計。另一路宋軍在李忠傑的率領下突襲剄子山的仁多保忠指揮部,保忠僅孤身一人逃脫,俘獲無數。阿埋、妹勒投靠宋軍後馬上獻計取靈州,河東統制張世永遣副將折可大率兵出擊,遇夏軍後敗之,斬首千餘級。但大批夏軍迎戰,折可大無法進軍,只好退回。小梁太后最為倚重的左右臂又被斬斷,陷入內外交困。

就在絕境中,小梁太后突然駕崩。梁氏家族最早靠與未成年人私通入宮,連續兩代為后,把持西夏朝政權三十餘年。梁氏雖然是漢族人,但是卻反對漢化,厲行蕃化,為的是保持其獨立地位,非常可恥。兩代梁太后、梁國相都是窮兵黷武之徒,執政時頻繁發動戰爭,而且經常十丁抽九,甚至全國徵兵,到後期很多百姓不應點召而逃奔內地,把西夏的國勢帶到了懸崖邊上。

在陝西取得一連串勝利後,章楶升遷回朝,歷任樞密直學士、龍圖閣端明殿學士、同知樞密院事、資政殿學士,於宋徽宗崇寧元年(西元1102年)卒,享年76歲,贈右銀青光祿大夫,諡號莊簡。

章楶是文人帶兵的又一成功典範,尤其是成熟的堡壘淺攻和彈性防禦戰略,每戰都以完善的戰略規劃大敗敵軍,本軍的損失都非常小,成為後世的經典教材。他主持陝西軍政期間,

宋軍的堡壘沿著天都山,已經修到靈州的咽喉處,並且將西夏的良田和主要兵源地都占據,將西夏逼入絕境,如果不是宋徽宗亂搞的話,再假以十年之功,完全可以剿滅這個海關帝國!而章楶,這位與蘇軾分別以楊、柳為題,詠唱一對千古名篇〈水龍吟〉的大文豪,更以軍事、政治上的突出貢獻,名垂青史。千年之下,我們穿越漫漫時空,彷彿仍能依稀看到:黃沙瀰漫的關西大漠,庭院中,楊花柳絮墜落繽紛,一位鶴髮童顏的衣冠文士,輕推鎮紙,優雅的揮灑筆墨,簽發出一道軍令,一句輕柔而又堅定的:「作戰!」遠方無數夏軍血灑塵埃,妖豔的小梁太后、精壯的仁多將軍狼狽奔逃,狡黠的阿埋、妹勒束手就擒。

正是:

一曲龍吟絕對,詞章裡,落英紛墜。楊花似雪,柳絮如煙,盡是才思。柔腸未解,雅興還在,孤城卻閉。依稀朱紫集,互贈佳句,卻總被,鼓驚起。

停筆策馬揚鞭,怨塞外,黃沙滿綴。鐵鷂電馳,步跋橫飛,金崩玉碎。平夏屍積,沒煙峽斷,銀川赤水。望關山連綿,細雨迷濛,是征夫淚。

■ 宦官中的宦官,宦官中的霸主 ■

宦官是歷史上一個特殊的群體,由於非常接近最高皇權,所以經常能夠擅掌大權,漢朝的「十常侍」開啟了一部《三國演

義》，唐朝18個皇帝中有9個是宦官所立，其中2個被弒。但是到宋朝，由於國家行政體制和社會結構的完全改變，再也沒有出現過宦官專權的事例。宋朝之後的明朝，宦官做為皇帝的代理人，地位也不低，雖然後世對明朝宦官的權力極盡誇張，但其實再也不能像漢、唐那樣專權。宋朝是監軍制度開始成熟的時代，當時的監軍有時由副將兼任，有時派文官或宦官專任，監軍和指揮官的界限不是很明，不像現在的輔導長體系全部都是專任，完全不承擔指揮任務。童貫就是從監軍職務逐漸走上指揮職位的一位宦官。

李憲是古往今來罕見的宦將，堪與三百年後的鄭和公公比肩，宮中的小太監要是想透過軍旅出人頭地，巴結他是一個很好的門路，他的同鄉童貫就非常幸運。童貫20歲才淨身，和一般的宦官相貌大不相同：身材高大，筋骨強勁如鐵，頤下（下巴）留有髯鬚，天生有武將氣質。而童貫生性巧媚，善於迎奉，又因為同鄉關係，所以在李憲面前如魚得水，常常得到他的點撥，盡得其真傳。宋徽宗繼位後更加重用童貫，而童貫引薦的蔡京更是權傾朝野，兩人相互支持，仕途異常順暢。童貫也是一個很有志向的人，從小立志要在沙場上立下不世之功。

小梁太后崩殂後，夏崇宗親政，進行了大量的改革，恢復漢禮，廣開科舉，重新分封，清除梁氏家族在朝中的勢力，任命庶弟晉王察哥為都統軍，改革軍制，學習了陝西軍的屯兵制。夏崇宗又向遼帝國請婚，遼帝國以宗室女耶律南仙為成安公

第三篇　駕長車踏破賀蘭山缺

主,下嫁夏崇宗,並多次在宋軍進攻甚急時出面斡旋,西夏的形勢大為改善。但宋廷的攻勢卻越來越強,連仁多保忠的弟弟仁多洗忠都在「淺攻」中被斬。察哥崛起後,保忠在朝中也不得志,謀求內附,但由於蔡京的高調,事洩後被夏崇宗拘捕。面對愈發不利的局勢,除懇請遼帝國斡旋外,夏崇宗又考慮扶植西蕃諸部助戰,青藏高原又面臨著脫離宋帝國的危險。

紹聖三年(西元1096年),阿里骨卒,其子瞎徵繼位,青唐羌政權繼續裂解,形勢非常複雜。木徵之子隴拶歸為熟戶,授河西軍節度使,賜名趙懷德,但是其部下多羅巴奉其弟溪賒羅撒為首領,謀求獨立。宋徽宗崇寧三年(西元1104年),朝廷派王韶之子王厚管勾熙河蘭會經略司,蔡京力薦供奉官童貫監軍。當宋軍出發到湟川,多羅巴派他的三個兒子分率大軍駐守險要。正當王厚準備開戰時,宮中突然失火,徽宗這個思考模式很獨特的皇帝,立即認為是不祥之兆,手詔陝西暫時罷兵。可能在大家的印象中,太監接到皇帝命令一定是最積極的監督大家服從,但是童貫沒有,他很明白軍事上開不得這樣的玩笑,把這道手札藏起來了。隨後王厚出師大勝,多羅巴兩子戰死,與少子阿蒙重傷逃遁。

溪賒羅撒在宗哥川建大旆,指揮蕃軍繼續抵抗。王厚派統制高永年率騎兵包抄,自率強弩登山逆戰,蕃兵不能拒。又恰逢大風,蕃兵潰敗,被斬首四千餘級,被俘三千餘人,溪賒羅撒孤身逃脫,鄯州、廓州酋長相繼請降,王厚、童貫收復四

第四章　令人窒息的淺攻彈性防禦

州。王厚晉封為威州團練使、熙河經略安撫使，童貫晉封為景福殿使、襄州觀察使。同年，朝廷以龍圖閣直學士陶節夫為陝西轉運使、知延州，加大進築堡壘的力度。夏軍無法抵抗，折可適的銳騎時常就在靈州城下遊蕩襲擾，西夏懼而求和，但陶節夫根本不轉報朝廷，直接拒絕。

崇寧四年（夏貞觀五年，西元1105年），陶節夫攻打銀州，童貫率領熙河、秦鳳路軍參戰，完全就是當年李憲的翻版。宋軍進至銀川寨，夏軍防守頑強，宋軍裨將韓世忠表現神勇，登上城頭，砍掉夏軍主將的人頭，擲於城下，宋軍士氣大振，一舉攻克。銀川寨便是當年流滿宋人血淚的永樂城，此戰可謂復仇之戰！西夏又派重兵來援銀州，韓世忠率敢死隊在蒿平嶺拒戰，見夏軍陣前有一位騎士甚是精銳，問俘虜是誰，俘虜告訴他那是駙馬監軍兀移。韓世忠躍馬飛出，將其斬於馬下，夏軍大潰而去，宋軍攻克銀州。韓世忠做為一名裨將，立下奇功，以至於報功的時候童貫都難以置信。

大觀二年（夏貞觀八年，西元1108年），童貫已累官至武康軍節度使，受命討伐投附西夏的蕃部溪哥城（今青海省貴德縣）。童貫先派統制劉法、知西寧州劉仲武擊敗援軍，再以大軍圍城，溪哥王子臧徵撲哥不能守，請降。溪哥城就是唐朝的積石軍，中唐時便已丟失，童貫將其收復，也無愧為大功，晉封檢校司空、奉國軍節度使。

政和元年（西元1111年），宋廷遣端明殿學士鄭允中出使遼

國賀正旦，童貫以檢校太尉副之，成為第一位出使的宦官，創歷史紀錄。

政和五年（夏雍寧二年，西元 1115 年），童貫總領沿邊六路，軍權已超李憲。童貫令熙河經略使劉法率軍 15 萬出湟州，秦鳳經略使劉仲武率軍 5 萬出會州，自領中軍出蘭州，會攻西夏卓羅和南監軍司。劉法在古骨龍（今青海省樂都區）大敗夏軍，斬首三千餘級，築震武城。劉仲武也在清水河（今甘肅省永登縣）成功築城。童貫遣種諤之姪、龍神衛四廂都指揮使種師道帶兵在席葦坪（今寧夏同心縣）築城，距靈州僅百餘里。夏人大駭，以重兵來拒。種師道背河列陣，這是宋軍大陣最常見的擺法，夏軍也準備攻陣。但種師道卻另有妙計，遣偏將曲充迂迴到夏軍後方，偽裝成援軍大至，夏軍大駭。種師道趁機遣統制楊可世、姚平仲前後夾擊，夏軍大潰，被斬首五千餘級，俘獲無數。宋軍成功修築靖夏城，西夏人恐懼到了極點，種家軍的威名也達到了巔峰時刻。但劉仲武率重兵攻打藏底河城（今陝西省定邊縣）失利，傷亡近半，其中秦鳳第三將全軍覆沒，死近萬人。有些史料上說王厚指揮了此役，但正史沒有記載王厚的卒年，其家譜記載於崇寧五年（西元 1106 年）卒，如果屬實，則不可能參加這場戰役。

政和六年，童貫遷陝西、河東、河北宣撫使，又令劉法攻仁多泉城（今青海省門源縣）。察哥聽到劉法的名字不敢來援，但城內夏軍堅守孤城，宋軍陷入苦戰。知蘭州何灌足中砲依然

第四章　令人窒息的淺攻彈性防禦

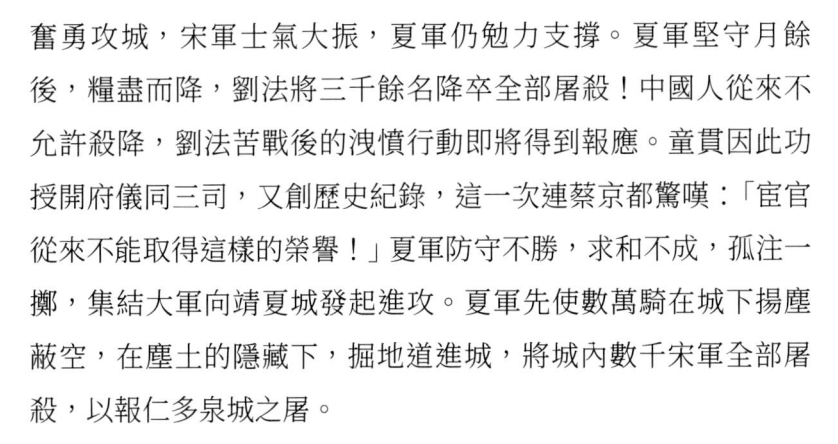

奮勇攻城,宋軍士氣大振,夏軍仍勉力支撐。夏軍堅守月餘後,糧盡而降,劉法將三千餘名降卒全部屠殺!中國人從來不允許殺降,劉法苦戰後的洩憤行動即將得到報應。童貫因此功授開府儀同三司,又創歷史紀錄,這一次連蔡京都驚嘆:「宦官從來不能取得這樣的榮譽!」夏軍防守不勝,求和不成,孤注一擲,集結大軍向靖夏城發起進攻。夏軍先使數萬騎在城下揚塵蔽空,在塵土的隱藏下,掘地道進城,將城內數千宋軍全部屠殺,以報仁多泉城之屠。

政和七年二月,童貫調集陝西七路十萬大軍進攻藏底河城,並限期十日攻克。此城曾令名將劉仲武(可能還有王厚)鎩羽而歸,非常堅固,種師道猛攻八日不克,宋軍略顯疲態。種師道來到軍前,見有軍校躺在胡床上休息,立即處斬,將人頭懸於軍門並下令凡不用力者皆斬!全軍駭然。安邊巡檢楊震率壯士先登,斬首數百級,宋軍皆奮力跟進,夏軍驚潰,堅城遂克。四月,鄜延總管劉延慶進攻歸附西夏的蕃部成德軍,大首領賞移被擒,王子益麻黨徵請降。種師道升侍衛馬軍副都指揮使、應道軍承宣使,劉延慶升保信軍節度使,而童貫升檢校少傅,旋即領樞密院事,成為第一位進入兩府宰相行列的宦官,再創歷史紀錄。

重和元年(夏雍寧五年、西元 1118 年)二月,陝西發生地震,夏崇宗趁機出兵,圍困震武軍,知軍孟明戰歿,所幸劉法及時來援,沒有失陷。六月,夏軍築割牛城(今甘肅省永登縣以

西)並屯以重兵,童貫令廓州防禦使何灌從膚公城(今青海省西寧市)星夜出兵,突襲得手,賜名統安城。因此功童貫又升為檢校太保,旋即升太保,成為第一位進位「三師」(即太師、太傅、太保,是中華帝國的三大最高榮譽職銜)的宦官,再創歷史紀錄。

宣和元年(夏元德元年,西元 1119 年)三月,童貫令劉法率大軍進駐統安城,準備攻取西夏的核心地區。劉法認為童貫操之過急,但執拗不過,只好率二萬餘兵前往。結果這一次察哥率大軍來拒,列三陣抗拒劉法,又遣精騎迂迴宋軍後方。察哥雖不能擊敗劉法,但兩軍苦戰七個時辰,宋軍飢渴難耐,傷亡慘重。劉法率敗兵乘夜逃遁,走了七十里還是被追上,劉法墜崖折足,被夏軍小卒斬首。察哥接到劉法的首級,感慨:「當初劉將軍大敗我軍於古骨龍、仁多泉,我都要避其鋒芒,可謂天生神將,今天居然被小卒斬首,這都是因為輕敵造成的啊!」察哥又進圍震武城,童貫急令劉仲武、何灌增援。震武城的地形很不易補給,察哥故意留下做為宋軍的消耗,這和當年李繼遷故意留靈州不取,消耗宋軍異曲同工。史書上說察哥撤退後童貫趁機報捷,隱瞞了劉法的大敗,又晉封為太傅。但令人疑惑的是,像劉法這樣一個高級軍官陣亡,怎麼可能隱瞞得過去?而且很多史料上說宋軍喪師十萬,但劉法一共才帶了二萬人去啊?

之後,童貫極力倡議的伐遼得逞,童貫先帶陝西軍應了一

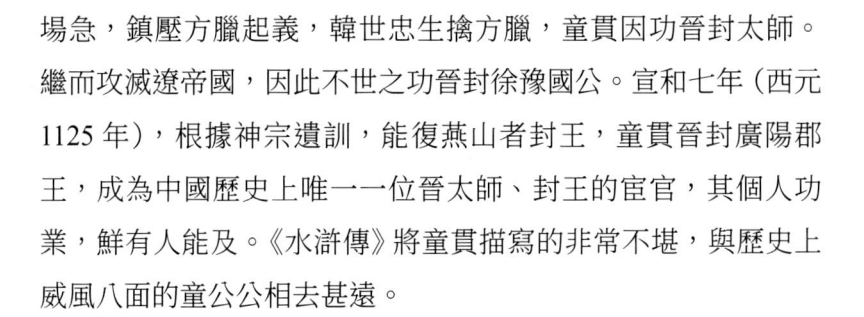

場急,鎮壓方臘起義,韓世忠生擒方臘,童貫因功晉封太師。繼而攻滅遼帝國,因此不世之功晉封徐豫國公。宣和七年(西元1125年),根據神宗遺訓,能復燕山者封王,童貫晉封廣陽郡王,成為中國歷史上唯一一位晉太師、封王的宦官,其個人功業,鮮有人能及。《水滸傳》將童貫描寫的非常不堪,與歷史上威風八面的童公公相去甚遠。

結束語

讀者：什麼？結束了！

作者：對，宋夏戰爭這一篇結束了。

讀者：可是，西夏的事還沒說完呢！

作者：宋軍城堡都修到靈州城下了，西夏總是打敗仗，要剿滅它已經易如反掌，但是童公公暫時沒空，打契丹去了。

讀者：那童公公下面呢？

作者：下面沒有了。

對，下面沒有了。就在這個易如反掌的時刻，童公公突然把大軍調向燕雲，指向一百二十餘年不興刀兵的遼帝國。宋遼約為兄弟，童公公此刀正是割向自己的小弟弟。由於陝西軍的莫名消失，瀕死的西夏人奇蹟般的起死回生。更令人稱奇的是，在宋廷的壓力解除後，西夏的疆域突然擴張到了最大，還迎來一個「盛世」。不過當蒙古大軍到來時，西夏還是未能抵抗。宋理宗寶慶三年（夏寶義元年，西元 1227 年），夏末主（李睍）向蒙古成吉思汗投降，西夏帝國正式滅亡，共傳 10 帝，持續 189 年，實際上還可以算上前面的太祖趙保吉（李繼遷）和太宗趙德明約 50 年割據時間。

西夏和契丹比起來，部族政體的色彩要稍重一些，而且缺

結束語

乏遼帝國的那種貴族氣息,但基本上也算是一個穩定的漢式帝國,其建國的一些先天優勢條件塑造了一支強悍的夏軍。橫山一帶的羌人非常剽悍,是很好的兵源,而西域的優良馬種和鍛冶技術也為夏軍提供了優秀的裝備。更可怕的是夏軍指揮官們不愛惜人命的一貫風格,夏軍每每透過令人心寒的自殺式衝鋒撲向宋軍的弩群,即便是獲勝的戰役,傷亡也比宋軍更多。西夏經常在一場戰役中投入數十萬大軍,這一方面是地理條件所特許,另一方面更是因為西夏國主的「慷慨」。而在元豐五路伐夏後,西夏已經元氣大傷,甚至「不復能軍」,但還是用十丁抽九的辦法點集了三十萬大軍投入到永樂城之役,漢族王朝如果發生這種情況,早就被推翻了。

現在一些人說「小小的一個西夏」都能把大宋欺負得抬不起頭來,還要納貢,又成為「弱宋」的重要論據。看完本篇,大家應該很清楚,首先,西夏也不是一個小部落,而是一個極其強悍的帝國。其次,西夏從來沒有欺負過大宋,確實有幾場勝仗,但都不是決定性的大戰役,宋軍對西夏的勝仗同樣不少,還時常推進至靈州城下。在宋夏戰爭中,宋方有三川寨、好水川、定川寨、永樂城四場大敗仗,劉平、石元孫、任福、葛懷敏、劉法等幾位副軍級以上高級將領陷沒,徐禧、李舜舉兩位朝宦意外陣亡;而夏軍的敗仗則更是數不勝數,陷沒的大將正史有明載的就有官麻女㐲多革、葉悖麻、咩訛埋、妹勒、阿埋、仁多䏆丁等,歸附和未明載的尚無法統計,梁太后們更是

第三篇　駕長車踏破賀蘭山缺

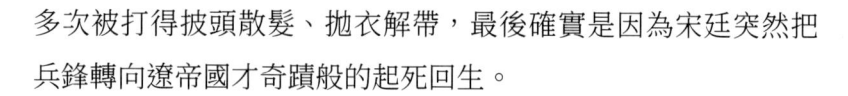

多次被打得披頭散髮、拋衣解帶,最後確實是因為宋廷突然把兵鋒轉向遼帝國才奇蹟般的起死回生。

西夏和遼帝國情況不同,遼帝國是宋帝國的兄弟,而且可以幫宋廷把草原部族打包解決掉。西夏卻扼住東西方貿易的必經之路,嚴重阻礙了宋人從西方世界賺取利潤。大航海時代的歐洲也面臨類似情況,但由於歐洲人加起來也遠遠不是奧斯曼帝國的對手,所以從一開始就沒考慮過使用武力拔除這個障礙,而是選擇從海上繞路。但實力強大的宋帝國則首先考慮從陸路打通這個關節,在耗費了百年心血,只需最後一根稻草時卻自動放棄,實在令人惋惜。南宋終於放棄從陸路打通貿易路線的預想,開闢印度洋航線,開啟了人類的大航海時代。

不過党項民族的結局卻是最慘的。正如趙元昊的遺言:西夏以後實力難支的時候還是要歸附中國,而不要歸附契丹,因為中國仁厚而契丹凶殘,歸中國則子孫安寧,若被契丹所脅就非常危險了(《西夏書事》卷十九)。不知他的子孫有沒有深入理解這位真正強人的遺言,在宋廷南渡後,西夏停止向宋稱臣,轉而向女真族的金帝國稱臣,雖比臣服於大宋時擴張的更大,錢也賺更多,但最後的結局卻是全民族滅亡。党項民族滅亡的具體原因正史已無記載,可能是被成吉思汗的遺命所屠盡,雖有一些投降的党項貴族在元帝國繼續為官,但他們只能代表個人,他們的民族已經徹底消亡,這是投附大宋不可能發生的事情。這個雖然難纏,但卻創造過極其燦爛文明、曾經炎炙一時

的強悍帝國，竟然結束得如此慘烈，甚至他的遺址遭到英國和俄羅斯人的盜掘，很多事蹟史書記載不詳，現在也無法考證，他的歷史只能氣若游絲的勉強存留於漢、蒙古等文字的史書中，著實令人長嘆。

國家圖書館出版品預行編目資料

逆轉宋史——從文官治國到軍事強權的逆襲：徹底顛覆「弱宋」觀點，以壯烈戰史重現宋朝的真實軍力 / 黃如意 著. -- 第一版. -- 臺北市：崧燁文化事業有限公司, 2024.11
面；　公分
POD 版
ISBN 978-626-416-042-1(平裝)
1.CST: 宋史
625.1　　113016039

逆轉宋史——從文官治國到軍事強權的逆襲：徹底顛覆「弱宋」觀點，以壯烈戰史重現宋朝的真實軍力

作　　　者：黃如意
發　行　人：黃振庭
出　版　者：崧燁文化事業有限公司
發　行　者：崧燁文化事業有限公司
E ‐ m a i l：sonbookservice@gmail.com
粉　絲　頁：https://www.facebook.com/sonbookss/
網　　　址：https://sonbook.net/
地　　　址：台北市中正區重慶南路一段 61 號 8 樓
8F., No.61, Sec. 1, Chongqing S. Rd., Zhongzheng Dist., Taipei City 100, Taiwan
電　　　話：(02) 2370-3310　　傳　　　真：(02) 2388-1990
印　　　刷：京峯數位服務有限公司
律師顧問：廣華律師事務所 張珮琦律師

-版權聲明-

本書版權為淞博數字科技所有授權崧燁文化事業有限公司獨家發行電子書及紙本書。若有其他相關權利及授權需求請與本公司聯繫。
未經書面許可，不得複製、發行。

定　　　價：375 元
發行日期：2024 年 11 月第一版
◎本書以 POD 印製
Design Assets from Freepik.com